한국학 전문사전 편찬과
한자사전 편찬방법론

사전학총서 4

한국학 전문사전 편찬과 한자사전 편찬방법론

2016년 2월 20일 초판 인쇄
2016년 2월 25일 초판 발행

엮은곳 _ 단국대학교 동양학연구원 편찬실
펴낸이 _ 장호성
기 획 _ 이재석
제 작 _ 정진형
편 집 _ 성두현 · 박보혜
펴낸곳 _ 단국대학교출판부
등 록 _ 1968.2.27 : No. 제03-00095호
주 소 _ 경기도 용인시 수지구 죽전로 152
전 화 _ 031-8005-2405
팩 스 _ 031-8021-7154

값 25,000원

ISBN 978-89-7092-564-6 94700
ISBN 978-89-7092-489-2 (세트)

이 도서는 2015학년도 단국대학교 교비 지원으로 출판되었습니다.

사전학총서 4

한국학 전문사전 편찬과 한자사전 편찬방법론

동양학연구원 편

단국대학교출판부

간 행 사

동양학연구원은 한국문화를 기축으로 한 동아시아의 인문학 연구를 목적으로 1970년 설립되었으며, 2011년 교책 연구원으로 승격하였다. 동양학연구원에서는 설립 목적을 수행하기 위해 그간 여러 가지 일을 추진하여 왔다. 동양학학술회의(東洋學學術會議)의 연차적 개최, 전문학술지 『동양학(東洋學)』의 정기적 간행, 귀중 자료를 집성한 『동양학총서(東洋學叢書)』의 간행 등이 그 주요 사업이었다. 그러나 무엇보다 가장 역점을 두어 추진한 사업은 『한한대사전(漢韓大辭典)』의 편찬이었다.

중국, 대만, 일본 등 한자문화권에 속한 여러 나라에서는 일찍이 자국의 학문적 수준을 보여주는 대형 한자사전을 편찬하여 보유하고 있었다. 일본의 『대한화사전(大漢和辭典)』, 대만의 『중문대사전(中文大辭典)』, 중국의 『한어대사전(漢語大詞典)』이 그것이다. 이에 비해 한자문화권에 속해 있으면서도 『한한대사전(漢韓大辭典)』이 편찬되기 전까지 우리나라는 중국이나 일본에 필적할 만한 대형 한자사전을 갖고 있지 못하였던 것이다.

『한한대사전』 편찬사업은 1977년 동양학연구원에 한한대사전편찬실을 신설하고 그 이듬해부터 본격적으로 시작되어, 30여 년간의 공력을 기울인 끝에 2008년 9월 전 16권이 완간됨으로써 그 결실을 보았다. 이제 우리로서도 『한한대사전』이 완간됨으로써 문화적으로나 학문적으로 다른 나라와 어깨를 나란히 할 수 있게 된 것이다. 이보다 앞서 1996년에는 『한국한자어사전』 전 4권이 완간되었는데, 우리나라 고유의 한자와 한자 어휘를 우리 고문헌에서 채록 · 발췌하여 주석하고 예문을 수록한 최초의 사전이다.

이 두 사전의 편찬은 한문의 주체적 수용이라는 전통적인 어문생활의 역사성 계승과 중소(中小) 사전에 국한되었던 국내 한문사전의 한계를 극복하고 한자문화권 내에서의 문화적 위상을 확보하였다고 평가되고 있다.

동양학연구원에서는 그간 사전편찬 작업을 진행해오면서 이에 대한 지식과 정보를 공유하고 학계에 의견을 묻고 수렴하기 위하여 여러 노력을 기울여 왔다. 『동양학간보』의 발간과 '사전학학술회의'의 개최는 바로 그러한 노력의 일환이었다. 특히 사전학학술회의는 한자사전 편찬과 관련한 특정 주제를 설정하여 집중적으로 검토하는 기회로 삼았다. 그동안 개최되었던 사전학학술회의의 공동주제는 다음과 같다.

제1회 "동아시아 사전의 역사와 미래"(2008. 12. 17)
제2회 "동아시아 한자사전의 현황과 과제"(2011. 2. 18)
제3회 "동아시아 고유한자의 국제표준화와 사전편찬"(2012. 2. 10)
제4회 "동아시아 한자사전의 웹정보화 현황과 미래"(2013. 2. 1)
제5회 "한국학 사전 편찬의 회고와 전망"(2014. 2. 7)
제6회 "한자사전 편찬 방법론 연구"(2014. 10. 17)
제7회 "한국한자어사전 증보편찬 방향의 모색"(2015. 10. 23)

이러한 과정을 통하여 축적된 사전 편찬에 대한 지식과 연구 성과를 일회성으로 끝내지 않기 위하여, 본 동양학연구원에서는 2013년부터 사전학총서(辭典學叢書)의 간행을 시작하였다. 여기에는 그동안 『동양학간보』와 동양학연구원 주최 사전학학술회의에서 발표되거나 『동양학』지에 실렸던 사전편찬 관련 글들이 주제에 맞게 집성되었다. 이러한 기획에 따라 2013년 1월에 "동아시아 한자사전과 『한한대사전』"이라는 제목으로 1집이, 2014년 2월에 "동아시아 고유한자와 사전편찬"

이라는 제목으로 2집이, 2015년 2월에 "디지털시대 동아시아 한자사전 편찬과 정보 서비스 방안"이라는 제목으로 3집이 발간되었다.

이번에 발간하는 사전학총서 4집은 제2회 사전학학술회의에서 발표된 디지털한한대사전의 표제어에 관한 글과, 제3회 사전학학술회의에서 발표된 한국학 전문사전에 관한 글, 그리고 제6회 사전학학술회의에서 발표된 한자사전의 편찬 방법론에 관한 글들을 실었다. 이들 글을 집성한 이 책의 구성은 내용상 크게 두 부분으로 구분하여 제1부에서는 한국학 전문사전 편찬의 사적 흐름을 알 수 있는 글들을 모았고, 제2부에서는 우리나라 한자사전을 편찬할 때 다루어야 할 실제적인 내용에 관한 글들을 모았다.

아무쪼록 이 책을 통하여 한국의 자서나 운서, 한국사 사전 및 한국철학사전에 대한 유익한 정보가 제공되었으면 한다. 또한 우리나라에서 전문 한자사전을 편찬할 때 이 책에서 거론한 한자사전 편찬방법의 실제적인 사항들이 많은 도움이 되었으면 한다. 끝으로 사전학총서 제4집에 옥고(玉稿)를 수록하도록 허락해 주신 필자 분들께 감사의 말씀을 드린다.

2016년 2월

단국대학교 동양학연구원장 한시준

머 리 말

단국대학교 동양학연구원은 2009년부터 『韓國漢字語辭典』과 『漢漢大辭典』을 통합하는 편찬 작업을 시작하였다. 2013년까지는 온라인 사전 편집기를 개발하였으며, 15,000여 개의 예문을 증보하는 작업을 진행하여 통합 편찬 작업의 준비를 마쳤고, 2017년까지 4개년 동안 디지털 기반 통합 편찬 작업을 완료할 예정이다.

단국대학교 동양학연구원의 사전 편찬 역량을 강화하기 위하여 2008년부터 매년 지속적으로 사전학학술회의를 개최하였고, 2013년부터는 사전학총서를 매년 간행해 오고 있다. 2013년에는 사전학총서 제1집으로 『동아시아 한자사전과 한한대사전』을, 2014년에는 제2집 『동아시아 고유한자와 사전 편찬』을, 2015년에는 『디지털시대 동아시아 한자사전 편찬과 정보 서비스 방안』을 간행하였다. 금년에는 사전학총서 제4집 『한국학 전문사전 편찬과 한자사전 편찬방법론』을 간행하게 되었다. 사전학총서 제4집의 제1부는 '한국학 전문사전 편찬의 역사'를 주제로 사전학학술회의에서 발표되었던 3편의 논문을 수록하였고, 제2부는 '한자사전 편찬방법론'을 주제로 사전학학술회의에서 발표되었던 5편의 논문을 수록하였다.

'한국학 전문사전 편찬의 역사'를 주제로 한 제1부는 전문사전의 사회적 필요성을 탐구하고자 한 것이다. 전문사전이 사회적 필요성을 어떠한 방식으로 수용했는가의 문제를 탐구한 것이다. 이 책에서 다룬 전문사전의 분야는 '한자, 한국사, 한국철학' 등으로 전문사전 영역의 극히 일부에 불과하지만 전문사전이 가지는 특수성을 이해할 수 있는 길을 이 책이 열었다고 할 수 있다.

제1부에 실린 이준환의 「中世 · 近代 · 開化期 의 韻書 및 字書 편찬의 역사」는 시대별 韻書 및 字書에 실린 漢字音 및 字義의 변화 양상을 중점적으로 고찰하고 있다. 이 글에서는 韻書 및 字書를 처음에는 중국의 것을 그대로 쓰다가 한국 사회의 필요성에 따라 華音을 정확하게 규정하고 東音을 수록하는 방향으로 한국의 韻書 및 字書의 편찬방식이 변화하였음을 기술하고 있다. 또 조선의 영정조 시대 이후 韻文보다는 散文이 사회적으로 중요하게 되었고, 漢文을 번역하는 과정에서 字義를 정확히 알기 위하여 사회적으로 韻書보다는 字書가 더 필요했음을 언급하고 있다.

김철웅의 「한국사사전 편찬의 역사와 과제」는 한국사사전 편찬의 역사를 한국에서는 최초로 사전사적으로 검토한 것이다. 이 글에서는 1933년부터 2013년에 이르는 기간에 편찬된 한국사 사전 25종을 제시하고 7종의 주요 한국사 사전에 대해서는 편찬 내용을 심도 있게 분석하여 한국사 사전 편찬에서 주의해야 할 사항을 언급하고 있다. 한국사 사전 편찬에서 중요하게 다루어야 할 사항으로 '한국사 사전의 내용이 학문의 성과를 충실히 반영해야 하고 용이하게 기술되어야 할 것, 기존 사전의 오류를 완벽하게 수정해야 할 것, 한국사 분야 전문가들이 한국사 사전에 수록할 항목을 선정하고 내용을 집필하는 데에 적극 참여해야 할 것' 등을 과제로 제안하고 있다.

이동철의 「한국 철학사전 편찬의 역사와 전망」은 한국 철학사전 편찬의 역사를 탐구하고 향후의 과제를 제안하였다. 이 글도 한국 철학사전 편찬의 역사를 한국에서는 최초로 사전사적으로 검토한 것이다. 해방 이전의 전통 시대, 해방 이후 1980년대 이전, 1980년대 이후 등의 세 시기로 나누어 한국 철학사전 편찬의 역사를 조망하고 있다. '출발 시기(40 · 50년대), 원형 정립 시기(60년대), 대형 편찬물 예속 시기(70년대), 운동과 이념의 시기(80년대), 다양화와 학술화의 시기(90년대), 양적 팽창과 대중화의 시기(2000년 이후)' 등으로 한국 철학사전 편찬의 흐름을 정리한 것은 이 글의 큰 성과라 할 수 있다. 이 글은 '다양한 종류와 형태의 철학사전, 철학사전의 효율적 이용을 위한 철학사전 구성 체계, 학술성과 대중성을 겨냥한 철학사전의 편찬, 철학사전의 한계를 보완할 공구서의 마련, 한국철학의 연구 성과를 해외에 알리기 위한 기반 마련' 등을 한국 철학사전 편찬의 새로운 과제로 제안하고 있다.

'한자사전 편찬방법론'을 주제로 한 제2부는 '표제어, 표제자, 표제음, 뜻풀이, 용례 선정 원칙' 등의 주요 항목에 대하여 『漢韓大辭典』이 지닌 문제점을 검토하고 미래 지향적인 편찬 방안을 제시한 것이다.

제2부에 실린 정재철의 「디지털한한대사전의 표제어 구성에 대하여」는 『漢韓大辭典』에 보충해야 할 표제어에 대해 논의한 것이다. 이 글은 '불경 번역어, 근대 중국어, 신문명어휘' 등의 분야에 출현한 표제어를 『漢韓大辭典』에 보충해야 할 것으로 제안하고 있다. 불경 번역어란 산스크리트어를 중국어로 번역한 것을 말하는 것이고, 근대중국어란 중국어의 白話인 음성언어를 말하는 것이다. 신문명 어휘란 서양어를 한자어로 번역한 것을 말한다. 불경 번역어, 신문명 어휘 등의 한자어가 종래의 한자사전에 수록되지 않은 것은 이들이 중국에서 자생적으로 발생한 것이 아니기 때문이다. 또 근대 중국어가 종래의 한자사전에 수록되지 않은 것은 종래의 한자사전이 文言 중심으로 편찬되었음을 말해 주는 것이다.

이건식의 「통합 漢韓大辭典의 國字 처리에 대하여」는 『韓國漢字語辭典』에 수록된 國字의 처리 실태를 검토하고 통합 漢韓大辭典에서 보완해야 할 國字의 목록을 제안한 것이다. 國字란 한국에서 만든 漢字를 말하는 것인데, 이 글에서는 종래 있어 왔던 國字 판단의 다양한 기준을 검토하여 國字 판단의 객관적 기준을 제시했으며, 國字의 세부 유형을 논의하였다. 또 國字에 대한 종래의 연구 성과인 남풍현(1989), 한국역사정보통합시스템의 연구 성과, 노명호 외(2000), 대만의 『이체자사전』 등을 검토하여 통합 漢韓大辭典에는 다량의 國字를 보완해야 함을 제안했다.

권인한의 「한자사전 字音 處理의 原則과 실제에 대한 비교」는 한자음 처리의 사적 전개 과정을 검토하여 漢字의 字音 처리의 원칙을 제시하고 구체적인 실례를 제시한 것이다. 이 글에서는 결론에서 字音 處理의 7가지 원칙을 제시하고 있는데, 한자를 사용하는 일반 대중을 위하여 대표음의 제시가 필요하고 字音에 대한 학술 연구를 위하여 字音 관련 정보를 다양하게 제시할 것을 제안하고 있다. 또한 音長 정보도 함께 제시할 것을 제안하고 있으며 중국음은 로마자로 일본은 가타가나로 제시할 필요가 있음을 제안하고 있다.

박진호의 「漢韓大辭典의 뜻풀이에 대하여」는 『漢韓大辭典』 뜻풀이의 문제점을 검토하여 비판한 것이다. 이 글은 뜻풀이의 기술 구조가 위계를 가져야 함을 주장하였다. 기술 구조의 위계를 결정하는 기준으로 역사성에 더하여 빈도성, 논리성/의미성 등을 제안하고 있다. 빈도가 잦은 의미는 뜻풀이의 대표로 기본 의미라 할 수 있는데, 이를 처음에 배열해야 할 것을 제안하고 있으며, 논리성/의미성 등의 기준으로 품사에 따른 뜻풀이의 인접 배열, 의미들간의 논리성에 따른 뜻풀이의 논리적 배열 등을 제안하였다. 또 이러한 제안의 구체적인 설명으로 어기사 於, 也와 矣 등의 의미 기술을 예시하였고, 동사의 경우 피동이나 사동 같은 '방향성'을 기준으로 뜻풀이 하는 것의 실례를 들었다. 또한 중국어에서 의미를 구별하는 聲調의 차이를 중시할 것을 제안하고 있다.

윤승준의 「한자사전 용례 선정 원칙과 실제-乾자 표제어휘 용례를 중심으로-」는 『大漢和辭典』, 『中文大辭典』, 『漢語大辭典』, 『漢韓大辭典』 등의 용례 선정 원칙을 비교 · 검토하고 용례 선정의 원칙을 용례의 보편성과 용례의 특수성의 두 기준에서 용례 선정의 구체적인 실례를 제시하고 있다. 이 글에서는 종래의 4개 사전에 모두 실린 용례를 용례의 보편성으로 규정하고 이 보편성은 한문문화권의 특성과 관습에 기인한 것으로 파악하였다. 이 글에서는 용례의 특수성을 한국이나 일본의 문헌에 수록된 용례로 규정하고 이 특수성은 한국이나 일본의 문화적 특수성에서 기인한 것으로 파악하였다.

이상으로 사전학총서 제4집에 실린 8편의 논문 내용을 개관해 보았다. 이 책에 실린 글들을 통하여 동아시아 웹 한자사전이 발전하여 한자를 통한 동아시아 문화의 정수가 전 세계에 퍼지기를 소망한다.

끝으로 사전학총서 4집에 귀한 글을 게재하도록 허락해 주신 필자분들께 감사의 뜻을 전한다. 아울러 교내외의 어려운 여건 속에도『통합디지털한한대사전』의 편찬과 사전학총서를 간행할 수 있도록 지원을 아끼지 않으신 張忠植 이사장님과 張淏星 총장님 이하 학교 당국에 심심한 감사의 말씀을 올린다. 또한 난해한 내용의 책을 보기 좋도록 일목요연하게 만들어 주신 단국대학교 출판부 관계자 여러분에게도 고마운 마음을 전한다.

2016년 2월 25일

단국대학교 동양학연구원 편찬실장 이건식

한국학 전문사전 편찬과 한자사전 편찬방법론

제1부

한국학 전문사전 편찬의 역사

中世 · 近代 · 開化期의 韻書 및 字書 편찬의 역사

이 준 환*

Ⅰ. 들어가며

이 글은 中世 · 近代 · 開化期에[1] 편찬된 우리의 韻書 및 字書를 대상으로 하여 이들의 편찬 목적 및 형식상의 특징, 반영되어 있는 漢字音 및 字義의 양상을 중심으로 하여 韻書 및 字書 편찬의 역사를 고찰해 보고자 하는 것이다.[2]

韻書라 함은 韻을 기준으로 하여 漢字의 形態, 聲韻(聲調 포함), 字義에 관한 정보를 담은 책으로, 漢字音을 중심으로 하여 漢字에 관한 기본적인 정보를 파악하고자 할 때 널리 이용한 책이다. 대개 漢詩의 押韻을 위한 기준과 정보를 찾기 위해 이용한 책으로, 科擧를 통해 出仕를 하려고 하는 선비들에게는 韻書에 관한 需要가 꾸준히 있었다.

---

* 창원대학교 조교수 / mystery@changwon.ac.kr

1) 이 글에서 말하는 中世, 近代, 開化期는 國語史의 시대 구분에 따라 사용하는 개념임을 밝혀 둔다.

2) 이런 목적을 달성하기 위하여 이 글에서는 여태의 연구 성과를 충실히 이해하고, 그 내용을 본문 또는 각주에 적절히 반영하였다. 이 글의 이와 같은 성격상 별도로 연구사 검토 결과를 제시하지는 않았다.

朝廷에서도 漢字音을 중심으로 하여 漢字의 정보를 정확히 파악하고 이해하는 데에 도움을 주고자 韻書를 간행하게 되었다. 이때 기준으로 삼은 것은 中國에서 편찬된 韻書였다. 中國에서 편찬된 韻書가 우리나라에서 펴내는 韻書의 기준이 된 것은 漢字가 중국에서 전래된 것이니 만큼 마땅한 일이었다. 하지만 중국의 어떤 韻書에 기반을 두고 있었는지, 어떤 목적으로 만든 것인지에 따라서 韻書의 형식, 담고 있는 내용, 반영하고 있는 音系에는 차이가 있다.

이들 韻書는 漢字音이 달린 운서와 漢字音이 달리지 않은 운서로 나뉜다. 漢字音이 달린 韻書로는 『東國正韻』(1447), 『洪武正韻譯訓』(1455), 『四聲通解』(1517), 『華東正音通釋韻考』(1747), 『三韻聲彙』(1751), 『奎章全韻』(1796)이 있고, 漢字音이 달리지 않은 韻書로는 『三韻通考』(?)가 있다. 한자음이 달린 것 가운데 『洪武正韻譯訓』, 『四聲通解』를 제외하고는 모두 東音(韓國漢字音)이 표시된 韻書인데, 『東國正韻』은 東音만 표시된 韻書며, 『華東正音通釋韻考』, 『三韻聲彙』, 『奎章全韻』은 東音과 華音이 모두 표시된 운서이다. 반면에 『三韻通考』는 한자음은 달려 있지 않으나 『華東正音通釋韻考』, 『三韻聲彙』, 『奎章全韻』의 底本이 된 것으로 이들 운서를 이해하는 데에 중요한 운서이다.

다음으로 字書는 흔히 字典 또는 玉篇이라 부르는 것으로 漢字를 모아 일정한 순서에 따라서 배열한 것으로 部首, 字形, 漢字音, 字義, 所屬韻 등에 관한 정보를 알 수 있는 책이다. 따라서 어떤 漢字가 지니고 있는 여러 정보를 파악하기에는 장점이 있으나 책의 형태상 같은 韻에 속해 있는 것들을 한데 모아서 제시하는 것이 아니므로 다른 글자와 견주어 漢字音을 비교하여 파악하기에는 불편함이 있다. 그러나 어떤 漢字가 지닌 여러 정보, 특히 字義를 종합적으로 파악하기에는 字書가 좋다. 왜냐하면 漢字는 대개 多義性을 지닌 것인데, 韻書는 漢字音 제시를 하는 것이 주목적인 탓에 漢字의 多義性을 충분히 반영하고 있지 않기 때문이다.[3] 따라서 形音義를 종합적으로 파악하고자 하는 욕구에서 字書에 대한 수요가 점점 증대되었다고 할 수 있다.

우리나라에서 편찬된, 部首를 기준으로 하여 漢字를 검색할 수 있도록 한 字書로는 崔世珍의 『韻會玉篇』(1536), 洪啓禧의 『三韻聲彙』「玉篇」(1751), 『全韻玉篇』(1796?, 1803?), 鄭益魯의 『國漢文新玉篇』(1908), 池錫永의 『字典釋要』(1909), 朝鮮光文會의 『新字典』(1915) 등을 들 수 있다.[4)5)] 이 중 『韻會玉篇』, 『三韻聲彙』「玉篇」은 漢字音과 字義가 달려

3) 이를 지면의 문제로 볼 수도 있으나 中國에서 만들어진 韻書와 비교하면 우리나라에서 만들어진 韻書는 상대적으로 字義를 소략하게 하였다. 실제로 『廣韻』을 『三韻通考』, 『華東正音通釋韻考』, 『三韻聲彙』, 『奎章全韻』과 비교하면 이런 특징이 대번에 드러난다. 그리고 『東國正韻』에는 아예 字義가 제시되어 있지도 않다. 이런 양상이 나타나는 까닭은 中國의 韻書가 漢字音과 字義를 모두 활용하기 위한 목적을 겸하고 있는 데에 비해서 우리나라의 韻書는 漢字音의 정리에 초점을 맞추고 있기 때문과 관계가 있는 것으로 논의된 바 있다. 정경일, 『한국 운서의 이해』, 아카넷, 2002, 290쪽.

4) 『新字典』은 일제 강점기에 발행된 字書이므로 開化期에서 벗어나는 것이기는 하나, 체재와 字義와 용례 제시 등에서 이전 字書와는 다른 새로운 차원의 자서의 모습을 보여 준다는 점에서 이곳에서 같이 다루기로 하였다. 이들 字書 말고도 開化期에는 『同文新字典』(1909)이 발행된 바 있으며, 일제 강점기 때에는 『日鮮大字典』(1912), 『漢鮮文新玉篇』(1913), 『漢日鮮新玉篇』(1916), 『新定醫書玉篇』(1921), 『字林補註』(1921), 『模範鮮和辭典』(1928) 등의 字書가 더 발행되었다. 이들 字書에는 일본어와의 비교가 이루어진 것이 많고, 특정 분야의 용도에 맞게 맞춤형으로 제작된 것도 있다. 이들의 특징에 관해서는 박형익, 『한국자전의 역사』, 역락, 2012, 제5장 「한국의 대표 자전」을 참고하길 바란다. 필자도 다음 기회에 이들에 관해서도 하나하나 살펴보는 자리를 갖고자 한다.

5) 洪良浩의 『六書經緯』(1777), 鄭允容의 『字類註釋』(1856) 등을 字書로 볼 수도 있다. 그러나 본고에서는 이들이 전통적인 한자 학습서의 형식과 같이 漢字를 部門별로 나누어 제시하는 방식을 취하고 있고 뜻과 음을 연이어 제시하고 있는 등, 전형적인 字書의 형식을 갖추었다고 볼 수 없다는 점에서 字書로 다루지 않기로 한다. 이들을 字書로 간주하고 이들의 특징에 관하여 고찰한 것으로는 신상현의 연구를 들 수 있고, 『字類註釋』이 지닌 사전적 성격에 주목한 연구로는 임경조의 연구를 들 수 있다. 신상현, 「朝鮮後期 文字言語學 硏究 흐름과 字書 編纂」, 『漢字漢文硏究』 5, 고려대 한자한문연구소, 2009, 187~222쪽; 임경조,

있지 않다. 이에 비해서, 『全韻玉篇』, 『國漢文新玉篇』, 『字典釋要』, 『新字典』은 漢字音, 字義, 所屬韻에 관한 정보까지 제시되어 있다. 따라서 형식상으로나 내용상으로나 韻書에 예속되지 않는 독자적인 책으로서의 위상을 갖게 되었다. 그리고 開化期의 『國漢文新玉篇』, 『字典釋要』와 일제 강점기의 『新字典』은 이전 字書와는 달리 韻書와는 무관하게 만들어진 것이고, 字義도 일부 또는 거의 모두를 國文으로 풀이함으로써 漢字 내지는 漢文으로만 字義가 제시되어 있는 『全韻玉篇』과는 차이를 보인다.

Ⅱ. 韻書의 편찬 목적, 형식, 漢字音의 특징

1. 편찬 목적

韻書 편찬 목적으로 가장 먼저 이야기할 수 있는 것으로 漢字音의 整理 및 制定을 들 수 있다. 漢字의 본고장인 중국에서 편찬된 韻書 가운데, 우리가 접할 수 있는 最古의 韻書인 『切韻』(601)은 표준적인 한자음 제정을 위해서 만들어진 것이고, 이 계통을 이어받은 韻書인 『廣韻』(1008)은 北方 標準 中古音을 반영하고 있다.[6] 그리고 이후에 語音

「『字類註釋』의 사전적 성격과 언어적 성격」, 서울대 석사논문, 1993.

6) 문헌에 기록된 바에 따르면 가장 오래된 운서는 魏의 李登이 편찬한 『聲類』이며, 이후에 晉의 呂靜이 『聲類』의 編法을 모방하여 『韻集』을 지었다고 한다. 그리고 李槪의 『音譜』, 陽休之의 『韻略』, 夏侯詠의 『四聲韻略』, 杜台卿의 『韻略』이 南北朝 시대에 간행되었는데, 이들은 『切韻』을 편찬하는 데에도 참고했던 것이다. 이와 관련된 자세한 사항은 李敦柱, 『漢字音韻學의 理解』, 탑출판사, 1995,

의 변화를 반영하여 『禮部韻略』(1037), 『中原音韻』(1324), 『洪武正韻』(1375) 등이 간행되었는데, 이들도 모두 표준적인 한자음 제정의 목적을 가지고서 만들어진 운서이다. 중국에서의 이런 편찬 목적과 평행하게 우리나라에서 만들어진 韻書도 표준적인 한자음 제정이나 한자음 정리를 위한 편찬 목적을 지니고 있었다.

우리나라 漢字音이 처음으로 주기된 韻書인 『東國正韻』(1447)은 표준 韓國漢字音을 제정하고 확립하기 위하여 편찬된 것인데, 이 韻書가 편찬되기 이전인 1444년에는 『古今韻會擧要』의 收錄字에 한글로 注音을 하기도 했었다. 비록 이 사업은 완결을 보지는 못했지만 이것이 『東國正韻』의 편찬 사업으로 이어진 것이다.[7] 『東國正韻』은 『古今韻會擧要』에 표시되어 있는 당시의 口頭音 체계를 반영한 字母韻에 따라서 分韻을 한 것을 바탕으로 하여, 여기에 한자음을 제시하는 형태로 조선의 한자음을 표준화하려고 하였다.[8] 『東國正韻』에 반영된 한자음은 聲母를 나타내는 데에 'ㆁ, ㆆ'을 쓰고 各自竝書를 이용하여 全濁音을 나타내고 있고, 韻母를 나타내는 데에 'ㆇ, ㆊ'와 같은 사중 모음, 'ㆈ, ㆋ'와 같은 오중 모음을 쓰고 있다든지 하는 점은 15세기 후반 자료에서부터 보이는 현실 한자음과 비교하여 볼 때 인위적인 성격의 한자음임을 보여 준다.

『東國正韻』 이후로 한동안은 東音을 표시하기 위한 韻書가 나오지 않다가 약 300년 후인 근대국어 시기에 『華東正音通釋韻考』, 『三韻聲彙』, 『奎章全韻』이 나오게 되었는데, 이 세 운서는 모두 규범적인 한자

114~117쪽 참고.

7) 강신항, 『한국의 운서』, 태학사, 2000, 51쪽에 이와 관련한 상세한 내용이 기술되어 있다.

8) 『古今韻會擧要』의 字母韻과 『東國正韻』 한자음 사이의 관계에 관해서는 조운성, 『동국정운』 한자음의 성모와 운모 체계 연구, 연세대 박사논문, 2011에서 자세히 논의되어 있다.

음을 제시하고자 했던 것들이다. 한자음의 양상을 비교하여 보면 『華東正音通釋韻考』는 『三韻聲彙』·『奎章全韻』과는 구별된다고 할 수 있어서 다소간 차이가 있다. 그러나 이들은 舌音系 한자음의 口蓋音化 반영, 摩擦音과 破擦音의 한자음 제시, 일부 韻母의 한자음 제시 등에서 모두 華音에 기준을 두고 東音을 규범화하려고 했다는 점에서는 공통점이 있다. 즉 현실적으로 유통되던 東音의 상당수를 訛의 상태로 보고, 이를 矯正하려는 방향으로 편찬했던 것이다. 물론 『華東正音通釋韻考』에서는 俗音을 반영하여 正音과는 다른 현실적으로 유통되는 漢字音을 싣기도 하였으나, 俗音은 본문이 아닌 欄上에 頭註 형식으로 제시하고 있다는 점에서 분명한 차이가 있다. 그리고 『奎章全韻』의 자매편으로 만들어진 字書인 『全韻玉篇』에는 『奎章全韻』에서는 제시되어 있지 않은 正俗音이 제시되어 있음을 보면 『奎章全韻』이 현실적으로 유통되는 漢字音을 충실히 반영하려고 했다기보다는 규범화를 위한 목적이 강했던 것임을 알 수 있다.

韻書를 편찬한 목적으로 두 번째 이야기할 수 있는 것으로는 科試에서의 科詩의 押韻 기준을 마련하기 위한 것을 들 수 있다. 우리나라에서 科擧가 시행된 것은 高麗 光宗 9년(958)으로, 이때는 押韻의 기준으로 中國에서 유통되던 韻書를 쓸 수밖에 없었다. 이때 쓰인 운서는 아마도 『唐韻』이었던 것으로 보인다.[9] 『唐韻』은 唐의 孫愐이 지은 것으로 『切韻』(601)을 增訂하여 만든 것이므로 中古音을 충실하게 반영한 것이다. 그러다가 『廣韻』(1008)을 축약하여 만든 『禮部韻略』(1037)을 수입하여 쓰게 되었다. 이 『禮部韻略』은 『廣韻』의 206韻을 그대로 유지한 것으로 禮部에서 과거 준비용으로 널리 쓰던 官書였다.[10] 그러다가

9) 황위주, 「운서韻書의 편찬과 활용(2)」, 『선비문화』 19, 남명학연구원, 2011, 51~62쪽.

10) 康寔鎭, 「朝鮮의 韻書 硏究(2) - ≪三韻通考≫를 중심으로 -」, 『人文論叢(코기

106韻으로 된 『新刊韻略』(1229)이 나왔고 이를 復刻하여 한국판 『禮部韻略』을 만들어 쓰게 되었는데, 이 한국판 『禮部韻略』을 개편하여 만든 것이 『三韻通考』[11]이다.[12] 이처럼 『禮部韻略』이 널리 쓰여 왔음은 『世宗實錄』의 기록을 통해서도 확인해 볼 수 있다. 『世宗實錄』 8년 6월 10일 癸酉의 기록에 보면 "禮曹啓 在先科擧時 只用禮部韻 請自今兼用洪武正韻 譯科竝試童子習 從之(예조에서 앞서 있었던 과거 때에는 오직 예부운략만을 썼는데 청하건대 이제부터 홍무정운을 같이 쓰도록 하고 역과에서는 아울러 동자습을 쓰도록 하자고 아뢰었더니 그에 따랐다.)"와 같이 되어 있다. 이는 科試用으로 『禮部韻略』을 줄곧 써 왔음을 보여 주는 것이라 하겠다.[13]

이 『三韻通考』는 수록자나 字順이 『新刊韻略』과 같고 2~3자 정도의

토)』 54, 부산대 인문학연구소, 1999, 5~6쪽.

11) 『三韻通考』가 편찬된 시기는 高麗라고 하는 설과 朝鮮이라고 하는 설이 대립하고 있다. 고려 때에 편찬된 것으로 생각할 수 있는 바로는 ① 『三韻通考』가 106韻으로 되어 있고 三段式임을 고려하면, 『排字禮部韻略』(1037)의 한자 가운데 106韻의 舒聲韻만 三韻을 相配하는 식으로 나누고 入聲만 따로 떼어 놓은 것이라 볼 수 있으므로 『排字禮部韻略』 및 『禮部玉篇』이 나온 후이거나 이와 거의 같은 시대에 간행된 것으로 보는 것이 자연스럽다는 점, ② 『禮部韻略』이 우리나라에서 간행된 것이 『新刊排字禮部韻略』(1300, 忠烈王 26년)임을 고려하면 『三韻通考』도 이와 같거나 조금 늦은 시기에 편찬된 것으로 보는 것이 자연스럽다는 점, ③ 日本의 『聚分韻略(三重韻)』(1307)이 高麗本 『三韻通考』를 본떴다고 되어 있다는 점 등을 들 수 있다. 이에 반해서 李德懋가 『奎章全韻』 凡例에서 "三韻通考未知緣起 似是世宗朝命儒臣編定者(삼운통고는 아직 유래를 알 수 없으나 세종의 명으로 유신이 편찬한 것이다.)"라고 하여 세종조에 편찬한 것이라 하였음은 조선 때에 편찬된 것으로 생각할 수 있는 바라 할 수 있다. 그러나 『禮部韻略』보다 뒤늦게 나온 『古今韻會擧要』의 영향을 받아 편찬된 『東國正韻』이 나온 세종 때에 『禮部韻略』을 바탕으로 한 『三韻通考』가 나왔다고 하는 것은 흐름상 자연스럽지 않다. 따라서 『三韻通考』는 고려 때에 나온 것으로 보는 것이 자연스럽다고 할 것이다.

12) 강신항, 앞의 책, 제1장 朝鮮時代의 『禮部韻略』, 17~30쪽.

13) 강식진, 앞의 논문, 23~24쪽을 참고.

字釋만을 붙인 형태로 되어 있을 뿐, 수록된 漢字 아래에는 直音 또는 反切 등을 이용한 漢字音이 전혀 제시되어 있지 않다.[14)] 『三韻通考』 이후에 우리나라에서 간행된 韻書가 대개 이 『三韻通考』 계열임을 감안하면 押韻을 위한 목적에서 韻書를 편찬한 목적이 컸다고 할 수 있다.

우리나라에서 간행된 韻書 가운데 押韻을 무엇보다도 중시하여 편찬된 것으로는 『奎章全韻』을 들 수 있다. 『奎章全韻』에서는 入聲도 押韻해야 한다는 생각에서 『三韻通考』 계통의 韻書가 三段式 체재를 취한 것을 고쳐 平上去入의 四段式 체재를 취하도록 했을 뿐만 아니라 2,102자를 增韻하고, 叶音 279자를 추가하여 押韻에 쓸 수 있는 글자 수를 늘렸다.[15)] 正祖가 『奎章全韻』을 반포할 때에 내린 傳敎에 "我東韻書之彙以三韻 別置入聲 有非韻本四聲之義 而不押增韻與入聲 科場不押增韻 亦不曉通韻叶音之格 鹵莽莫甚……(우리나라 운서에서 글자를 삼운으로 모으고 입성을 따로 두는 것은 운이 사성에 바탕을 두는 뜻에서 어긋남이 있다. 증운과 입성을 압운하지 않고 과장에서 증운을 압운하지 않는 것은 또한 통운과 협음의 격식에 밝지 않은 것으로 거칠고 서툰 것이 매우 심한 것이다.)"라고 되어 있음을 보면, 正祖는 增韻과 入聲을 압운하지 않는 것을 通韻과 叶音의 격식을 알지 못하는 것으로 여기고 있었음을 알 수 있다.

通韻은 소리가 비슷하여 서로 통하여 쓸 수 있는 韻을 가리키는 것으로, 전통적으로는 '東韻 · 冬韻 · 江韻'의 3개 韻이 通韻의 대상이 되

14) 이런 형태는 詩賦의 韻을 찾기 위하여 만든 字書인 『排字禮部韻略』의 同韻字 검색에 편리하도록 再編한 것으로 『禮部韻略』과 같이 사용하도록 간행한 것이라 할 수 있다. 이와 관련한 논의는 강식진, 앞의 논문, 19쪽을 참고.

15) 이 通韻과 叶音의 대상이 되는 글자는 대개는 淸의 邵長蘅이 쓴 『古今韻略』에서 취한 것이다. 이에 관해서는 심경호, 「한국의 韻書와 운서 활용 방식」, 『漢字漢文硏究』 5, 고려대 한자한문연구소, 2009, 158쪽을 참고. 이 『古今韻略』 이외에 宋 吳棫의 『韻譜』, 明 張黼의 『韻學集成』, 楊愼의 『古音略例』 등을 참고하였다. 이에 관해서는 강신항, 앞의 책, 254~255쪽을 참고.

고, '支韻 · 微韻 · 齊韻 · 佳韻 · 灰韻'의 5개 韻이 通韻의 대상이 되어 왔다. 그리고 叶韻이란 같은 韻에 속하는 것이 아닌 글자를 동일한 韻에 사용하는 것을 가리킨다.[16] 이렇게 전통적으로 허용되어 온 通韻과 叶韻에 관한 정보를 韻書에 반영해야 한다고 생각하고 이와 관련된 정보를 반영한 韻書가 바로 『奎章全韻』이다.

韻書를 편찬한 목적으로 세 번째로 이야기할 수 있는 것은 韻書에 실린 글자 수가 부족하여 글자 수를 늘려 훨씬 많은 한자의 音과 字義에 관한 정보를 싣기 위한 것을 들 수 있다. 중국에서 『廣韻』(1008)이 나온 지 얼마 되지 않아 『集韻』(1039)을 편찬한 것은 이와 관련되는 것으로 이해할 수 있다.[17] 이와 같은 식으로 우리나라에서 간행된 韻書를 살펴볼 수 있다. 대표적으로 『奎章全韻』에서는 『三韻通考』에 수록된 漢字의 개수가 얼마 되지 않는 점을 들고 있다. 따라서 『奎章全韻』을 편찬할 때에 朝鮮에서 널리 이용해 왔던 『三韻通考』의 한자의 개수가 적은 것이 상당히 큰 불만 사항이었음을 알 수 있다. 실제로 『奎章全韻』은 『三韻通考』를 비롯하여 이전에 간행된 『三韻通考』 계통의 韻書들에 비해서 수록된 한자의 개수가 아래와 같이 늘어났다.

(1) 『三韻通考』 및 『三韻通考』계 韻書의 수록 한자 수

① 『三韻通考』: 9,732자(참고로 『禮部韻略』은 9,596자)
② 『華東正音通釋韻考』: 11,377자
③ 『三韻聲彙』: 12,965자(辛未年, 초간본?, 1751년), 12,971자(己丑年 재간본, 1769년)

---

16) 이와 관련된 자세한 내용은 전관수, 『한시어사전』, 국학자료원, 2007을 참고.

17) 宋 仁宗의 勅命을 받아 丁度가 『集韻』(1039)을 편찬하게 되는데, 이 韻書는 『廣韻』의 206韻 체계를 그대로 유지하면서 漢字를 27,331자를 추가하여 총 53,525자를 수록한 廣韻系 韻書이다. 여기에는 反切 用字에서도 꽤 변화가 있고, 小韻의 배열 순서에도 일부 차이가 있으며, 異體字도 상당히 실어 놓았다.

④『奎章全韻』: 原韻 10,964자, 增韻 2,102자, 叶韻 279자, 합계 13,345자

이를 보면 『三韻通考』에 비해서 『華東正音通釋韻考』는 한자 수가 1,642자가 늘어났고, 『三韻聲彙』는 3,233자(초간본) 또는 3,239자(재간본)가 늘어났고, 『奎章全韻』은 3,613자 늘어나게 되었다. 따라서 『奎章全韻』은 『三韻通考』의 한자 수를 기준으로 하면 약 37%의 한자가 늘어났음을 알 수 있다. 따라서 수록된 한자 개수를 늘리는 쪽으로 韻書가 편찬되었음을 알 수 있다.

그런데 한 가지 생각해 보아야 할 것은, 『奎章全韻』이 『華東正音通釋韻考』나 『三韻聲彙』에 비하면 한자 수가 아주 많이 늘었다고 할 수는 없다는 점이다. 『奎章全韻』에 실린 한자의 개수는 『華東正音通釋韻考』보다는 1,968자, 『三韻聲彙』보다는 380자 늘어나는 데에 그친다. 따라서 『三韻通考』에 수록된 한자의 개수 부족에 불만을 느껴 『奎章全韻』을 편찬했다고는 할 수 있으나, 『華東正音通釋韻考』나 『三韻聲彙』에 실린 한자의 개수가 적었던 것에 불편을 느껴서 『奎章全韻』이 편찬되었다고 보기에는 어려움이 있다. 그러므로 『奎章全韻』보다 좀 이른 시기에 나왔던 韻書들에 대해서는 같은 불만을 그대로 가지고 있었다고 보기는 어려울 듯하다.

韻書를 편찬한 목적으로 네 번째로 이야기할 수 있는 것은 字義가 소략함을 보완하기 위한 것을 들 수 있다. 『奎章全韻』을 보면 『三韻通考』에 수록된 글자 수가 얼마 되지 않고 訓註가 소략하다는 점을 들고 있는데, 후대에 간행된 韻書에서는 다음과 같이 『三韻通考』의 字義가 소략함을 보완하려고 노력하였음을 볼 수 있다.

(2)『三韻通考』와 이후 韻書의 字義의 양상[18]

한자 / 운서명	距	齬	與	呰	昆	房
『三韻通考』	鷄－	齟－	善也	思也	兄也	室也
『增補三韻通考』	鷄－	齟－	善也	思也	兄也	室也
『華東正音』	鷄－	齟－	善也	思也	兄也	室也
『三韻聲彙』	鷄－	齟－	善也許也 及也如也 相－黨－容 －	量也思也 毀也又不 －	後也同也 咸也 又仝上仝下	阿－室也 星名州名
『奎章全韻』	刀鋒倒刺 躍也至也 違也抗也	齒不相 值 齟－	善也許也 及也如也	量也思也 毀也	後也同也 咸也 又仝上仝下	室扗旁俎室 也宿名天駟 泰宮阿－

이를 보면『奎章全韻』의 字義가 상당히 자세함을 알 수 있다. 또한『三韻聲彙』도『三韻通考』나『華東正音通釋韻考』에 비하여 字義가 상세하게 되어 있는 경우가 있음을 알 수 있다. 그런데 경우에 따라서는『三韻聲彙』의 字義가『奎章全韻』의 字義보다 상세한 경우도 있다. 이런 점을 고려하여 보면『奎章全韻』은『三韻通考』의 字義와 이 字義를 그대로 따르고 있는 韻書의 字義로는 漢字의 訓註가 부족하다고 생각했던 것으로 보인다. 따라서 訓註를 늘려서 상세화한 韻書를 편찬하는 것이 필요하다고 생각했던 것으로 보인다. 그리고 이를 실제 행하는 과정에서『三韻聲彙』의 字義를 상당히 참고하면서 작업을 하였음을 알 수 있다.

---

18) 이는 강신항, 앞의 책, 247~248쪽을 참고하고 필자가 몇 예를 더 찾아서 작성한 것이다.

2. 형식상의 특징

우리나라에서 간행된 韻書는 단이 구분되어 있지 않아 결과적으로 一段으로 구성된 韻書(또는 통단식 운서),[19] 三段式 韻書, 四段式 韻書로 나누어 볼 수 있다. 이 段의 구별 기준은 聲調別로 글자를 묶어서 제시하느냐 그렇지 않느냐와 관련된다. 一段式 韻書에 해당하는 것에는 『東國正韻』, 『四聲通解』가 있고, 三段式 韻書에 해당하는 것에는 『三韻通考』, 『華東正音通釋韻考』, 『三韻聲彙』가 있고, 四段式 韻書에 해당하는 것에는 『奎章全韻』이 있다.

첫째, 一段式 韻書는 平聲, 上聲, 去聲, 入聲에 해당하는 韻目들을 聲調에 따라서 구별하지 않고 한데 묶어서 제시한다. 이런 형식으로 된 것으로 『東國正韻』과 『四聲通解』를 들 수 있는데, 단을 나누지 않는 방식은 『廣韻』, 『集韻』, 『禮部韻略』, 『古今韻會擧要』, 『洪武正韻』 등의 중국의 韻書에서 널리 볼 수 있는 편찬 방식이다. 『東國正韻』은 모두 91韻目으로 이루어져 있는데, 이들을 平上去入의 순서로 묶어서 한 개의 韻類를 만든 다음에 이들을 一, 二, 三, 四……와 같은 방식으로 한데 나열하여 모두 26개의 韻類를 제시하는 방식으로 이루어졌다.

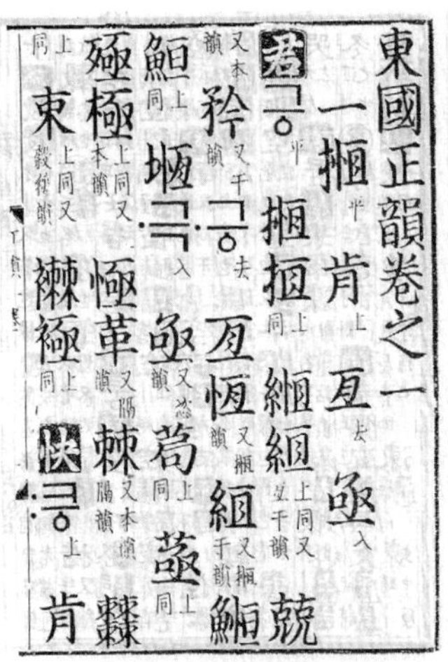
東國正韻卷之一

〈그림 1〉 『東國正韻』

〈그림 1〉에서 볼 수 있는 바와 같이 제1 韻類에는 '揯肯亘亟'의 네 개의 韻目으로 구성되어 있는데, 이들은

19) 통단식이라는 말은 정경일, 『한국 운서의 이해』, 아카넷, 2002에서 쓴 통단 배열 방식에서 착안한 것이다.

君母라는 聲母에서 '궁平 · 궁去 · 귝入'과 같은 순서로 제시되어 있다. 제1 韻類에 上聲에 해당하는 것이 보이지 않는 것은 이 韻類에 속하는 글자들 가운데 聲母가 君母인 것들 중에는 上聲字가 없기 때문이다. 이와 같은 방식으로 『東國正韻』에서는 모두 26개의 韻類에 속하는 91 韻目이 하나의 段에 제시되어 있는 형식을 취하고 있다. 이와 같은 방식은 『四聲通解』에서도 동일하게 나타나는 방식으로, 『四聲通解』에서도 見母, 溪母 등과 같은 순서로 聲母를 제시하고 그 아래에 平上去入의 순서로 글자를 제시하고 있다. 따라서 한글 창제 이후에 한글을 이용하여 表音을 한 韻書들은 段을 나누지 않고 聲母를 매개로 하여 平上去入의 순서로 한자를 제시하는 방법으로 韻書 편찬을 하였음을 알 수 있다.

이와 같은 방식의 韻書는 漢字音을 알고 그 특징을 파악하기에는 전혀 불편함이 없으나 押韻에 관한 정보를 시각적으로 얼른 파악하기에는 불편함이 있는 형식이다. 따라서 이런 一段式 韻書는 作詩 또는 押韻을 위한 韻書의 성격을 지니기보다는 審音用 韻書의 성격을 강하게 지니는 것이라고 할 수 있겠다.

둘째, 三段式 韻書는 平聲, 上聲, 去聲을 한쪽에 모아서 제시하고 入聲은 뒤쪽에 따로 빼어 제시하는 방식의 韻書를 말한다. 이런 韻書로 『三韻通考』, 『華東正音通釋韻考』, 『三韻聲彙』를 들 수 있다. 『華東正音通釋韻考』, 『三韻聲彙』는 『三韻通考』 계열의 韻書이므로 이들은 『三韻通考』의 형식을 그대로 이어받은 것이라 할 수 있다.[20] 『三韻通考』는

20) 그런데 실제로는 『三韻通考』보다는 『增補三韻通考』를 底本으로 했다고 해야 옳다. 이는 『華東正音通釋韻考』와 『三韻聲彙』의 字義를 『三韻通考』, 『增補三韻通考』와 비교하여 본 결과 『三韻通考』와 『增補三韻通考』의 字義가 다른 경우 『華東正音通釋韻考』와 『三韻聲彙』는 다음과 같이 『增補三韻通考』의 字義를 따르고 있는 것을 통해서 알 수 있다. 이에 관해서는 강신항, 앞의 책, 226~227쪽을 참고.

『新刊韻略』을 底本으로 한 것이면서도 형식은 전래의 중국 운서와는 다른 방식을 취하고 있다. 이렇게 하게 된 것은 押韻의 기준을 삼고 편의를 제공받기 위해서였던 것이다. 이처럼 전래의 방식과는 다른 새로운 방식을 고안하고, 이런 방식이 조선 후기까지 채택될 정도로 선호된 것을 보면 우리나라에서 押韻을 정확히 하는 것을 얼마나 중시했고 이의 基準을 제공해 줄 수 있는 韻書의 출현을 얼마나 갈망하고 있었는지를 알 수 있다. 또한 入聲의 소실을 반영하고 있는 『中原音韻』(1324)에 영향을 받은 것으로 추정되기도 한다.[21] 이렇게 三段式 體裁

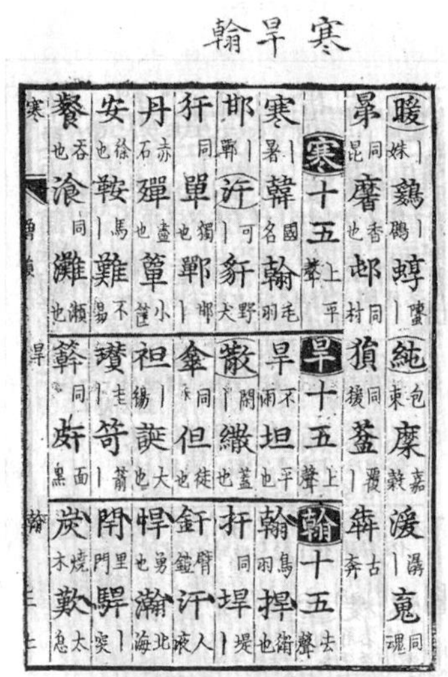

〈그림 2〉『三韻通考』

〈그림 3〉『華東正音通釋韻考』

운서명 \ 한자	古	咎	餻
『三韻通考』	上也	姓也	一麋
『增補三韻通考』, 『華東正音通釋韻考』, 『三韻聲彙』	崇也	一繇	餌也

21) 심경호, 앞의 논문, 141쪽; 황위주, 「운서韻書의 편찬과 활용(2)」, 『선비문화』 19, 남명학연구원, 2011, 58~59쪽.

를 취한 결과 『三韻通考』는 朝鮮 時代에는 科場에서 꼭 참고를 해야 하는 필수적인 韻書가 될 정도로 권위가 높았다.[22)]

〈그림 2〉, 〈그림 3〉, 〈그림 4〉에서 볼 수 있듯 三段式으로 된 韻書는 平聲, 上聲, 去聲을 한 면에 段을 구분하여 제시하는 방식을 취하는 것으로 시각적으로 같은 韻目과 聲調에 속하는 글자들을 파악할 수 있는 장점이 있다. 이를 〈그림 1〉의 『東國正韻』과 비교하여 보면 본문을 잘 들여다보지 않아도 쉽게 聲調를 파악할 수 있음을 알 수 있게 된다.

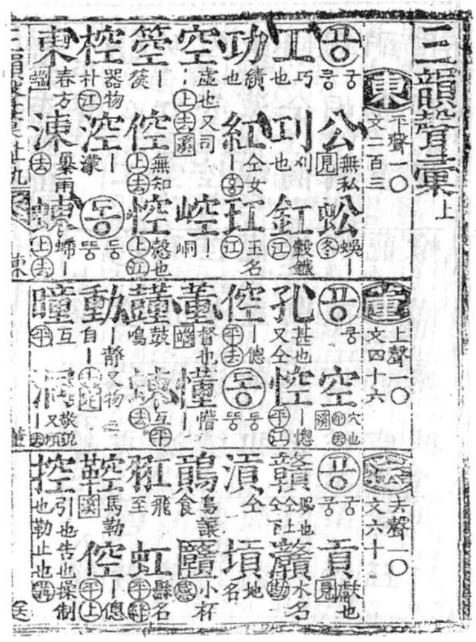

〈그림 4〉 『三韻聲彙』

그런데 『三韻通考』에서는 漢字音에 관한 정보가 일절 제시되어 있지 않은데 비해서 『華東正音通釋韻考』나 『三韻聲彙』에서는 東音과 華音이 모두 제시되어 있다. 『華東正音通釋韻考』에서는 東音이 왼쪽에 華音이 오른쪽에 倂記되어 있고, 『三韻聲彙』에서는 東音을 漢字 앞에 제시하고, 각 漢字 아래에 華音을 제시하는 식으로 表音을 하고 있다. 따라서 같은 三段式이라도 『三韻通考』는 所屬韻과 聲調는 알 수 있지만 漢字音은 알기가 어려워 審音用 韻書로서의 기능은 하기 어려웠던 반면에 『華東正音通釋韻考』와 『三韻聲彙』는 審音用 운서의 성격도 갖도록 함으로써 『三韻通考』의 단점을 보완하고 있다고 하겠다.

셋째, 四段式 韻書는 한 면에 平聲, 上聲, 去聲, 入聲의 韻目을 段을 4개로 나누고 제시하는 방식의 운서로 『奎章全韻』이 이에 해당한다. 〈그

22) 金敏洙, 『新國語學史』, 一潮閣, 1980; 정경일, 앞의 책.

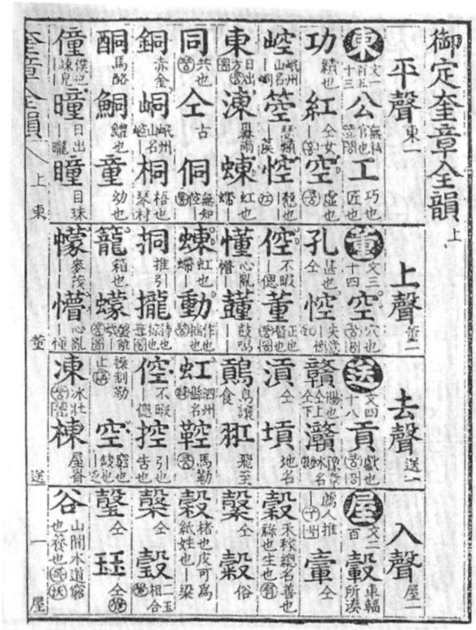

〈그림 5〉『奎章全韻』

림 5〉에서 볼 수 있는 바와 같이 四段式 韻書는 三段式 韻書와는 달리 入聲을 舒聲韻과 더불어 제시하는 방식을 취했다는 것이 다르다. 따라서 平仄을 모두 고려하여 押韻을 해야 하는 作詩의 상황에 효율적으로 대처하고 이와 관련한 정확한 정보를 제공하기 위해서 이런 방식을 궁구하게 된 것으로 보인다.

그러나 한자를 제시하는 순서는 三段式 韻書인『三韻聲彙』와 대체로 일치한다. 차이점은 增韻과 叶音을 각 聲調의 끝 부분에 따로 모아서 제시하고 있는 점이다. 東韻의 한자 제시 양상으로 예를 들어 보면, 〈그림 4〉에서는 '公→(蚣)→工→(玒)→(釭)→功→紅→(玒)→空→崆→……'의 순서로 제시되어 있으나, 〈그림 5〉에서는 '公→工→功→紅→空→崆→……'의 순서로 제시되어 있다. 〈그림 4〉에서 필자가 괄호로 표시를 한 한자는 제시되어 있지 않다. 이 글자들은 뒷부분에 增韻으로 '蚣→玒→攻→釭→玒→……'의 순서로 새롭게 추가된 한자들과 더불어 제시가 되어 있다.

이렇게 한 것은 이 韻書가 押韻에 관한 여러 정보를 정확하고 효율적으로 전달하고자 했기 때문이다. 따라서 이런 형식상의 특징을 통해서도 이 韻書의 지향점을 여실히 파악할 수 있다. 또한 이 韻書도 東音과 華音을 모두 제시하고 있어서 審音用 韻書로서의 특색을 고스란히 지닌다.

3. 수록된 漢字音의 특징

우리가 다룬 韻書 가운데 東音을 알 수 있는 韻書는『東國正韻』,『華東正音通釋韻考』,『三韻聲彙』,『奎章全韻』이다. 이들 4가지 韻書에 수록된 漢字音의 특징을 살펴보도록 하겠다.

『東國正韻』의 漢字音은 朝鮮의 標準 漢字音을 제정하기 위하여 편찬된 것으로 알려져 있다. 실제로『東國正韻』을 보면 聲母에서 字母之變, 七音之變, 淸濁之變을 바로잡기 위하여 다음과 같은 교정 작업을 하였다.

(3)『東國正韻』 한자음(동운음)과 현실 한자음의 비교

	聲母	漢字	동운음	현실음	聲母	漢字	동운음	현실음
字母之變	溪母	克	큭	극	透母	禿	톡	독
		空	콩	공	淸母	詮	췐	젼
七音之變	溪母	欠	컴	흠	溪母	虧	큉	휴
	曉母	旭	혹	욱	曉母	頊	혹	욱
淸濁之變	羣母	祁	낑	긔	定母	惰	땅	타
	從母	聚	쯍	취	匣母	惠	ᅘᅰᇰ	혜

이런 교정 작업을 하여 표준 한자음을 제시하기는 하였으나 정착하지 못하고 실제 유통되던 현실음이 쓰였다. 이 외에도 挹母(影母)를 나타내는 데에 'ㆆ'을 썼고 業母(疑母)를 나타내는 네에 'ㆁ'을 쓴 것은 현실 한자음은 물론 15세기 국어의 실상과도 맞지 않는 인위적인 조치였다.

이런 인위적인 한자음의 제시는 韻母에서도 보이는데, 대표적으로 撮口呼를 나타내기 위해서 'ᆔ', '웬, 웽', 'ᆒ'처럼 삼중 모음, 사중 모음, 오중 모음을 표기한 것을 들 수 있다. 실제로 (3)에서 볼 수 있듯이 中古音 음운 정보가 '山合三平仙淸'인 '詮'의 撮口音을 반영하기 위하

여 '훤'으로 표음을 하였고, '果合一上果定'인 '惰'의 合口音을 반영하기 위하여 '똥'로 표음을 하였고, '蟹合四去霽匣'인 '惠'의 撮口音을 반영하기 위하여 '뼹'로 표음을 한 것은 『東國正韻』이 지니고 있는 규범성을 보여 주는 것이다.

그러나 『東國正韻』이 이런 규범성을 보이고 있지만 聲母에서는 東音의 특징을 감안하여 舌頭音과 舌上音, 脣重音과 脣輕音, 齒頭音과 正齒音의 구별을 없앤 것은 東音의 틀 위에서 규범화를 시도한 것이다. 韻母에서도 『古今韻會擧要』의 字母韻 체계에 따라서 운서 편찬을 했으면서도 入聲韻尾를 보존하고 있는 것과 韻目 내에서도 일부 韻母를 제외하고는 東音이 보이는 일반적인 경향을 중심에 놓고 규범화를 한 것 역시 東音의 틀 위에서 규범화를 시도한 것이다.[23] 실제 『東國正韻』이 韻母에서 보이는 규범화란 開合의 분명한 반영, 核母音의 단순화와 통일, 介音의 정확한 반영이라고 할 수 있다. 따라서 대체로 이런 규범화의 방향에 따라서 한자음을 규범화한 결과 현실 한자음과 차이를 보인다는 것을 감안하고 본다면 그렇게 인위적인 음이라고만은 볼 수 없다는 것을 알 수 있다.

『東國正韻』이 편찬되고 난 지 300년가량은 東音이 표시된 韻書 편찬이 없다가 18세기 중기와 후기에 이르러 잇달아 『華東正音通釋韻考』, 『三韻聲彙』, 『奎章全韻』이 간행되게 된다. 물론 18세기 초반에 朴斗世에 의해 『三韻通考補遺』(1702)가 나오고, 金濟謙과 成孝基에 의해 『增補三韻通考』(1702~1722 사이)[24]와 같이 『三韻通考』를 보완한 운서가

23) 이런 주장은 강신항, 앞의 책, 51~84쪽에 수록된 「『東國正韻』 音系의 性格」에 상세히 기술되어 있다.

24) 李德懋는 『靑莊館全書』의 「奎章全韻 凡例」에서 『增補三韻通考』에 관하여 다음과 같이 기술하고 있어서 이 책이 널리 애용되고 있었음을 드러내고 있다. "金濟謙與成孝基 同篇增補 洵爲近正 無論原韻增韻 間有稀僻 不删一字者 以其行世已久人皆貫串也(김제겸과 성효기가 같이 증보를 편찬했는데 참으로 정(올바름)에

나오게 되나 이들에는 漢字音이 주기되어 있지 않다. 이들 세 韻書는 규범적인 방향에서 한자음을 제시하고 있는데, 규범적인 한자음의 제시 경향은 (4)에서 볼 수 있듯이 『華東正音通釋韻考』의 한자음이 『三韻聲彙』 · 『奎章全韻』의 한자음과는 차이를 보이는 양상으로 나타난다.

(4) 『華東正音通釋韻考』, 『三韻聲彙』, 『奎章全韻』의 한자음 비교

漢字	중고음 정보	화동	삼운	규장	중세	현대	漢字	중고음 정보	화동	삼운	규장	중세	현대
脘	山合一上緩見	완	관	관	-	완	厖	江開二平江明	방	망	망	방	방
蝸	假合二平麻見	와	과	과	과, 와	와	撫	遇合三上麌敷	무	부	부	무	무
猘	蟹開三去祭見	제	계	계	-	제	唶	假開三去禡精	쟈	챠	챠	-	차
欬	蟹開一去代溪	ᄒᆡ	ᄀᆡ	ᄀᆡ	-	해	拶	山開一入曷精	좔	찰	찰	찰	찰
虐	宕開三入藥疑	학	약	약	학	학	措	遇合一去遇清	추	조	조	조	조
耽	咸開一平覃端	탐	담	담	탐	탐	凊	梗開三去映從	정	청	청	-	청
喋	咸開四入帖端	텹	뎝	뎝	-	첩	擦	山開二入黠初	찰	살	살	-	찰
詆	蟹開四上薺端	제	뎌	뎌	뎌	저	藎	臻開三去震邪	진	신	신	-	신
賧	咸開一去勘透	단	탐	탐	-	탐	烓	蟹合四平齊影	계	유	유	-	계
涒	臻合一平魂透	군	톤	톤	-	군	姶	咸開一入合影	합	압	압	-	압
凸	臻合一入月定	텰	뎔	뎔	-	철	駽	山合四平先曉	연	현	현	-	현
鮎	咸開四平添泥	뎜	념	념	-	점	奕	梗開三入昔以	혁	역	역	-	혁

이런 차이는 韻母보다는 聲母에서 더 심하다. 牙音, 舌音, 脣音, 齒音, 喉音 모두에서 『三韻聲彙』 · 『奎章全韻』이 『華東正音通釋韻考』보다 규범성이 강하다. 그러나 清濁의 반영에서는 全淸과 次淸의 구별을 일부러 하지는 않고 있어서 조음 위치에서 보이는 규범성에 비해서 규범

가깝다. 원운(본래 있던 운)과 증운(새로 추가한 운)을 논할 것도 없이 가끔 희귀하고 궁벽진 글자가 있는데 한 글자도 빼지 않은 것은 그것이 세상에 행해진 지 이미 오래되었기에 사람들 모두 익숙하기 때문이다.)”

성의 정도가 약하다. 韻母에서는 '摎', '措'에서 보듯이 『華東正音通釋韻考』의 한자음이 『三韻聲彙』·『奎章全韻』의 한자음보다 좀 더 규범적인 특색을 보인다.[25] 그리고 『三韻聲彙』와 『奎章全韻』의 한자음은 차이가 없다. 유일한 차이라고 한다면, 山開三去線精의 중고음 음운 정보를 지니는 '箭, 煎, 湔' 세 글자의 한자음이 『三韻聲彙』에서는 '젼'으로 표음되어 있으나 『奎章全韻』에서는 '젼'으로 표음된 것뿐이다.[26]

(4)의 양상을 볼 때 『華東正音通釋韻考』에 실린 한자음이 『三韻聲彙』·『奎章全韻』에 실린 한자음보다 좀 더 현실음에 가깝다. 이렇게 된 까닭은 '脘'은 '完', '猘'는 '制', '欬'는 '亥', '涒'은 '君', '藎'은 '盡', '姶'는 '合'과 같은 聲符에 이끌리거나 다른 이유에 의해서 漢字音이 本音과는 멀어진 것을 『華東正音通釋韻考』에서는 교정하지 않았지만 『三韻聲彙』·『奎章全韻』에서는 본래의 聲母가 지니는 특색에 맞게 교정을 했기 때문이다.

다음으로 『華東正音通釋韻考』에는 본문은 아니지만 欄上에 頭註 형태로 俗音이 476자 가량 주기되어 있다. 이 俗音은 대체로 현실음을 반영하고 있는 것들이다. 그런데 이들 한자음을 살펴보면 일부는 『古今韻會擧要』에 기반을 둔 음이 실려 있기도 하고, 현실적으로 유통되는 複數漢字音이 실려 있기도 하고, 古音이 실려 있기도 하다. 현실적으로 유통이 되는 한자음 가운데에는 聲符 또는 諧聲字(形聲字)에 유추된 음, 字形의 유사에 의해 유추된 음, 중국 운서에 있는 複數 反切에서 기원한 음 가운데에 『華東正音通釋韻考』에는 실려 있지 않은 음, 意味의 유사성에 의해 유추된 음, 避諱로 인해 형성된 음 등이 실려 있

25) 遇攝 虞韻의 虞平, 麌上, 遇去를 『三韻聲彙』와 『奎章全韻』에서는 'ㅛ'로 표음하고 있는 반면에 『華東正音通釋韻考』에서는 近代漢語를 기준으로 하여 일률적으로 'ㅠ'로 표음하고 있다.

26) 이준환, 「三韻聲彙 漢字音 聲母 體系 考察」, 성균관대 석사논문, 2003, 81~84쪽 참고.

다.[27] 따라서 東音의 특색을 이해하는 데에 도움이 되는 것들이 다수 실려 있다.

이에 해당하는 예를 몇 들어 보이면 다음과 같다. '昫 · 煦'가 聲符인 見母의 '句'나 諧聲字인 見母의 '苟 · 笱 · 枸 · 岣 · 狗' 등이 '구'인 것에 유추되어 '후俗구'가 되었으며, '縞'가 '鎬 · 滈 · 鰝'와 字形이 相似하여 '고俗호'가 되었으며, '訐'이 '들추어내다 · 폭로하다 · 비방하다(告)'의 의미가 '아뢰다 · 알리다 · 고하다(請也)'의 뜻을 지닌 '謁(於歇切)'과 類似한 데에서 '갈俗알'이 된 것 등이 이와 같은 다양한 유추의 예들이다.[28] 그리고 複數漢字音을 반영한 俗音으로는 '謳'가 '烏侯切' 이외에도 '豈具切'을 反切로 지니고 있기 때문에 '우俗구'가 된 것을 들 수 있다.

이와 같은 俗音 가운데 複數漢字音을 반영한 것을 제외하고는 그 형성 원인이 東音 내부에 있는 것으로 漢語에서는 그 근거를 찾기가 어렵다. 따라서 俗音을 유심히 관찰하여 보면 東音의 변화 가운데 집단적으로 일어난 것 이외의 個別的으로 일어난 것의 원인을 밝힐 수 있다. 그리고 꾸준히 제기되어 온 바와 같이 中古音 이전의 漢字音의 흔적을 보존하고 있을 가능성도 있다는 점에서 東音의 層位 문제를 생각하는 데에 귀중한 자료가 되기도 한다.

---

27) 『東國正韻』 序文에서 밝힌 東音이 바뀌게 된 원인 중 상당수는 俗音의 생성과 관련이 있다. "俗儒不知 ① 切字之法 ② 昧於紐躡之要 ③ 或因字體相似而爲一音 ④ 或因前代避諱而假他音 ⑤ 或合二字爲一 ⑥ 或分一字爲二 ⑦ 或借用他字 ⑧ 或加減點畫 ⑨ 或依漢音 ⑩ 或從俚語 ⑪ 而字母 七音淸濁四聲皆有變焉"

28) 意味의 유사성에 의한 유추에 대해서는 이준환, 「漢字音 俗音의 발생과 意味와의 關聯性」, 『語文研究』 129, 韓國語文敎育研究會, 2006, 57~81쪽을 참고하였다.

Ⅲ. 字書의 편찬 목적, 형식, 漢字音, 字義의 특징

1. 편찬 목적

우리가 접할 수 있는 字書의 이른 형태는 韻書에 수록된 한자를 韻을 중심으로 하여 찾기에 편하도록 한 것으로 檢索의 기능이 주가 된 것으로, 韻書의 끝 부분에 수록되어 있거나 別卷으로 된 것이다.

제일 먼저 崔世珍이 편찬한 『韻會玉篇』(1536)은 元의 熊忠이 편찬한 『古今韻會擧要』(1297)에 수록된 漢字를 쉽게 찾을 수 있도록 한 것이다. 따라서 別卷으로 되어 있지만 卷末에 수록된 字書와 그 기능이 똑같다고 할 수 있다. 이 字書는 部首의 목록을 제시하고 이에 따라서 漢字를 찾을 수 있도록 하였지만, 한자는 〈그림 6〉에서 볼 수 있는 바와 같이 『古今韻會擧要』의 체제를 따라서 '東－冬－江－支－微－魚－虞－齊－佳－灰－眞－文－元－寒－山－先－蕭－爻－豪－歌－麻－陽－庚－靑－蒸－候－侵－覃－鹽－咸'韻의 순서에 따라서 제시하고 있다. 따라서 어느 정도 韻에 관한 이해가 있는 사람이 이용하기에 편리할 수 있으나 그렇지 못한 사람에게는 불편하게 되어 있는 틀을 지니고 있다고 하겠다.

우리나라에서 간행된 韻書를 위한 字書로는 〈그림 7〉과 같이 『三韻聲彙』의 補에 실려 있는 「玉篇」을 들 수 있다. 여기에서는 部首別로 『三韻聲彙』에 수록된 한자를 제시하고, 각각의 한자가 어느 韻目에 있는지를 검색할 수 있도록 되어 있다. 〈그림 7〉에서 볼 수 있는 것처럼 一劃의 一部에는 "一七[質] 丁[庚靑] ② 丌[支] 万[職願] 下[禡馬] 丈[養] 上[瀁漾] 三[覃勘] ③ 丐[泰] 丏[銑] 不[尤有物] 丑[有] ④ ……"[29]와 같이 '一'을 部首로 하는 한자를 획수에

29) 所屬韻은 夾註 형식으로 두 줄로 되어 있으나 편의상 위첨자로 하여 한 줄로 제

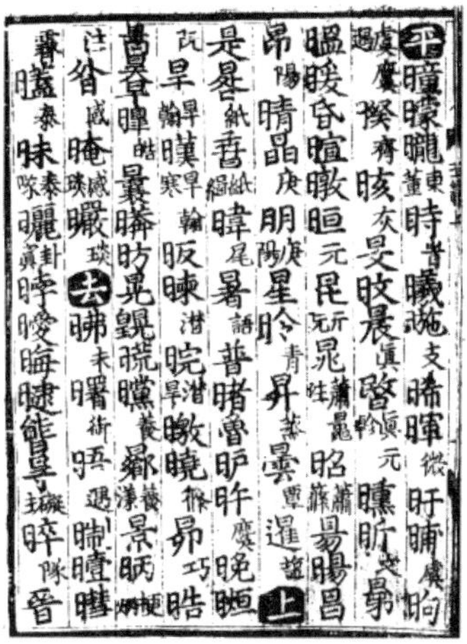

〈그림 6〉『韻會玉篇』

〈그림 7〉『三韻聲彙』「玉篇」

따라서 제시하고 所屬韻을 협주 형식으로 제시하고 있다. 따라서 이들 玉篇에서 한자를 찾아서 해당 韻을 파악하고, 해당 韻에 들어가서 '七'의 경우 質韻(入聲)에 가서 '七'을 찾도록 인도하고 있다. 이 인도에 따라서 '七'을 찾으면 비로소 東音은 '칠', 華音은 '치', 字義는 '數也', 聲母는 淸母라는 것을 알 수 있다. 그런데 「玉篇」에는 部首, 劃數, 所屬韻에 관한 정보 외에 다른 것은 전혀 없으므로, 독자가 '七'의 한자음을 모른다면 質韻의 첫 한자부터 제시된 한자를 순서대로 보면서 '七'을 찾아야 하는 불편함이 있다. 따라서 한자음을 모른다면 실제 본문에 들어가서 한자를 찾기에는 불편이 있을 수밖에 없는 구조를 띠고 있다.

따라서 〈그림 6〉, 〈그림 7〉과 같은 玉篇은 韻書에 예속될 수밖에 없는 한계가 있는데, 이런 한계를 극복하기 위해서는 玉篇에 韻書에 주기되어 있는 漢字音과 字義에 관한 정보가 수록되는 것이 필요하다고 하겠다. 이와 같은 필요성에 의해서 편찬된 최초의 字書로 들 수 있는 것이

시하였다.

〈그림 8〉『全韻玉篇』

바로『全韻玉篇』이다.[30] 〈그림 8〉에서 볼 수 있듯이『全韻玉篇』은 部首를 劃數에 따라서 배열하고 각 部首를 1획, 2획, 3획의 순서에 따라 배열하여 漢字를 제시한 후, 漢字音, 字義, 所屬韻에 관한 정보를 제시하는 형태로 이루어져 있다. 漢字音은 한글로 표시를 하였다. 따라서『奎章全韻』을 보지 않아도 이전의 玉篇보다도 훨씬 많은 정보를 파악할 수 있게 되었다.

그러나 韻書의 본문과는 분명한 차이가 있다. 앞의 〈그림 5〉를 보면 韻書의 본문에는 華音에 관한 정보가 있는데, 字書에서는 이들 정보가 실려 있지 않다. 따라서 東音을 알도록 하는 데에 편찬 목표가 있었던 것임을 알 수 있다. 그리고 聲母에 관한 정보를 싣지 않았는데 이는 韻母에 관한 정보를 아는 것이 聲母에 관한 정보를 아는 것보다도 우선적으로 필요했음을 드러낸 것으로 보인다. 우리가 韻書에서 漢字를 찾을 때에는 聲母를 기준으로 하여 찾는 것이 아니라 韻母를 기준으로 하여 찾는 것임을 고려하면 字書에 聲母에 관한 정보는 빠지고 韻母에 관한 정보는 실리게 된 이유를 이해해 볼 수 있다. 그러나 韻母에 관한 정보가 실렸다 하더라도

30)『全韻玉篇』이 편찬된 연대는『奎章全韻』과 같은 1796년일 것으로 추정하나 확실하지는 않다. 그런데『正祖實錄』에 따르면 檢索을 위한 玉篇의 간행을 동시에 하지 못하였음을 알 수 있고, 李晩秀가 글을 쓴 1803년에 편찬이 완료된 것으로 추정하여 볼 수도 있다는 견해도 있다. 이에 관한 논의는 신상현, 앞의 논문, 2009, 206쪽을 참고.

聲調에 관한 정보는 별도의 형식으로 제공하고 있지 않다. 이것은 韻目名을 제시하는 것만으로도 聲調에 관한 정보는 저절로 포함되어 제시되기 때문일 것이다.

그런데 이런 차이보다도 두드러진 차이라고 한다면 韻書에 비해 字書의 字義가 훨씬 다양하고 자세하다는 점이다. 〈그림 5〉와 〈그림 8〉을 비교해 보면 알 수 있듯이 『奎章全韻』에는 5개가량의 字義가 달려 있는 경우도 있으나 대개는 1개~3개 정도의 字義를 달고 있는 정도에 그치고 있으나 『全韻玉篇』에는 이보다 훨씬 많은 字義가 달려 있음을 볼 수 있다. 따라서 漢字가 지니고 있는 字義의 다양함과 자세함이 韻書보다 상세하게 반영되어 있는 것이 字書임을 알 수 있다. 비록 소리에 관한 정보는 韻書만큼은 싣고 있지 못하다 하더라도 뜻에 관한 정보는 보다 자세하게 실어서 전달하고자 있는 것이다.[31)]

2. 형식상의 특징

Ⅲ.1.의 〈그림 7〉, 〈그림 8〉에서 볼 수 있는 바와 같은 字書의 형식은 部首의 劃數를 기준으로 하여 제부수인 漢字와 다른 획이 추가되는 漢字를 차례대로 나열하는 방식으로 漢字를 배열하고 각각의 漢字 아래에 세부 정보를 표시하는 구조를 띠고 있다. 그리고 〈그림 8〉에서 볼 수 있는 바와 같이 각각의 漢字 아래에는 所屬韻을 제시하는 것을 기본으로 하고 여기에 漢字音, 字義를 제시하는 미시 구조를 띠고 있다. 『全韻玉篇』은 『康熙字典』(1716)에 의거하여 分部를 하고 註釋을 간추리고 編帙을 간략하게 하여 詳考하고 閱覽하는 데에 편리하도록 한 것이

31) 즉 전통적인 中國의 韻書와 비교할 때 우리나라의 韻書에서는 字義가 소략하게 되어 있는 한계를 어떤 형태로든지 극복해야 한다는 생각이 반영된 것이 아닌지 생각해 볼 필요가 있다.

므로 이런 구조의 형성에는 『康熙字典』의 영향도 적지 않았을 것이다. 韻書의 부록 형식으로 제시된 字書에서부터 韻書에서 독립한 字書에 이르기까지 〈그림 7〉, 〈그림 8〉과 같은 거시 구조를 띠고 있는 것은 開化期에 편찬된 字書에서도 변함이 없었다. 또한 현대에 들어 만들어진 字書 가운데도 이와 같은 구조로 된 것들이 적지 않다.

『全韻玉篇』은 『三韻聲彙』 「玉篇」과 비교할 때 거시 구조에서는 차이가 없으나 미시 구조에서는 차이를 보인다. 이 『全韻玉篇』이 간행된 이후 약 1세기 이상은 『全韻玉篇』과 같은 구성 요소를 갖춘 字書의 발간은 없다가 開化期에 들어서 『國漢文新玉篇』과 『字典釋要』가 발간된다. 그러나 이들 字書는 미시 구조에서 『全韻玉篇』과는 차이를 지닌다.

『國漢文新玉篇』은 鄭益魯에 의해서 1908년에 간행되었는데 〈그림 9〉와 같이 거시 구조는 『全韻玉篇』과 같은 방식으로 되어 있다. 그러나 『國漢文新玉篇』에서는 '漢字 – 國文 字義 – 漢字音 – 漢文 字義 – 所屬韻'으로 미시 구조를 이루고 있어서 『全韻玉篇』에서는 볼 수 없는 國文 字義가 추가되었다는 점, 國文 字義가 漢字音보다 앞서 나온다는 점, 漢字音이 괄호 안에 제시되어 있다는 점에서 차이가 있다. 국문 자의와 한자음의 제시 순서가 이와 같이 된 것은 전통적인 初學書에서 '天 하놀 텬'과 같은 방식으로 훈과 음을 제시하는 것과 같다. 다만 차이는 훈과 음을 구

國漢文新玉篇
一畫
一部

〈그림 9〉 『國漢文新玉篇』

별하기 위해서 음에는 괄호를 씌웠다는 점이다. 그런데 여기에서 제시된 국문 자의는 漢文으로 된 모든 字義에 대해 이루어진 것은 아니고 가장 대표적인 字義에만 제시되어 있다. 예를 들면 '一'에는 '① 數之始, ② 畫之初, ③ 均也, ④ 同也, ⑤ 誠也, ⑥ 純也, ⑦ 天地未分元氣'와 같이 모두 일곱 개의 漢文 字義가 실려 있으나, 국문 자의는 하나만 제시되어 있을 뿐이다. 漢字가 여러 韻을 갖는 複數音字의 경우는 '且'에서 보듯이 '또(챠)……(馬)어조ᄉᆞ(져)……(魚)'와 같이 韻의 개수에 맞게 國文 字義와 漢字音이 제시되어 있다.

다음으로 『字典釋要』는 池錫永에 의해 1909년에 간행되었는데, 〈그림 10〉, 〈그림 11〉과 같은 형태로 되어 있다. 〈그림 10~11〉을 보면 『字典釋要』의 미시 구조는 '漢字 - 漢字音 - 漢文 字義 - 國文 字義, 漢字音(- 漢文 字義 - 國文 字義, 漢字音) - 所屬韻'와 같이 되어 있다. 漢字 다음에 漢字音이 제시된다는 점에서는 『全韻玉篇』과 같지만 『國漢文新玉篇』과는 다르다. 그리고 漢文 字義를 제시한 후에 이를 풀이한 國文 字義와 한자음을 연이어 제시하고 있고, 漢文 字義가 여러 개가 있을 경우에는 ○을 이용하여 뜻이 구분됨을 표시한 후에 같은 방식으로 字義를 제시하고 있다. 그리고 맨 나중에 所屬韻을 제시하고 있다. 또한 〈그림 11〉에서 볼 수 있듯이 欄上에 본문의 楷書에 대응하는 篆書를 제시하여 書體에 관한 별도의 정보를 제공하는 등 漢字 字形에 관한 정보를 충실히 제공하려고 노력하였음을 알 수 있다. 심지어 篆書의 오른쪽 위에 동그라미 안에 획수를 표시하여 篆書에 익숙지 못한 이용자가 대응하는 楷書를 쉽게 찾을 수 있도록 해 놓을 정도로 字形에 관한 정보를 충실히 제공하기 위해서 노력하고 있다.[32]

32) 이준환, 「『자전석요(字典釋要)』의 체재상의 특징과 언어적 특징」, 『泮橋語文研究』 32, 泮橋語文學會, 2012가, 120쪽.

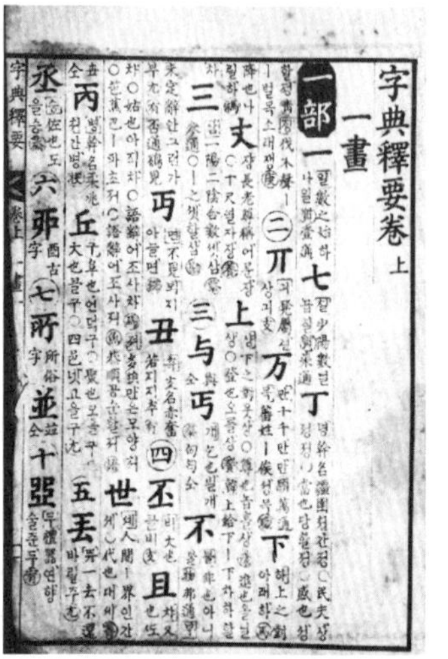

〈그림 10〉『字典釋要』(1)

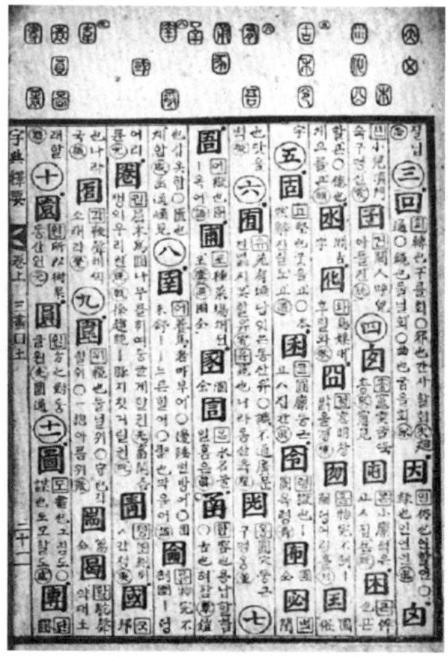

〈그림 11〉『字典釋要』(2)

이와 같은 구조를 띠고 있는 『字典釋要』는 形音義와 관련된 정보를 가장 효율적으로 드러내 줄 수 있는 구조를 『全韻玉篇』을 통하여 만들어진 字書의 틀 위에다 새로운 미시 구조를 만들어 제시한 것이라 할 수 있다. 다만 字義는 『全韻玉篇』을 따르지 않고 『奎章全韻』을 따른 탓에 소략하게 제시되어 있다.[33] 그리고 卷末에는 〈그림 12〉와 같이 插畫를 제시하고 있다. 제시된 삽화는 모두 584개인데, 이들 삽화는 部首의 배열에 따라서 순차적으로 제시되어 있다. 따라서 본문에서 제시된 순서에 따라서 삽화를 보고서 漢字를 이해할 수 있는 정보를 얻을 수 있도록 하였다. 이들 삽화의 도움으로 字書의 이용자는 '劒 : 刀', '冕 : 冠 : 弁', '戈 : 戟', '弓 : 弩', '琴 : 瑟' 등이 어떻게 다른지를 시각적으로 구분할 수 있게 된다.[34] 卷末에 이들을 배치하고 있는 것은 『全韻

33) 이는 『字典釋要』의 凡例의 "遵奎章全韻所釋之要義(뜻은 규장전운의 요의를 좇는다)"와 "字音從全韻玉篇(자음은 전운옥편을 좇는다)"를 통해서도 확인이 되는 바이다.

34) 또한 插畫의 도움으로 국문으로는 모두 '칼'로 대응하는 '刀'와 '劒'을 분명히 구

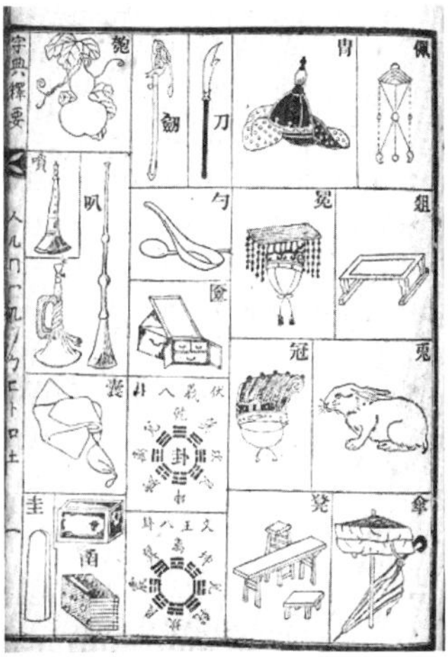

〈그림 12〉『字典釋要』의 插畫

〈그림 13〉『新字典』

玉篇』과 같은 字書의 틀을 유지하는 한 어쩔 수 없는 선택이었을 가능성도 있으나, 이들 插畫를 부가 정보로 생각하였기 때문에 卷末에 배치해도 충분하다고 판단했을 수도 있다.

마지막으로 살펴볼 『新字典』은 朝鮮光文會에서 1915년에 편찬하였는데, 이 字書는 〈그림 13〉에서 볼 수 있듯이, 『全韻玉篇』, 『國漢文新玉篇』, 『字典釋要』와는 거시 구조 자체가 다르다. 차이를 보이는 주요한 점은 다음과 같다. 첫째, 『新字典』은 기존의 字書와는 전혀 다르게 지면을 삼단으로 나누어 편찬하였다. 둘째, 部首를 나타낸 부분은 『全韻玉篇』이나 『字典釋要』와는 달리 별도의 칸에 독립을 시키고 설명의 대상이 되는 漢字(표제 한자)는 늘 행을 달리 하여 각 단의 윗부분에 제시하였다. 셋째, 部首를 제외한 나머지 부분의 劃數는 별도의 칸에 제

별할 수 있게 되어서 국어에서는 모두 '칼'에 대응하는 것이라 하더라도 이를 이해하거나 飜譯을 할 때에는 이 둘의 특징을 반영하여 구별할 수 있으며, '도'와 '검'을 그대로 쓰더라도 그 차이를 분명하게 알 수 있게 되어 고유어와 한자어를 모두 포괄하는 국문 생활을 하는 데에 도움을 받을 수 있다. 이준환, 앞의 논문, 2012가, 123쪽 참고.

시를 하여 본문과 분리하였다. 이러한 차이를 보이는 것은 『新字典』이 전통적인 字書 편찬 방식을 따르지 않고 泰西의 字書를 따랐기 때문으로 볼 수 있다. 그 결과 이전의 字書와 비교할 때 검색의 편의성이 좋아졌고[35] 가독성이 한결 좋아졌다.

미시 구조에서는 '漢字 – 漢字音 – 漢文 字義 – 國文 字義(– 漢文 字義 – 國文 字義) – 用例 – 所屬韻'의 형태로 되어 있다. 『字典釋要』에서도 보이는 것처럼 漢文 字義에 대응하는 國文 字義를 제시한 것은 같은데, 『字典釋要』보다도 훨씬 漢字의 多義性을 충실히 반영한 字義를 하고 있다. 〈그림 10〉과 〈그림 13〉의 '一'만을 비교해 보아도 이와 같은 특성은 쉽게 파악된다. 그런데 이 미시 구조에서 무엇보다도 두드러진 점은 用例를 제시하고 있다는 점이다. 예를 들면 '一'의 "ㅇ誠也졍셩[中庸]所以行之者一"과 같이 『中庸』에서 '一'이 '誠也졍셩'의 뜻으로 쓰인 예를 제시하고 이 用例를 통하여 해당되는 의미를 이해하도록 유도하고 있는 것이다. 그리고 또 하나의 특징으로는 插畫가 본문 내에 삽입되어 있다는 점이다. 제시된 삽화의 개수는 권1에 9개, 권2에 7개, 권3에 9개, 권4에 12개 이렇게 모두 37개이다.[36] 『字典釋要』와 비교할 때 수록된 삽화의 수는 굉장히 적으나 본문 내에 삽입이 되어 있다는 점에서는 새로운 방식을 도입한 것이고, 그만큼 字書 이용자의 편의성이 높아졌다고 하겠다.

---

35) 田日周, 「康熙字典과 韓國 初期 字典 比較 硏究 –『字典釋要』와 『新字典』을 중심으로–」, 『漢文教育硏究』 26, 한국한문교육학회, 2006, 372쪽.

36) 이준환, 「朝鮮光文會 편찬 『新字典』의 體裁, 漢字音, 뜻풀이」, 『語文硏究』 154, 韓國語文教育硏究會, 2012나, 139쪽.

3. 수록된 漢字音의 특징

Ⅲ.1.과 Ⅲ.2.를 통해서 살펴본 字書 가운데 『全韻玉篇』에서는 漢字音에 관한 정보를, 『國漢文新玉篇』, 『字典釋要』, 『新字典』에서는 漢字音과 國文 字義를 통해 국어에 관한 정보를 얻을 수 있다. 이 가운데 이들에 반영되어 있는 한자음의 특징을 간략히 살펴보도록 하겠다.

『全韻玉篇』에 실려 있는 한자음으로 規範音, 正音, 俗音의 모습을 알 수 있다. 規範音은 漢字 바로 아래에 아무 표시 없이 제시되어 있는 '一 일, 七칠'과 같은 음이고, 正音은 '迍쥰正둔, 塤훤正훈'과 같이 제시되어 있는 음이고, 俗音은 '姬긔俗희, 摛치俗리'와 같이 제시되어 있는 漢字音이다. 이 중 規範音은 『奎章全韻』의 음과 같은 것이고, 正音은 『奎章全韻』과 『華東正音通釋韻考』의 한자음이 다를 경우에 『華東正音通釋韻考』의 漢字音을 실어 놓은 것으로, 『華東正音通釋韻考』의 漢字音이라는 의미를 지닌다. 俗音은 약 620자가 실려 있는데, 앞서 언급한 『華東正音通釋韻考』의 俗音과 겹치는 것도 있지만 그렇지 않은 것도 있다.[37] 따라서 『全韻玉篇』에 실린 俗音과 『華東正音通釋韻考』에 실린 俗音을 현실 한자음을 연구하는 자료로 쓰거나, 한자음 변화의 원인을 연구하는 자료로 쓰거나, 東音의 층위를 연구하는 자료로 쓸 수 있다.

『字典釋要』에는 '丈쟝 어룬장', '上샹 웃상, 놉흘 상', '丑츄 지지추', '丁뎡 천간정, 장정정, 당할정, 성할정', '則즉 법측즉, 어조사즉', '品픔 무리픔, 법픔, 픔수픔', '亥힉 지지해', '柴싀 쌜나무싀'와 같은 방식으로 한자음과 국문 자의가 제시되어 있는데, 한자 바로 다음에 제시된

37) 俗音의 개수와 성격에 관해서는 이돈주, 「전운옥편의 正 · 俗 한자음에 대한 연구」, 『국어학』 30, 국어학회, 1997, 1~34쪽을 참고. 『華東正音通釋韻考』에서는 韻書에 俗音이 제시되어 있는 반면에 『奎章全韻』에서는 俗音을 제시하지 않고 『全韻玉篇』에서 주기하고 있어서 차이가 있는데, 이를 통해 『奎章全韻』의 규범음 지향성을 볼 수 있다.

한자음과 국문 자의 뒤에 제시된 한자음이 같은 경우도 있지만 그렇지 않은 경우도 있다. 이 경우 국문 자의 뒤에 제시된 한자음이 현실음에 해당하는 것이고 한자 바로 뒤의 것은 규범음에 해당하는 것이다. 이 둘을 비교하여 보면 현실음에서는 치찰음 아래에서의 /ㅛ, ㅑ, ㅠ, ㅕ/의 단모음화, 구개음화, /ㆍ/의 변화는 반영하고 있는 반면에 치찰음 아래에서의 구개모음화, 원순모음화, 자음 아래에서의 /ㅢ/>/ㅣ/의 변화는 반영하고 있지 않다. 따라서 국문 자의 뒤에 제시되어 있는 한자음에서도 한자음의 변화를 받아들인 것과 그렇지 않은 것이 혼재되어 있는 양상을 보인다.

그리고 『全韻玉篇』과 달리 『字典釋要』에는 正音 또는 俗音을 따로 반영하고 있지 않고 凡例에 밝힌 바와 같이 俗音과 通用音만을 반영하고 있다. 예를 들면 『全韻玉篇』에서는 '乏법俗핍', '亢강俗항', '倬착俗탁'으로 되어 있는 '乏', '亢', '倬'을 『字典釋要』에서는 '乏핍 다할핍', '亢항 목항, 별일홈항, 한숫놉흘항, 기리울항', '倬탁 클탁'으로만 제시하여 俗音을 받아들이고 있다. 그리고 『全韻玉篇』에서는 '厖망正방', '僭졈正ᄎᆞᆷ', '儡뤼正뢰', '兕ᄉᆞ正시'으로 되어 있는 것을 『字典釋要』에서는 '厖방', '僭ᄎᆞᆷ', '儡뢰', '兕시'로 正音만 제시하고 있다. 따라서 『字典釋要』는 『全韻玉篇』의 俗音과 正音이 있으면 規範音 대신에 이들을 택하는 형태로 漢字音을 제시하고 있다. 현대국어 한자음을 보면 『字典釋要』에서 제시한 한자음이 현실음임을 알 수 있는데, 이런 점을 고려하면 『字典釋要』의 처리는 현실음을 존중한 것으로 생각된다.

『新字典』에서는 '事사/ᄉᆞ, 仕사/ᄉᆞ, 仔자/ᄌᆞ, 刺자/ᄌᆞ, 仳차/ᄎᆞ, 亥해/ᄒᆡ, 來래/ᄅᆡ, 內내/ᄂᆡ, 再재/ᄌᆡ, 冊책/ᄎᆡᆨ, 劾핵/ᄒᆡᆨ, 厄액/ᄋᆡᆨ', '丑츄, 中즁, 主쥬, 些샤, 仗쟝, 佇져, 佺젼, 俼쥬', '中즁, 丑츄, 亍쵹, 住쥬, 仲즁', '亭뎡, 仃뎡, 佃뎐, 佻됴, 坫뎜, 低뎌', '亢강俗항, 仡을俗흘, 佐자俗좌, 佚뎔俗딜, 侅개俗해, 偪벽正픽俗핍, 僥교俗요, 割갈俗할, 匧겹

俗협, 卓착俗탁, 召죠俗쇼, 啄착俗탁, 啅착俗탁', '僜칭正등, 儡뤼正뢰, 厖망正방, 咋자正사' 등의 한자음을 통해서 이 字書에 실린 한자음의 특징을 살펴볼 수 있다.

첫 번째 '事사/ᄉᆞ, 仕사/ᄉᆞ……劾핵/ᄒᆡᆨ, 厄액/ᄋᆡᆨ'에서 볼 수 있는 바와 같이 앞에 제시된 현실음에서는 / · /의 변화를 반영하되 뒤에 제시된 규범음에서는 아직도 ' · '를 지닌 표기를 하고 있다.[38] 두 번째, '丑츄, 中즁, 主쥬, 些샤, 仗쟝, 仯쵸, 佇져, 佺젼, 俶쥬' 등에서 볼 수 있듯이 치찰음 아래에서 /ㅛ, ㅑ, ㅠ, ㅕ/는 그대로 표기에 쓰고 있다. 이런 처리는 앞의 『字典釋要』에서는 'ㅗ, ㅏ, ㅜ, ㅓ'로 표기하고 있는 것과 차이를 보이는 것이다. 세 번째, '中즁, 丑츄……仲즁', '亭뎡, 仃뎡……低뎌'에서 볼 수 있듯이 舌上音은 구개음화된 형태를 싣고 있고 舌頭音은 구개음화되지 않은 형태를 싣고 있어서 18세기에 간행된 韻書들과 같은 방식으로 처리를 하고 있다. 네 번째, '亢강俗항, 仡을俗흘……啅착俗탁', '僜칭正등, 儡뤼正뢰……咋자正사' 등에서 볼 수 있듯이 『新字典』에서는 俗音과 正音을 반영하고 있다. 이들은 모두 『全韻玉篇』에 주기되어 있는 俗音과 正音이다.

이런 양상을 통해서 보면 『新字典』이 『全韻玉篇』을 근거로 하여 편찬을 한 것임을 알 수 있다. 이에 비해서 『字典釋要』는 『全韻玉篇』의 것을 좇았다고는 하지만 실제로는 현실음의 양상을 많이 수용하고 있음을 볼 때 국어의 변화를 반영한 字書 편찬을 하고자 노력한 것임을 알 수 있다. 그러나 『新字典』이 『全韻玉篇』을 그대로 따랐다는 직접적인 언급은 볼 수 없다. 다만 「新字典例」에 있는 "朝鮮 字學은 全韻玉篇을

---

38) 이와 관련해서는 「新字典例」에서 "예전부터 음을 표시하는 데에 써 온 ᄀᆞᄂᆞᄃᆞᄅᆞ 등 反切尾字는 예전에는 비록 근거가 있으나 이제는 증거가 없음에 속한다. 그래서 이 책에서는 바로 가나다라 등 頭字를 쓴다. 단 그 아래에 附記하는 原音에는 거듭 예전의 뜻이 四ᄉᆞ 兒ᄋᆞ 墾ᄀᆞᆫ 呑ᄐᆞᆫ 簪ᄌᆞᆷ 代ᄃᆡ 來ᄅᆡ의 부류와 같았음을 보인다."와 같은 기술을 통해서 그 실상을 분명히 드러내고 있다.

基準으로 삼았고 字劃에 혹시 차이가 명백하여 오래된 것은 古文을 두루 참고하고 생각하여 바로잡고 올바르게 하였다."라는 언급을 참고할 수 있을 뿐이다. 「新字典敍」를 통해서 『新字典』을 만들게 된 핵심 동기가 字義의 풀이에 있다는 것을 알 수 있으므로, 이를 근거로 판단해 본다면 漢字音은 그간의 字書의 것을 따르는 것만으로도 충분하다고 판단했으리라 생각되며, 그 字書는 『全韻玉篇』이었던 것으로 보인다.

4. 수록된 字義의 특징

開化期에 편찬된 『國漢文新玉篇』, 『字典釋要』와 일제 강점기 때에 편찬된 『新字典』에는 字義가 漢文으로 된 것뿐만 아니라 國文으로 된 것도 제시하여 國文을 매개로 하여 漢字의 뜻에 관한 정보까지도 제공하게 되었다. 이들 字典에 수록된 國文 字義가 어떤 특징을 보이는지를 漢字의 多義性을 충실히 반영하고 있는 『字典釋要』와 『新字典』을 통하여 살펴보도록 하겠다.

『字典釋要』와 『新字典』에는 漢文 字義-國文 字義가 나란히 제시되어 있다. 여기에 제시된 漢文 字義를 『全韻玉篇』, 『奎章全韻』과 비교해 보면 이 두 字書에 제시된 字義의 성격을 이해할 수 있다. (5)에서 보듯이 『字典釋要』는 대체로 『全韻玉篇』보다는 『奎章全韻』과 가깝다는 것을 알 수 있다. 이는 凡例에서 字釋의 기준은 『奎章全韻』에 두었다는 기술이 뜻하는 바와 상통하는 것이다. 그러나 『全韻玉篇』에 실린 漢文 字義가 꽤 채택되고 있음을 볼 때 『奎章全韻』을 바탕으로 하되 『全韻玉篇』의 것을 참고하여 보완하는 형태로 漢文 字義를 제시하였던 것으로 보인다. 이에 반해 『新字典』은 『全韻玉篇』의 字義에 가까운 모습을 보이며, 이들 字義 모두에 國文 字義를 병기함으로써 漢字가 지닌 多

義性을 더욱 충실히 반영하고 있음을 알 수 있다.[39)]

(5) 『奎章全韻』, 『全韻玉篇』, 『字典釋要』의 字義

자서 한자	『奎章全韻』	『全韻玉篇』	『字典釋要』		『新字典』	
			漢文 字義	國文 字義	漢文 字義	國文 字義
一	數始	數之始畫之初均也同也誠也	數之始/壹通	하나	數之始/誠也/純也/專也/統括之辭/或然之辭/第一/ -	한 · 한아/정셩/슌젼할/오로지/갓흘/왼 · 왼통/만약/첫재/낫낫
仰	擧也慕也	擧首望心慕企 - 恃也資也卬昂通	擧首望/慕也/恃也/資也	우러를/사모할/밋을/자뢰할	擧首向上/企 - 敬慕/依賴他人 - /恃也/資也	치어다볼 · 우럴/사모할/의뢰할/미들/자뢰할
作	造也起也始也行也	造也做同爲也做也起也造也始也行也役也與起振 - 兵法 - 官名 - 奐	造也/起也/始也/行也/造也/爲也	지을/니러날/비로소/행할/지을/할	造也/爲也/做也/始也/行也, - 役也/振 - 興起/坐 -	지을 · 만들/할/지을/지을/비롯을/행할, 역사할/일어날/설
伴	侶也依也	侶也依也陪也又侶也縱弛也 - 奐	侶也/依也/縱弛 - 奐	짝/의지할/느러질	侶也/陪也/依也/閒暇	짝 · 벗 · 동무/모실/의지할/한가할
但	徒也	徒也空也語辭特也垂也第?詐也	徒也	다만	徒也/凡也/空也/借爲語辭猶言特也第也	다만/한갓 · 홀로 · 오직/무릇/부지럽슬/특별히 · 대컨
佽	助也利也	便利比也助也代也	利也/助也	리할/도을	便利/助也/代也	편리할/도을/대신
依	倚也循也	倚也附也循也譬喩屛類斧 -	倚也/循也/譬喩	의지할/조츨/비유할	倚也/ - 俙彷佛/循也/附也/譬喩/斧 - 屛類	비길 · 기댈 · 의지할/비슷할/조출 · 짜를 · 부팀/비유할/병풍
保	守也養也傭也	任也佑也全之安庸 - 守也 - 障倚養阿 - 又 - 庸褓通	全之/守也/養也/傭也	보젼할/직힐/기를/고공사리	任也/全之/依也/恃也/守也/都邑之城/養也/抱也/傭也	보둘/지닐 · 보젼할/도을/편안할/미들/직힐/잣 · 흙셩/기를/안을/머슴

39) 이에 관해서는 이준환, 앞의 논문, 2012가, 113~144쪽; 이준환, 앞의 논문, 2012나, 117~144쪽에서 상세히 기술한 바 있다.

자서 / 한자	『奎章全韻』	『全韻玉篇』	『字典釋要』		『新字典』	
			漢文 字義	國文 字義	漢文 字義	國文 字義
促	迫也催也	迫也短也催也 蹙也小貌局－	催也/迫也/趣通	재촉할/핍박할	迫也/短也/催也/局－小也	핍박할/저를 · 촉박할/재촉할/쏘굴일
倚	依也仝	依象負同	依也	의지할	依象	형살할 · 모뜰
傅	師也附也 牽合－會	師也近也至也 麗著牽合－會 手書－別	師也/麗著/曲意黨同－會	스승/븟흘/편들	師也/至也/麗著/敷陣/近也/－別手書/－會曲意黨同	스승/이를/븟흘/베풀/갓가울/슈표/편들
備	具也	具也足也成也 防也預辨長兵 副也	具也/防也	가촐/방비할	具也/成也/足也/盡也/長兵/豫辨	가촐/일울/족할/다할/긴병장긔/예비할
儐	主副	導也進也陳也 相也接賓以禮 賓擯通	導也/相也/接賓以禮	인도할/도을/손대접할	導也和也/進也/陳也/接賓以禮	인도할/나갈/베풀/손대졉할
分	別也裂也 施也十黍	別也裂也施也 隔也半也十黍 又散也定名－ 位也職－ 均也－劑	別也/裂也/施也/十黍/散也/定也/均也	분별할/난을/베플/푼/홋흘/분수/고를	總數折成多數/辨別/裂也/施也/半也/十黍/名－位也/職－服事/－劑均也/散也	나늘 · 난흘 · 쏘갤/분별할/씨즐/난호아줄/반쪽/한푼/분수 · 디위/직분/목 · 깃/헤칠
卬	我也	我也激麗昂仰通	我也/激麗	나/격동할	我也/激厲	나/격앙할
嚴	毅也	毅也威也尊也 敬也莊也鼓節 寒冽設 備戒－	毅也	엄할	毅也/威也/尊也/敬也/莊也/寒氣凜冽/戒－防備	굿셀/엄할 · 그굴/놉흘/공경할/식식할/혹독할/계엄할
壹	專一仝	專－合也統－ 誠也醇也閉塞	專一一見	(一에 제시되어 있는) 하나	專也/統－合也/醇也/閉塞/一同	젼일할 · 오롯할 · 한결/통일할/슌박할/막힐
準	平也度也 擬也樂器 以瑟仝	平也均也則也 擬也倣也樂器 以瑟	平也/均也/擬也/鼻頭隆－	바를/고룰/빅읠/코ㅅ마르	平也/均也/度也/則也/擬也倣也/隆－鼻也	평평할/고를/법도/비길 · 보기/코마루

이처럼 『字典釋要』와 『新字典』은 漢字가 지니고 있는 多義性을 충실하게 드러냄으로써 언중들이 漢字가 지닌 의미를 문맥에 맞게 이해할 수 있도록 하고 있다. 이는 初學書에서는 하나 또는 둘 정도의 뜻을 제

시하는 것에 그친 것에 비하면 漢字의 多義性을 충실히 반영한 것으로 漢字에 관한 체계적인 이해에 도움을 주고자 한 것을 알 수 있다. 그리고 『新字典』에서는 한 漢文 字義에 대해서도 두 개 또는 세 개의 國文 字義를 제시하는 경우도 꽤 보인다. 이는 『新字典』이 유의어의 제시에도 신경을 쓰고 있음을 보여 주는 것으로 한자 하나의 뜻에 대응하는 국어의 표현이 문맥에 따라서 여러 개가 있을 수 있다는 것을 충실히 보여 주는 것이라 할 수 있다.

이처럼 漢字에 대한 이해를 바탕으로 漢文을 이해할 때에는 實辭를 아는 것도 중요하지만 어조사들을 한문의 문맥에 맞게 적절하게 국어로 바꾸어 이해하는 것이 필요하다. 이런 어조사에 관한 字義를 제시하고 있는 양상을 보면 (6)에서 볼 수 있듯이 『新字典』이 다양한 문맥을 고려한 문법 형태 또는 표현을 제시하고 있는 모습을 보인다. 따라서 漢文을 國文으로 번역하여 이해하는 상황을 염두에 두고 이에 맞게 國文 字義를 제시하고 있는 것으로 보인다.[40]

(6) 『字典釋要』와 『新字典』의 어조사 字義

	『字典釋要』		『新字典』	
	漢文 字義	國文 字義	漢文 字義	國文 字義
之	往也/至也/語辭	갈/니를/어조사	適也往也/至也/此也/遺也/連續辭/語助辭	갈/이를/이/의/어조사
乃	語辭/汝也	어조사, 너	承上起下辭/語助辭/爾汝之稱	이에/어조사/너
也	語之餘	어조사	語之餘/發語辭應也/云也	잇기 · 라/응당/이를
乎	語辭	어조사	語之餘/疑辭/於-歎辭/於也	온 · 아/그런가/오홉다/에
以	用也	써	爲也/用也/因也/與也	할/쓸 · 써/까닭/로
于	語辭	어조사	往也/爲也/指定詞在也/-行貌/廣大貌俗言活綽/自足貌/歎辭	갈/할/잇을/활활걸을/ 활작넓을/든든할/차홉다

40) 이준환, 앞의 논문, 2012나, 136쪽 참고.

따라서 『新字典』은 어휘 형태의 대응뿐 아니라 문법 형태의 대응까지도 염두에 두고서 편찬을 한 것이라 할 수 있으며, 이를 통하여 漢文을 國文으로 온전히 번역하는 일도 할 수 있도록 한 工具書의 면모를 갖추었음을 알 수 있다.

Ⅳ. 나오며

이 글은 中世 · 近代 · 開化期에 편찬된 우리의 韻書 및 字書의 편찬 목적 및 특징, 반영되어 있는 漢字音 및 字義의 양상, 이들 韻書 및 字書의 편찬에 영향을 미친 요인들을 살펴서 韻書 및 字書 편찬의 역사를 고찰해 보고자 한 것이었다.

우리나라에서는 처음에는 중국에서 들어온 운서를 그대로 쓰다가, 점차 東音 및 華音을 정확히 알고, 科擧에서의 作詩에 필요한 押韻의 기준을 마련하고, 부족한 字義를 보충하고, 글자의 개수를 늘리기 위해서 여러 韻書를 편찬하게 되었다. 그리하여 『三韻通考』를 비롯하여 『東國正韻』, 『華東正音通釋韻考』, 『三韻聲彙』, 『奎章全韻』 등의 韻書를 만들어서 쓰게 되었다.

그리고 韻書의 부록 형식으로 字書를 만들어 韻書에 실린 漢字를 쉽게 찾을 수 있도록 하였는데, 이들에는 漢字音, 字義 등에 관한 정보는 담겨 있지 않았다. 즉 초기에는 韻書가 主가 되고 字書가 副가 되는 관계로 사람들에게 이용되어 왔다. 그러다가 『奎章全韻』의 자매편인 『全韻玉篇』을 만들면서 상황이 달라져서, 字書에 漢字音, 字義, 所屬韻, 字形 등에 관한 정보를 담게 되면서, 韻書에 기대지 않고도 字書만으로도 漢字에 관한 종합적인 정보를 알 수 있게 되었다. 그래서 押韻에 관한 정보를 제외하고는 字書가 도리어 韻書보다도 많은 정보를 담은 형태의 책이 되게 되었다. 따라서 字書로서의 獨立性이 확보되게 되었다고 말할 수 있다.

그러다가 開化期의 『國漢文新玉篇』, 『字典釋要』, 일제 강점기의 『新字典』과 같이 韻書와는 무관하게 편찬되는 字書가 나오기 시작하였다. 이들 字書는 『全韻玉篇』의 성과에 기반을 두고 새로운 방식으로 현실적인 요구에 부응하기 시작하였다. 그것은 『國漢文新玉篇』에서 일부의 字義에 國文 字義를 제시한 것에서부터 시작하여, 거의 모든 字義에 國文 字義를 제시하고 插畫까지도 제시한 『字典釋要』를 거쳐서, 字書의 체재도 서구의 사전을 참고하여 대폭 바꾸고 모든 字義에 國文 字義를 제시하고 用例까지도 제시한 『新字典』에 이르러서는 漢字 辭典이라고 불러도 손색이 없을 정도로 변화를 하게 되었다.

이처럼 字書가 시대적 요구에 부응하여 변화를 한 것처럼 韻書도 『華東正音通釋韻考』에서처럼 현실의 요구를 반영하여 俗音을 주기하는 등의 노력을 하기는 하였으나, 이 뒤에 나온 『三韻聲彙』와 『奎章全韻』은 현실음을 적극적으로 반영하기보다는 규범음 중심의 운서의 성격을 강화해 나갔다. 따라서 聲韻에 관한 정보를 알고자 하는 사람이나 科擧를 준비해야 하는 사람들의 요구를 넘어서는, 현실적인 언어생활에서의 요구에 부응하기에는 어려운 책이 되었다.

그리고 英正祖 시대에는 한문학이 굉장히 융성하고, 조선의 문학도 韻文보다는 散文으로 주류가 점차 옮겨 가면서 押韻을 목적으로 편찬된 韻書보다는 字書에 대한 수요가 높아진 것으로 보인다. 또한 檢索의 편의성이 字書가 韻書보다 훨씬 좋았던 것도 字書의 수요가 늘어나게 된 한 가지 중요한 요인으로 작용했던 것으로 보인다. 그리고 開化期와 일제 강점기에 들어서는 國漢文 混用을 하게 되면서 국어 화자들 모두 漢字와 漢文에 관한 지식을 어느 정도는 갖추는 것이 필요했는데, 이에 요긴한 정보를 字書를 통해서 얻으려는 욕구가 증대한 것과 관련이 있는 것으로 보인다. 또한 漢文을 번역하는 과정에서 漢字가 지닌 多義性에 걸맞게 漢字와 國語 사이의 일대일 대응 관계를 찾아야 할 필요성이 반영된 것으로 보인다.

〈참고 문헌〉

康寔鎭, 「朝鮮의 韻書 硏究(2) – ≪三韻通考≫를 중심으로 – 」, 『人文論叢(코기토)』 54, 부산대 인문학연구소, 1999.

姜信沆, 「한국운서에 관한 기초적인 연구(1) – 華東正音通釋韻考를 중심으로 하여」, 『成大 論文集』 14, 성균관대 국어국문학과, 1969.

강신항, 『한국의 운서』, 태학사, 2000.

金敏洙, 『新國語學史』, 一潮閣, 1980.

박형익, 「한국의 자전」, 『한국어학』 23, 한국어학회, 2004.

박형익, 『한국 자전의 역사』, 역락, 2012.

申相賢, 「18세기 韻書 編纂과 淸代 古音學 受容 硏究」, 『漢文敎育硏究』 28, 漢文敎育硏究會, 2007.

신상현, 「朝鮮後期 文字言語學 硏究 흐름과 字書 編纂」, 『漢字漢文硏究』 5, 고려대 한자한문연구소, 2009.

심경호, 「한국의 韻書와 운서 활용 방식」, 『漢字漢文硏究』 5, 고려대 한자한문연구소, 2009.

李敦柱, 『漢字音韻學의 理解』, 탑출판사, 1995.

이돈주, 「전운옥편의 正 · 俗 한자음에 대한 연구」, 『국어학』 30, 국어학회, 1997.

이준환, 「三韻聲彙 漢字音 聲母 體系 考察」, 성균관대 석사논문, 2003.

이준환, 「漢字音 俗音의 발생과 意味와의 關聯性」, 『語文硏究』 129, 韓國語文敎育硏究會, 2006.

이준환, 「『자전석요(字典釋要)』의 체재상의 특징과 언어적 특징」, 『泮橋語文硏究』 32, 泮橋語文學會, 2012가.

이준환, 「朝鮮光文會 편찬 『新字典』의 體裁, 漢字音, 뜻풀이」, 『語文硏究』 154, 韓國語文敎育硏究會, 2012나.

李忠九, 「韓國字典 成立의 考」, 『泮橋語文硏究』 3, 泮橋語文學會, 1991.

이충구, 「韓 · 中 · 日 字典 比較 硏究」, 『泮橋語文硏究』 11, 泮橋語文學會,

2000.
임경조, 「『字類註釋』의 사전적 성격과 언어적 성격」, 서울대 석사논문, 1993.
전일주, 「최근세 한국 자전 연구」, 영남대 박사논문, 2002.
田日周, 「康熙字典과 韓國 初期 字典 比較 硏究 - 『字典釋要』와 『新字典』을 중심으로 - 」, 『漢文教育硏究』 26, 한국한문교육학회, 2006.
전관수, 『한시어사전』, 국학자료원, 2007.
정경일, 『한국 운서의 이해』, 아카넷, 2002.
조운성, 『동국정운』 한자음의 성모와 운모 체계 연구, 연세대 박사논문, 2011.
河岡震, 「韓國 最初의 近代 字典 鄭益魯의 『國漢文新玉篇』」, 『한글 한자 문화』 79, 전국한자교육추진총연합회, 2006.
하강진, 「『자전석요』의 편찬과정과 판본별 체재 변화」, 『한국문학논총』 56, 한국문학회, 2010.
황위주, 「운서韻書의 편찬과 활용(2)」, 『선비문화』 19, 남명학연구원, 2011.

[*이 글은 단국대학교 동양학연구원 학술지 『동양학』 57집(2014.9.30.)에 수록된 것이다. 이후 동양학연구원 사전학총서 4집 간행의 취지에 부응하여 재수록하였다.]

한국사사전 편찬의 역사와 과제

김 철 웅*

Ⅰ. 머리말

우리나라의 사전류는 일찍이 韻書와 백과전서식의 類書에서 시작되었다. 예를 들면 선조 때의 권문해는 『大東韻府群玉』에서 단군 이래 선조 때까지의 중요한 史實과 인명, 지명 등을 韻字로 배열하여 서술하였다. 이수광은 『지봉유설』(1614)에서 총25부 182항 3,435조로 하여 저자가 관심을 가진 사물에 대해 고증하고 자신의 견해를 덧붙였다.[1] 그러나 근대적인 의미의 '사전(dictionary)'[2]은 구한말에 외국인에 의해

---

* 단국대학교 교수 / kim9963@dankook.ac.kr

1) 홍종선, 「국어 사전 편찬의 역사」, 『우리어문연구』 30, 2008, 137쪽.

2) 19세기 말에 나온 한글 · 외국어 이중어사전인 리델의 『韓佛字典(Dictionnaire Coréen-Français)』, 언더우드의 『韓英字典(A Concise Dictionary of the Korean Language), 게일의 『韓英字典(A Korean-English Dictionary)』 등은 모두 'Dictionary'라 하였다. 흔히 사전은 '辭典'과 '事典'으로 구분된다. '辭典'은 영어의 'dictionary'에 해당하는 것으로 자전, 용어사전(glossary) 등을 들 수 있고, '事典'은 'encyclopedia'에 해당하는 것으로 백과사전, 전문사전이 이에 속한다. 내용의 차이점을 들자면 '辭典'은 '말의 설명'으로 의미, 어원, 용법 등을 풀이한 것이고, '事典'은 사물을 설명하는 것으로 '辭典'의 성격에 사물의 기원과 유래까지 곁들여 풀이한 것이라고 한다. 이에 대해서는 한태석, 「辭(事)典의 運命」, 『한국출판학연구』 18, 1973, 38~39쪽 참조. 그리고 『한국민족문화대백과사전』의 「사

시작되었다.

1874년에 푸칠로(Putsillo)에 의해 편찬, 간행된 『露韓辭典』은 러시아어와 한국어의 이중어사전이다. 이후 외국어와 한국어의 이중어사전으로 『韓佛字典』(1880), 『韓英字典』(1890) 등이 나왔다. 그리고 『朝鮮語辭典』(1920)은 국어를 한글 자모순으로 배열하고 일어로 주석을 붙인 사전이다. 이 사전은 조선총독부에서 편찬한 것으로 비록 일어로 주석되었으나 최초의 본격적인 국어사전이라 할 수 있다. 처음으로 간행된 순수 한글사전은 沈宜麟이 1925년에 편찬한 『普通學校 朝鮮語辭典』이다.[3] 그리고 1938년에 文世榮의 『朝鮮語辭典』이 나왔다. 해방 이후에는 1947년에 李允宰의 『표준조선말사전』이 나왔고, 1947년부터 첫째권이 나온 『조선말큰사전』은 1957년까지 6권으로 완간하여 『큰 사전』이라 하였다.[4] 그런데 한국사사전이 편찬 간행된 것은 국어 사전에 비해 매우 늦은 편이다.

현재 조사한 바로는 일제시대에 일본인 佐藤種治가 펴낸 『最新朝鮮歷史地理辭典』(1933)이 가장 앞선 것이 아닌가 한다. 몇 년 후에 최남선은 1937년 1월 30일부터 9월 22일까지 『매일신보』에 「조선상식」을 연재하였는데, 그 항목과 내용은 해방 이후 간행을 추진한 『歷史辭典』의

전』[辭(事)典] 항목에서, "辭(事)典은 단어를 모아 일정한 순서로 배열하고 그것에 대하여 해설한 책"이라고 하였다. 그리고 국립국어원의 『표준국어대사전』에서는 事典은 "여러 가지 사항을 모아 일정한 순서로 배열하고 그 각각에 해설을 붙인 책"으로, 辭典은 "어떤 범위 안에서 쓰이는 낱말을 모아서 일정한 순서로 배열하여 싣고 그 각각의 발음, 의미, 어원, 용법 따위를 해설한 책"이라고 하였다. 본고에서는 〈표 1〉에 제시한 바와 같이 '辭典', '事典'을 모두 다루고 있으므로 '辭典'과 '事典'을 따로 구분하지 않고 다만 '사전'으로 통합하여 서술하였다. 그리고 한국의 역사사전을 지칭할 때는 '한국사사전'으로 통일하여 사용하겠다.

3) 박형익, 「심의린의 『보통학교 조선어사전』의 분석」, 『한국사전학』 2, 2003.

4) 유현경, 「한국어사전 편찬의 현황과 이론적 전개」, 『한국사전학』 17, 2011, 187~188쪽.

모태가 되었으나 완성하지는 못하였다. 그러다가 해방 이후부터 최근까지 여러 차례 한국사사전이 편찬되었다.

한편 국어사전 편찬에 대한 학계의 검토는 여러 차례 있었지만 한국사사전에 대한 사전사적 검토는 지금까지 한번도 이루어지지 못하였다. 이에 현재까지 나온 한국사사전의 편찬 역사를 추적하면서 이들 사전 편찬이 갖는 의의를 살펴보고자 한다.[5] 아울러 한국사사전의 향후 과제에 대해 간략하게 전망해 보겠다.

Ⅱ. 한국사사전의 간행 현황

한국사사전 중 널리 알려진 것은 李弘稙 編의 『國史大事典』일 것이다. 그는 「머리말」에서 한국사사전 편찬에 관한 그 동안의 사정을 전하고 있다. 우선 그는, "국어 방면에 있어서는 한글학회에서 편찬한 『큰사전』을 비롯하여 여러 가지 국어사전이 출간되어 장차 더욱 발전시킬 터전이 마련되었다고 볼 수 있겠으나 國史 방면에 있어서는 아직 이렇다 할 사전이 나오지 못했다."고 하였다. 이어서, "여태까지 國史事典이 전혀 나오지 않은 것도 아니요, 또 그것을 내고자 노력을 아니한 것도 아니었다."고 하면서 육당 최남선이 『朝鮮常識』과 『朝鮮常識問答』

5) 본고는 「제5회 사전학학술회의」 주최측의 요청에 따라 한국사사전의 편찬사를 정리하고 간행의 의의를 살피는데 주안점을 두었다. 따라서 주요 사전에 대한 분석과 평가는 필요한 경우에만 다루었다. 그리고 제한된 원고량, 각 사전에 대한 개별 연구의 필요성 등으로 인해 사전 간의 항목, 내용 등을 비교 검토하지 못하였다. 각 사전에 대한 항목과 내용 분석, 사전 간의 비교 등은 차후의 과제로 남겨둔다.

에 이어서 해방 후에 단독으로 국사사전을 집필하여 '가'자 줄을 마치고 지형까지 떴으나 6 · 25전쟁이 일어나서 중단되었고, 끝내는 육당이 타계하고 말았다고 애석해 하였다. 그리고 1958년에 한국사학회에서 그 연구지인 『史學硏究』의 부록에 중 · 고등학교 교사의 참고용으로 「國史述語解說」을 연재하였는데 사정에 의하여 중단되어 '가'자 줄도 채 마치지 못하였다고 하였다. 이홍직은 이후에 완성되어 나온 사전으로 社會科學辭書刊行會 명의로 출간한 『韓國史辭典』을 들었다. 그리고 이 사전 편찬에 자신도 어느 정도 관여하였음을 밝혔다.

이홍직이 밝힌 대로 해방 이후에 여러 차례 한국사사전의 편찬이 시도되었으나 번번이 뜻을 이루지 못하고 겨우 소사전 형태로 간행되었다. 즉, 해방 이후에 『基礎國史辭典』,[6] 『國史辭典』,[7] 『韓國史辭典』[8] 등이 간행되었다.

柳志玉 編의 『基礎國史辭典』은 「머리말」에서, "이 책은 중등학교 국사 과목의 학습을 도우기 위하여 엮은 것이다. 이 책은 역사에 나타난 허다한 지명, 인명, 사실(史實) 등을 간단히 설명하는데 그치지 않고, 국사를 배움에 반드시 알아야 할 가장 기초적인 것 620여 가지를 추려서 여러 모로 알리기에 힘썼고…해방 이후의 사실(史實)을 넣지 못함이 한 되나 아직 국사를 배우는데 손쉽게 도움 되는 참고서가 없으므로…여러 선배의 저서들 속에서 추려 엮었음을 일러둔다."고 하였다. 항목을 보면 「경복궁 재건과 대원군의 인기」, 「고려와 후백제의 다툼과 신라의 멸망」, 「동서남북으로 당쟁이 버러지다」, 「실학파 학자와 그들의 중요 저술」, 「천주교가 드러옴」 등 역사책의 소제목과 같은 올림말들이 있다. 이는 "국사를 배우는데 손쉽게 도움 되는 참고서"로 편

6) 柳志玉 編, 『基礎國史辭典』, 朝鮮工業文化社, 1949.
7) 편집부 편, 『國史辭典』, 東國文化社, 1957.
8) 社會科學辭書刊行會 編著, 『韓國史辭典』, 東亞出版社, 1959.

찬했기 때문일 것이다. 그런데 '辭典'이라는 제목과는 달리 일부 항목에서는 비교적 상세한 내용을 실었다.

『國史辭典』은 東國文化社의 편집부에서 간행하였다. 「일러두기」에 따르면, "이 책은 국사를 배우는 중학생들과 국사의 지식을 얻고자 하는 일반의 참고로 하기 위하여 엮은 것"이라고 하였다. 본문 첫머리에 "사회생활과 참고서 중학생의 국사사전"이라고 하였다. 辭典이라 제목 하였지만 항목의 내용은 단순히 용어 해설에 그치지 않고 상세히 역사적 사실을 기록하여 事典의 성격을 띤다. 그리고 지도와 그림을 넣어 이해를 돕고 있다. 『國史辭典』의 연대 표기는 모두 "단군 기원 연호"로 통일하여 "기원"이라고 하였다. 「일러두기」에서, "세상에서는 흔히 '단기'라고 쓰지만 이 책에는 '단기'라는 말을 절대로 아니 썼나니, 어찐 까닭이냐 하면, 어느 나라에든지 '기원'은 하나 뿐이요 결코 둘이 없는 법인데, '단기'라고 하면 또 '다른 기'도 있어야 하므로 말 쓰는 법을 바로잡자는 뜻에서 나온 일이다."고 그 의도를 밝히고 있다. 「일러두기」 뒤에 참고 또는 인용 서목을 나열하였는데, 그 중에 金教獻의 『神檀實記』가 들어 있다. 1914년 2월 발행된 『神檀實記』는 단군 사적과 古神道思想을 중심으로 엮은 大倧教의 문헌이다. 사전의 연대 표기를 "기원(단군 기원)"으로 한 것은 아마도 이 책의 영향 때문일 것이다. 그리고 항목에 「대종교(大倧教)」가 올라 있다. 이 사전은 간행 시기까지의 사실을 반영하려는 노력이 보인다. 즉 「남조선과도정부」, 「민족반역자」, 「삼팔선(三八線)」, 「유엔(國際聯合)」, 「유엔 한국위원단」, 「팔일오해방(八一五解放)」 등 정부 수립 전까지의 사실들이 항목에 올라 있다.

1959년에는 社會科學辭書刊行會 編著로 『韓國史辭典』이 나왔다. 「刊行辭」에서 "국사 초학자들에게 참고할 바…국사 연구에 意를 둔 자"를 위해 발간한다고 하였다. 이 사전은 원래 외국인에게 한국을 알리기 위해 시작되었다가 사전 편찬에까지 이르게 되었다고 한다. 그래서인지 먼저 나온 앞의 두 사전과 유사하게 소사전으로 간행되었다. 이 사전은 전 연세대학교 총장 백낙준 박사가 주도하여 시작되었으며 社會科學辭書刊行會 명의로 출간하였다. 여기에는 이홍직이 도움을 주었으며 완성하는 데는 연세대 교수인 황원구가 많은 노력을 하였다고 한다.[9)]

해방 이후의 小辭典 단계를 거쳐 1960년대에 이르러 본격적인 한국사사전이 나오게 되었다. 1962~1963년에 이홍직을 편자로 하여 『國史大事典』 상 · 하권이 간행됨으로서 본격적인 한국사 大事典 시대를 열었으며, 이후에 한국사사전 편찬이 활기를 띠게 되었다. 그리고 2013년에는 교학사에서 『한국사대사전』을 간행하였다. 지금까지 간행된 한국사사전의 현황[10)]을 정리하면 다음과 같다.

---

9) 이홍직, 「머리말」, 『國史大事典』 上, 知文閣, 1962.

10) 본고는 초 · 중 · 고생만을 위한 교과서 중심의 학습사전은 제외하였으며, 한국사사전만을 대상으로 하였다. 따라서 백과사전, 인명사전, 지명사전 및 한국사를 포함한 세계사사전도 제외하였다. 한국사와 관련한 백과사전, 인명사전, 지명사전으로 대표적인 것을 보면 『한국민족문화대백과』, 『한국민속대사전』, 『한국 사회주의운동 인명사전』, 『한국근대외교사전(1876~ 1910)』, 『경기도역사지명사전』, 『한국역사인물사전』, 『한국역대인명사전』, 『한국인명자호사전』, 『한국고대인명사전』, 『고대한국인명사전』, 『한국고고학전문사전』, 『한국독립운동사사전』, 『친일인명사전』, 『한국역대제도용어사전』, 『한국역사지명사전』, 『한국인명대사전』, 『한국고전용어사전』 등을 들 수 있다. 특히 한글학회의 『지명총람』(전 20권)(1966~1986)은 대표적인 지명사전이라 할 만하고, 『한국민족문화대백과사전』은 한국사를 포함한 한국학의 종합판이라 할 수 있다. 본고는 '한국사사전'에 한정하였기 때문에 부득이 하게 이들 사전은 검토에서 제외하였다. 다만 『한국민족문화대백과사전』은 필요한 경우에 한하여 비교 대상으로 삼았다.

〈표 1〉 한국사사전 간행 현황

연도	책명	편 · 저자	출판사	형태 · 비고
1933	最新朝鮮歷史地理辭典	佐藤種治	東京 富山房	208p/22cm, 1990년 복간(景仁文化社)
1949	基礎國史辭典	柳志玉	朝鮮工業文化社	383p/18cm
1957	國史辭典	동국문화사 편집부	東國文化社	200p/19cm
1959	韓國史辭典	사회과학사서간행회	東亞出版社	432p/22cm
1962 1963	國史大事典	李弘稙	知文閣	2118p/26cm, 2책, 1965 · 1968 · 1972년 개정판
1963	(標準)韓國史事典	지문각 편집부	知文閣	661p/19cm
1971	력사사전	사회과학원 력사연구소	사회과학출판사	2,422p/24cm, 2책, 북한
1974	韓國歷史辭典	崔南善	玄岩社	542p/26cm, 『六堂崔南善全集』 v.12
1975	國史百科事典	국사백과사전편찬위원회	東亞文化社	1920p/27cm, 柳洪烈 감수
1979	國史大事典	李弘稙	一中堂	2129p/26cm, 完璧 新改正版
1980	韓國史大事典	教育出版公社	教育出版公社	1944p/27cm, 新改正增補版, 柳洪烈 감수
1980	國史大事典	李弘稙	世進出版社	最新改訂增補版
1982	國史大事典	李弘稙	韓國出版社	改正增補版
1983	(增補)새國史事典	李弘稙	教學社	1880p/18cm, 2008년 21쇄
1984	國史大事典	李弘稙	三榮出版社	2182p/26cm, 改正增補版
1987	국사대사전	국사사전편찬위원회	藝苑出版社	1186p/27cm, 新稿版, 劉元烈 감수
1988	國史大事典	教育圖書	教育圖書	1957p/27cm, 新改正增補版, 柳洪烈 감수
1990	한국근현대사사전	한국사사전편찬회	가람기획	602p/23cm, 2005년 증보판(621p)
1991	韓國史大事典	李弘稙	교육도서	1405p/36cm, 2000년대 최신판
1992	韓國史大事典	高麗出版社	高麗出版社	1819p/27cm, 修正增補版, 柳洪烈 감수
1995	한국고중세사사전	한국사사전편찬회	가람기획	553p/23cm
1997	國史大事典	李弘稙	학원출판공사	1979p/27cm
1997	國史大事典	李弘稙	民衆書館	1980p/27cm
1999	력사사전(제2판)	사회과학원 력사연구소	과학백과사전출판사	2209p/27cm, 6책, 2004년 완간, 북한
2013	한국사대사전	교학사 편집부	교학사	10책

한편 북한에서는 한국사만을 다룬 사전은 편찬하지 않았다. 북한은 1971년에 『력사사전』(1 · 2)을 펴낸 바 있고 1999~2004년에는 6책으로 개정판을 간행하였다. 『력사사전』은 한국사를 중심으로 하고 동 · 서양사도 포함하고 있어 세계사사전의 성격을 띠고 있다. 그리고 북한은 인명사전으로 『조선력사인명사전』을 간행하였다.[11)]

이처럼 해방 이후부터 한국사사전은 꾸준히 편찬되었다. 그러면 지금까지 간행된 한국사사전 중에서 중요한 의미를 갖고 있는 사전 몇 종을 살펴보고자 한다.

Ⅲ. 한국사사전 편찬의 역사

1. 佐藤種治의 『最新朝鮮歷史地理辭典』(1933)

『最新朝鮮歷史地理辭典』[12)]은 일본 富山縣立 神通中學校의 敎諭인 佐藤種治가 저술한 것이다. 책머리에 多田正知와 中山久四郎의 서문이 실려 있는데 집필 날짜는 각각 1932년 4월과 1933년 1월이다. 그리고 이 책의 간행일은 1933년 4월이다. 그러나 佐藤種治가 쓴 緖言에 이 책이 1932년 4월에 완성되었음이 밝히고 있다. 책의 성격을 밝힌 佐藤種治의 「緖言」은 다음과 같다.

11) 손영종 외, 『조선력사인명사전』, 과학백과사전출판사, 2002.

12) 佐藤種治, 『最新朝鮮歷史地理辭典』, 富山房, 昭和 8년(1933); 韓國地理風俗誌叢書 v.101, 景仁文化社, 1990.

一. 本書는 고등학교, 중학교와 소학교 교원, 특히 문부성 중등 교원 역사과 동양사 수험자, 지리연구자가 참고하고 조선의 지식계급을 위해 편찬하였다.
二. 태고 이래 조선에 관한 역사상의 사건, 인명, 지명, 직명, 제도, 문헌과 지리상의 要地 등에 관한 어휘를 모아 간단 명료하게 설명하였다.
三. 본서에 수록한 記事는 五十音 순으로 배열하였다.[13]

佐藤種治가 서언에서 밝힌 대로 『最新朝鮮歷史地理辭典』은 일본의 중등교원 수험생과 학교 교원을 위해 편찬한 것이다. 주요 항목은 제목에 나타난 대로 역사와 지리에 관한 것으로 사건, 인명, 지명, 직명, 제도, 문헌 등이다. 사전의 본문 항목을 보면 「押梁」(지명), 「阿花」(인명), 「暗行御史」(직명) 등을 확인할 수 있다. 항목은 五十音 順으로 배열하였는데, 일본어 항목을 먼저 올리고 한자를 병기하였다.

卷頭에서 "日韓은 같은 種族으로 태고 이래로 형제국"이라 하고, "한국은 우리나라(;일본)가 침략한 것이 아니라 조선종족이 합병을 간절히 희망하여 성립"되었다고 하였다. 그리고 동경대 교수 中山久四郎은 「序文」에서, 이 사전이 "학계에 도움이 되고 內鮮融和를 위한 裨益"이라고 하였다. 그리고 佐藤種治은 「緖言」에서, "大同館 출판의 졸저 『最新日本歷史辭典』과 같은 형식"이라고 하여 『最新朝鮮歷史地理辭典』이 『最新日本歷史辭典』의 후속작임을 밝혔다. 「서문」에서 '內鮮融和'를 강조한 것에서 알 수 있듯이 일본과 조선의 사전을 아울러 편찬한 의도를 읽을 수 있다. 말미에는 참고서를 밝혀 두었는데 「조선역사지리참고서」라는 제목 아래에 『삼국사기』, 『삼국유사』, 『고려사』, 조선실록과 같은 기본 사료와 함께 일본학자의 연구서를 많이 참고하였다.

13) 佐藤種治, 「緖言」, 『最新朝鮮歷史地理辭典』, 富山房, 昭和 8년(1933).

즉 일본학자의 연구 성과인 『朝鮮史』(林泰輔), 『朝鮮史大系』(朝鮮史學會), 『朝鮮文化史』(青柳綱太郎), 『朝鮮開化史』(恒屋盛服), 『韓國併合と國史』(喜田貞吉), 『日本地理大系』(朝鮮), 『日本地理風俗大系』(朝鮮) 등을 참고서로 밝히고 있다.

서문이나 참고 서적에서 '內鮮融和'를 강조하고 있는 데서도 알 수 있듯이 조선 강제 병합에 관한 항목이 올라 있고 내용이 아주 자세하다. 주요 항목을 보면, 「ニッカンガフハウノシ゛ヤウソウブン 日韓合邦上奏文」(137~143쪽), 「ニッカンケフヤク 日韓協約」(143~146쪽), 「ニッカンヘイゴウデウヤク 日韓併合條約」(156~159쪽), 「ニッカンヘイゴウノセウショ 日韓併合詔書」(159~160쪽) 등이 여러 쪽을 할애하여 서술하고 있다. 특히 「ニッカンケフヤク 日韓協約」 내용에서는 伊藤博文의 초상화를 첨부하였는데 그 아래에 "明治의 功臣, 日韓의 元勳"이라 기록하였다. 그리고 '內鮮融和'를 잘 드러나는 대표적인 항목의 예로는 「ニッカンシンワデンセツルジ 日韓神話傳說類似」(146~156쪽)를 들 수 있다. 이 항목은 『삼국유사』의 단군 신화, 『삼국사기』 고구려본기의 동명성왕과 유리왕 신화, 백제본기의 온조 신화, 신라본기의 혁거세 신화, 탈해 신화 등을 소개하고 있는데, 먼저 원문을 제시하고 그 내용을 풀이하고 있다. 말미에 "신라의 주권자는 일본인이었다."고 하였고 신라, 고구려 건국 전부터 한반도 남부에는 일본인과 조선인이 雜居하고 있다고 하였다. 이에 대한 근거로 『三國志』 魏志 馬韓傳의 "韓在帶方之南 東西以海爲限與倭通" 기사와 弁辰傳의 "弁辰與辰韓雜居 其瀆盧國 與倭境界"의 기사를 제시하였다. 그러면서 왜인과 한인은 동일한 天降 종족의 神系에 속하며 신화 전설에서 유사한 점이 많다고 하였다.

한편 佐藤種治은『參考日本歷史精說』,[14)]『模範西洋歷史精說』[15)] 등의 역사서, 그리고『最新日本歷史辭典』[16)],『滿蒙歷史地理辭典』[17)] 등의 사전을 저술한 바 있다. 이러한 그의 저술 활동이나 중학교 역사지리 주임 교원의 직책, 그리고 책의 말미에 역사서와 전문 서적을 참고서로 활용하고 있는 사실 등으로 보아『最新朝鮮歷史地理辭典』는 전문성을 띤 첫 한국사사전으로 평가할 수 있다. 그렇지만 일본인의 대상으로 하였고, '內鮮融和'라는 의도를 가지고 있어 분명히 문제가 있다.

요컨대 이 사전은 조선 병합의 자발성을 선전하고 '內鮮融和'를 강화하려는 의도를 드러내고 있다. 즉 이 사전은 이른바 식민사관에 의해 편찬되었다. 이 사전은 1933년에 초판을 발행한 이래 1935년에는 4판을 발행할 만큼 수요가 많았다. 따라서『최신조선역사지리사전』은 일본 내에서 조선역사를 이해하는데 큰 영향을 주었다고 생각된다. 그러나 사전이 '內鮮融和'의 식민사관을 그대로 들어내고 있어 객관성이 결여된 것은 큰 문제라 하겠다.

2. 崔南善의『韓國歷史辭典』(1945~1957, 미완성)

최남선(1890~1957)의『韓國歷史辭典』은 고려대 아세아문제연구소 육당전집편찬위원회에서 편집한『六堂崔南善全集』의 12권에 실려 있다.[18)] 이 사전의 편찬 경위는『韓國歷史辭典』의「일러두기」에서 다음과

14) 佐藤種治,『参考日本歷史精說』, 大同館書店, 1928.
15) 佐藤種治,『模範西洋歷史精說』, 大同館書店, 1929.
16) 佐藤種治,『最新日本歷史辭典』, 大同館書店, 1933.
17) 佐藤種治,『滿蒙歷史地理辭典』, 冨山房, 昭和 10년(1935).
18) 최남선,『韓國歷史辭典』,『六堂崔南善全集』12, 현암사, 1974. 최남선의 한국사 사전은『歷史辭典』,『韓國歷史辭典』,『國史大辭典』등으로 지칭되고 있다. 본고에서는『六堂崔南善全集』에 따라『韓國歷史辭典』이라고 하겠다.

같이 확인할 수 있다.

> 一. 제12권 歷史辭典은 六堂이 필생의 업으로 삼고 오랜 동안 준비를 해 오다가 해방이 되자 집필하기 시작하여, 제1권(ㄱ部의 一件)을 組版, 紙型까지 되었으나 6·25동란으로 말미암아 간행을 보지 못하고 紙型마저 일부분이 逸失되었다. 휴전 후 六堂은 서울로 돌아오자 다시 집필을 시작하였으나, 겨우 ㄱ部만을 마치고는 그만 자리에 눕게 되어 끝내 계속하지 못하고 말았다.
>
> 이 책은 남은 紙型과 채 없어지지 않은 校正刷와 遺稿를 모아 겨우 ㄱ部를 편찬하였으니 곧,
>
> (1) 가(加)에서 경무청(警務廳)까지와, 고돌발(高突勃)에서 고사포국(古史浦國)까지는 紙型에 의했고,
>
> (2) 고(鼓)에서 고독(蠱毒)까지와, 고종(高宗) 뒷부분에서 괴태길곶(槐台吉串)까지는 校正刷에 의했고,
>
> (3) 그 나머지는 遺稿에 의했다.
>
> (4) 現行 表記 ㄱㄴㄷ순으로 고쳐 배열했고 맞춤법을 현행대로 고쳤다.

한편 『反民者罪狀記』에서는 다음과 같이 사전의 편찬 사정을 전하고 있다.

> 李光洙가 체포되던 3월 8일 六堂 崔南善도 牛耳洞 自家에서 特委特警隊에게 체포되었다. 이날 아침 特警隊가 문을 두드리며 드러서자 『歷史辭典』의 원고를 주섬거리며 앉기를 권하고 최남선은 두터운 솜옷을 갈아 입은 후 채우는 고랑에 손을 내민 후 집을 나섰다. …
>
> 自列書 … 삼가 前後過戾를 自列하여 嚴正한 裁斷을 기다린다.

4282년 2월 12일
麻浦刑務所拘置中에서 崔南善
反民族行爲 特別調査委員長 前

崔南善의 經歷
… 解放 前後로부터 國史編纂에 精進 方今『國史大辭典』印行에 着手 전체 약 2,000항의 一割까지 達하고 있다.[19]

이에 따르면 최남선은 해방 후부터 한국사사전의 편찬을 시작하여 1949년(단기 4282년)까지도 작업을 계속하고 있었다. 그런데 그는 사전의 전체 2,000항목의 一割까지 마친 상태였다고 한다. 그러나 완간까지는 이르지 못하였다. 李丙燾는 최남선을 회고하면서, "우리 국사학도로 가장 애석히 여기는 바는 그의 만가업의 한 기념탑으로 추진 중에 있던 역사사전의 편찬을 완성치 못하고 세상을 떠난 그것이다. … 사변 중에 원고의 일부분과 참고도서의 전부가 소실당하였"다고 하였다.[20]

한편『韓國歷史辭典』에는 "韓國歷史辭典에서 빠진 부분"을 다음과 같이 밝히고 있다.

(1) 경무청(警務廳) 뒷부분에서 고(鼓) 앞까지와
(2) 고산자지도(古山子地圖) 다음에서부터 고종(高宗) 앞부분까지와
(3) 곡(斛) 뒷부분에서부터 곤륜산(崑崙山) 앞까지와
(4) 공해(公廨) 뒷부분에서부터 공험진(公險鎭) 앞부분까지와
(5) 과거(科擧)의 앞부분이 빠졌다.

19) 고원섭 편,「變節한 歷史家 六堂 崔南善의 自列書」,『反民者罪狀記』, 1949.
20) 李丙燾,「六堂의 史學」,『現代文學』1960년 10월호, 1960.

현재 『韓國歷史辭典』은 '가(加)' 항목을 시작으로 하여 최종 항목은 '꼬레[cores]'이다. 따라서 현재 정리된 ㄱ부분은 완전하지 않다. 일러두기에서, "ㄱ部만을 마치고는 끝내 계속하지 못하였고, 紙型 · 校正刷 · 遺稿 등을 모아 ㄱ部를 편찬하였다"고 하였지만 ㄱ部의 뒷부분이 빠져 있어 완전하지 못하다. '꼬레[cores]'의 앞의 앞 항목이 '균정[均貞]'인데, 이 항목은 '균정[均貞]⇨[金均貞]'으로 처리하였다. 즉 『韓國歷史辭典』의 ㄱ部는 인명에 해당하는 '김(金)' 부분이 빠져 있어 완전하지 못한 상태이다.

그런데 「일러두기」에서 "歷史辭典은 六堂이 필생의 업으로 삼고 오랜 동안 준비를 해" 왔다고 한다. 사전 편찬을 개인이 추진한다고 하는 것은 참으로 어려운 일인데도 최남선이 이를 오래 전부터 준비하였다는 것이다. 최남선이 『韓國歷史辭典』을 편찬할 수 있었던 데는 일찍부터 진행해온 작업이 있었기 때문이다. 즉 『韓國歷史辭典』은 『朝鮮常識問答』과 『朝鮮常識』이 있었기 때문에 가능하였던 것으로 보인다.

최남선은 1937년 1월 30일부터 9월 22일까지 『매일신보』에 연재했던 疆土篇 · 歲時篇 · 風俗篇 등 16편 456항목을 「조선상식」이라 하여 연재한 것을 해방 후에 『조선상식문답』[21]으로 간행하였다. 제목에서 드러나듯 최남선은 조선(한국)에 관한 상식을 널리 알리기 위해 지은 것이다. 原編은 1946년에, 續編은 1947년에 東明社에서 간행했다. 원편은 국호 · 지리 · 물산 · 풍속 · 名日 · 역사 · 신앙 · 儒學 · 諸教 · 어문의 10편, 181개의 문답으로 되어 있고, 속편은 과학 · 문학 · 圖書 · 金石 · 음악 · 연극 · 書學 · 회화의 8편, 211개의 문답이 실려 있다. 원편, 속편 모두 질문을 항목으로 하고 그 답변을 내용으로 하는 문답 형식으로 서술하였다.

『朝鮮常識』 역시 한국의 역사 · 전통문화에 대하여 상식으로 알아야

21) 최남선, 『朝鮮常識問答』, 동명사, 1946.

할 문제를 다루었다. 초판이 1948년에 東明社에서 3책으로 나왔고, 이를 1953년에 國文社에서 합본하여 1책으로 재판을 내었다. 책의 서문에서 최남선이 밝힌 바에 따르면, 이 책 역시 1937년 1월부터 『매일신보』의 학예면에 연재하였던 것을 근간으로 하였으며 신문사의 요청에 따라 1部類 30題라는 제한 속에서 썼기 때문에 각 부류의 體要를 고루 갖출 수가 없었다고 한다. 해방 이후에 이를 '修訂付印'하여 10部門 10冊으로 하고 每冊에 五類, 每類에 30題로 하여 출간한다고 하였다.[22) 그리고 당시의 광고란에 의하면 "조선인의 조선에 대한 無識을 해소시키는 응급책으로 만들었던 『朝鮮常識問答』正續篇에 이어 좀 더 高程度의 朝鮮學의 要文을 요구하게 되어 연구 조사한 文化史 資料의 精華만을 뽑아 『朝鮮常識全書』를 新刊하기로" 하였다고 한다. 여기에 덧붙여 이 책이 "類分한 朝鮮學百科事典第一冊出來"라고 하여 제1책 風俗篇의 출간을 광고하고 있다.[23) 이 책은 원래 『朝鮮常識全書』라고 하여 여러 권을 낼 계획이었으나 풍속편, 지리편, 제도편만이 간행되었다.[24) 각 편은 '類'로 분류하고[25) 항목을 실었다. 항목은 질문 형태의 『朝鮮常識問答』과는 달리 명사 위주의 단어로 되어 있다. 항목의 내용을 보면 일부이긴 하지만 정의를 먼저 제시하고[26) 풀이를 서술하였다. 이러한

22) 최남선, 「敍」, 『朝鮮常識 風俗篇』, 동명사, 1948.

23) 최남선, 『朝鮮常識問答續篇』, 동명사, 1947, 책 말미의 광고란.

24) 『朝鮮常識』 제도편에서, '풍속편, 지리편, 제도편'을 旣刊으로, '사회편, 경제편'을 近刊이라 하고 '以下繼續'이라 하였다.

25) 풍속편은 ① 세시류(歲時類), ② 의례류(儀禮類), ③ 유희류(遊戲類), ④ 의복류(衣服類), ⑤ 음식류(飮食類) 등으로 나누었고, 지리편은 ① 지문류(地文類), ② 산악류(山岳類), ③ 강해류(江海類), ④ 인문류(人文類), ⑤ 국호류(國號類)로, 제도편은 ① 내직류(內職類), ② 외임류(外任類), ③ 무관류(武官類), ④ 과거류(科學類), ⑤ 관방류(官方類)로 편제하였다.

26) 예를 들면 제도편 '政丞' 항목에서 "百官의 어른, 곧 국무총리를 政丞이라 이른다", 그리고 '承旨' 항목에서 "승정원의 관원. 승정원은 왕명의 출납을 掌하니… 알기 쉽게 말하면 군왕의 비서라 할 것이다."라고 하였다.

방식은 사전 서술 방식과도 일치한다. 따라서 『조선상식』이 사전의 기능을 하고 있음을 알 수 있다. 당시 광고에서도 "朝鮮學百科事典"이라고 하였다. 특히 제도편에서 세부 편목을 內職類, 外任類, 武官類, 科擧類로 분류하고 있는데 그 항목들은 모두 역사 용어이다.

이처럼 최남선은 『매일신보』의 「조선상식」과 『朝鮮常識問答』, 『朝鮮常識』을 집필하여 많은 자료를 섭렵하고 사전 편찬에 관한 기본 내용을 저술한 상태였다. 그는 일련의 저작 중에서 특히 『朝鮮常識』을, "四十年間出版鬪爭行程에 있어 最後의 一力戰"[27]이라고 자평하였다. 따라서 『韓國歷史辭典』과 그 학문의 최종본이라 할 수 있는 『朝鮮常識』을 비교해 보면 다음과 같다.

〈표 2〉 『한국역사사전』과 『조선상식』의 항목 및 내용 비교

한국역사사전	조선상식			비고
	풍속 편	지리 편	제도 편	
가야산[伽倻山]②		伽倻山(內浦)		내용 일치
가야산[伽倻山]①		伽倻山(嶺南)		내용 일치
(항목 없음)	角力			
감사[監司]			監司	내용 일치
감목관[監牧官]			監牧官	내용 일치
감찰[監察]			監察	내용 일치
(항목 없음)		江南山脈(加陵嶺山脈)		
강정	剛飣			내용 일치
강화[江華]		江華島		내용 일치
개가[改嫁]	改嫁			내용 일치
개마대지[蓋馬臺地]		蓋馬臺地		내용 일치
거제[巨濟]		巨濟島		내용 일치
격구[擊毬]	擊毬			통합 서술
	擊毬方法			

27) 최남선, 「敍」, 『朝鮮常識 風俗篇』, 동명사, 1948.

한국역사사전	조선상식			비고
	풍속 편	지리 편	제도 편	
경력[經歷]			經歷	내용 일치
(결락)			京在所	
(결락)		鷄貴		
(결락)		鷄龍山		
고려[高麗]…[國號]		高麗		내용 일치
(결락)		古朝鮮地域		
골패[骨牌]	骨牌			내용 일치
과거[科擧]			科擧類	내용 결락, 확인 불가
(항목 없음)	冠			
(항목 없음)	冠帶			
관등[觀燈]	觀燈			내용 일치
관례[冠禮]	冠禮			통합 서술
	三加			
	冠禮原流			
관자[貫子 · 圈子]	貫子(圈子)			내용 일치
구근[久勤]			久勤	내용 일치
구임[久任]			久任	내용 일치
군[君]			君 · 府院君	내용 일치
군자국[君子國]		君子國		내용 일치
권초례[捲草禮]	捲草禮			내용 일치
규장각[奎章閣]			奎章閣	내용 일치
꼬레[cores]		꼬레(cores)		내용 일치

〈표 2〉에서 보이듯 『韓國歷史辭典』과 『朝鮮常識』은 항목과 내용에서 일치하는 바가 많다. 따라서 『韓國歷史辭典』은 『朝鮮常識』을 근간으로 하여 편찬되었음을 알 수 있다. 즉 『韓國歷史辭典』은 사전의 형식에 맞게 올림말을 선정하고 내용은 『朝鮮常識』에서 그대로 옮겨 실었다.

요컨대 최남선은 『朝鮮常識問答』과 『朝鮮常識』을 이용하여 해방 후에 『韓國歷史辭典』의 편찬을 시작하였다. 전체가 2,000개 항목으로 계획되었지만 'ㄱ' 부분도 완성하지 못하고 중단되었다. 그렇지만 이 사전은 해방 이후에 본격적으로 한국사사전을 편찬하려고 시도하였다는 데 큰 의미가 있다.

3.『史學硏究』(韓國史學會)의 「國史述語解說」(1958~1961)

해방 이후 최남선은 한국사사전의 편찬에 나섰지만 결국 중단되었고 겨우『基礎國史辭典』(1949년),『國史辭典』(1957년)과 같은 소사전 정도가 간행되었다. 이에 본격적인 한국사사전이 절실하게 되었다. 해방 이후 역사학계가 중심이 되어 한국사사전을 기획하고 집필하였는데, 이것이 바로『史學硏究』(韓國史學會)의 「國史述語解說」이었다.

『史學硏究』 창간호(1958년 8월)에는 「國史述語解說」이 실려 있다. 「國史述語解說」[1]의 첫머리에, "중 · 고등학교 국사과 교사의 교수참고용으로 하기 위하여 중 · 고등학교 교과서를 중심으로 述語를 모아 이에 비교적 상세한 해설을 부쳐서 가나다 순으로 배렬함"이라고 하였고『史學硏究』 제2호(1958년 12월)의 「편집후기」에서는, "장차 國史事典 편찬의 기초도 되고 겸하여 중고등학교 국사과 교사들이 통감하고 있는 국사 참고서적의 애로타개에 조금이라도 도움이 될까하여 시도한 「國史述語解說」은 의외에도 호평이라 기쁨보다도 책임의 무거움을 더욱 느끼게 된다."고 하였다. 즉 「國史述語解說」은 國史事典의 편찬을 염두에 두고 시작하였다는 것이다. 그러나 집필과 게재는 쉽지 않았다.『史學硏究』 제4호(1959년 7월)의 「편집후기」에서, "國史述語解說은 次號부터 다시 續揭하겠으니 諒察하여 주심을 바라는 바이다."라고 하여『史學硏究』 4호에서는 아예 실리지도 못하였다. 그리고 8호의 편집후기에서 "일시적으로 중단되었던 국사술어해설은 본호부터 다시 연속 게재케 되었으며 지면의 형편상 많이 게재치 못함을 유감스럽게 여깁니다"라고 하여 게재 과정에 애로가 있었음을 밝히고 있다. 아마도 재정 부족에 따른 지면의 한계와 함께 집필 상의 어려움도 매우 컸을 것이다. 결국 7회차를 게재한 10호를 끝으로 「國史述語解說」은 더 이상 실리지 못하였다. 「國史述語解說」에는 모두 338개 항목이 실려 있다.[28)]

한편 「國史述語解說」은 집필자가 누구인지 밝혀 놓지 않았다. 다만 「國子監」 항목(『史學研究』 8호)의 내용 말미에 '閔丙河', 「基督教傳來」(『史學研究』 9호)에서 '金良善' 등 두 사람만 기재하고 있다. 당시 한국사학회 임원진을 보면 백낙준, 이선근, 이병도, 김상기, 신석호, 이홍직, 유홍렬 등 당대를 대표하는 사학자들이 망라 되어 있다. 아마 이들이 집필에 관여하였으리라 생각되는데, 특히 나중에 한국사사전을 편찬하거나 감수하게 되는 이홍직, 유홍렬이 이사로 참여하고 있다. 'ㄱ' 항목도 채 완성하지 못하고 게재가 중단된 「國史述語解說」은 얼마 후에 이홍직, 유홍렬에 의해 한국사사전의 편찬으로 이어지게 되었던 것이다.

요컨대 「國史述語解說」은 해방 이후에 당시 역사학계를 대표하는 한국사학회가 중심이 되어 國史事典의 편찬을 염두에 두고 집필되었다. 그렇지만 이 역시 'ㄱ' 부분도 제대로 완성하지 못하고 게재가 중단되었다. 그렇지만 역사학계와 학회가 나서서 본격적인 한국사사전의

28) 호별 항목은 다음과 같다. 『史學研究』 창간호(1958.8) 「國史述語解說」[1] 「가곡원류歌曲源流」~「경회루慶會樓」까지 114항목, 『史學研究』 2호(1958.12) 「國史述語解說」[2] 「계契」~「고려도경高麗圖經」까지 25항목, 『史學研究』 3호(1959.4) 「國史述語解說」[3] 「고려사高麗史」~「공음전시과功蔭田柴科」까지 29항목, 『史學研究』 5호(1959.11) 「國史述語解說」[3(4)] 「공전公田」~「교주도交州道」까지 48항목, 『史學研究』 8호(1960.11) 「國史述語解說」(5) 「구분전(口分田)」~「궁내부(宮內府)」까지 17항목, 『史學研究』 9호(1960.12) 「國史述語解說」(6) 「궁복(弓福)」…「김윤후(金允侯)」까지 105항목, 『史學研究』 10호(1961.4) 「國史述語解說」(7) 「김익상金益相」…「김창업金昌業」까지 25항목.

편찬을 시도하였다는데 큰 의의가 있다.

4. 李弘稙 編, 『國史大事典』(1962~1963)

1958년부터 한국사학회는 학술지 『사학연구』의 부록에 「국사술어해설」을 연재하기 시작하였는데, 1961년 4월에 출간된 제10호를 끝으로 중단되어 '가'자 항목도 채 마치지 못하고 말았다. 그 사이에 사회학사전간행회에서 『韓國史辭典』(1959년)을 간행하였다. 그러나 이 사전은 432쪽에 불과한 소사전이었다. 이 사전의 편찬에 관여하였던[29] 이홍직(1909~1970)은 출판사 측의 요청으로 한국사사전의 편자로 참여하게 되었다.

『國史大事典』은 2책으로 상권은 1962년, 하권은 1963년에 간행하였다. 이홍직은 『國史大事典』을 간행한 이유를 「머리말」에서 다음과 같이 밝히고 있다.

> 그 동안 몇몇 출판사에 의하여 백과사전이나 인명사전류가 몇 가지 출판되어 여기에도 상당한 수효의 국사 관계 항목이 포함되어 이 분야에 기여하고 있는 것은 사실이지마는 이것은 어디까지나 일반 백과사전이요, 전문적인 소용으로서는 만족할 수 없다. 여기에 국사를 중심으로 삼아서 거기에 관련된 광범한 사항을 망라한 국사의 백과사전을 엮어 현 단계에 있어서 국민의 요청에 응하고자 이 『國史大事典』을 마련한 것이다.[30]

「일러두기」에서도 이 사전의 특징을 국사에만 한정하지 않고 한국

29) 李弘稙, 「머리말」, 『國史大事典』 上, 知文閣, 1962.
30) 李弘稙, 「머리말」, 『國史大事典』 上, 知文閣, 1962.

에 관계되는 사항을 광범위하게 수록하여 백과사전의 역할을 할 수 있도록 하였다는 점을 들고 있다. 따라서 이 사전에는 다양한 항목이 들어 있다. 즉 일반 역사에 해당하는 정치 · 제도 · 외교 · 경제 · 법률 · 군사 · 독립운동 등에 관한 항목, 문화사에 해당되는 사상 · 종교 · 학술 · 교육 · 문학 · 미술 · 음악 · 과학 · 기술에 관한 항목, 사회 · 교통 · 풍속에 관한 항목, 기타 사학이론 · 사학사 · 사적해제 · 언어학 · 고고학 · 서지학 · 역사지리에 관한 항목 등 3만에 가까운 항목을 수록하였다. 그 밖에도 한국사와 관계가 깊은 중국 역대의 각 왕조, 한국문화에 영향을 주었거나 한국사에 관한 사료가 수록된 중국 서적, 한국과 관련된 서양인 등도 항목으로 설정되었다. 인명은 故人을 원칙으로 하였으며, 지명은 각종 地誌에 나타나는 古地名까지도 수록하였다. 그리고 각 항목 끝에는 참고문헌을 기록하여 두었다. 아울러 상당한 분량의 부록을 두었는데, 연표 · 연호표 · 왕실세계표 · 직관표와 관청 및 관직별호표, 한말 대외 조약 일람표, 국보 · 보물 · 사적일람표, 무형문화재 일람표, 한국 성씨 시조 일람표, 로마자 색인 등을 수록하였다. 이처럼 이 사전은 책의 이름처럼 '大事典'이라고 하겠다.

한편 『國史大事典』은 이후에 여러 차례에 걸쳐 몇 곳의 출판사에서 간행되었다. 이 사전은 『國史大事典』, 『한국사대사전』, 『(增補)새國史事典』 등의 이름으로 知文閣, 一中堂, 世進出版社, 三榮出版社, 民衆書館, 教學社 등의 여러 출판사에서 개정판, 완전개정판의 형태로 간행되었다.[31] 『국사대사전』을 축약한 포켓판도 나왔다.[32] 1983년에 "中 · 高用 포켓판 단권으로" 『(增補)새國史事典』을 간행하였다. 이 사전은 2008년까지 21쇄를 찍었다. 「일러두기」에서 "최근의 학설을 섭렵하기

31) 이들 사전은 李弘稙(1909~1970)의 사후에 간행되었으면서도 여전히 이홍직을 편자로 표시하였다.

32) 이홍직 편, 『증보 새국사사전』, 교학사, 1983.

에 노력하였으며 가능한 한 문헌과 논문을 揭記하여 전문적 참고에 도움이 되도록 하였다."고 하였다. 이 사전은 각 항목의 내용 말미에 『위지』 동이전(「가加」), 『대전회통』(「가감역관」), 『철종실록』(「가결전加結錢」) 등의 문헌을 전거로 표시하였다. 그러나 『(增補)새國史事典』은 항목과 내용에서 그 이전의 『國史大事典』과 크게 달라진 것은 없었다.

요컨대 이홍직은 출판사 측의 요청으로 『國史大事典』의 편자로 참여하였는데, 이 사전은 3만여 항목에 달하는 명실상부한 한국사사전이었다. 『國史大事典』은 후에 『한국사대사전』, 『(增補)새國史事典』 등의 이름으로 여러 출판사에서 다시 간행되었는데 그때마다 개정판, 완전개정판이라고 하였지만 항목과 내용에 있어서는 크게 달라진 것이 없었다. 그렇지만 판을 거듭하여 간행된 『국사대사전』은 해방 이후의 한국사사전 중에서 가장 수요가 많았던 사전이었다.

5. 국사백과사전편찬위원회 편 · 柳洪烈 감수, 『國史百科事典』(1975)

이홍직 편, 『국사대사전』과 함께 한국사사전을 대표하고 있는 사전은 東亞文化社에서 간행한 『國史百科事典』[33]이다. 이 사전은 柳洪烈이 감수를 맡았다. 사전의 「머리말」에 따르면, "나라를 되찾은 지 30년, 민족 중흥과 조국 근대화라는 역사적 사명을 앞에 두고…국사의 올바른 인식과 함께 국사의 대중화가 요청되는 것이다. 이러한 시대적인 요청에 따라 고교 · 대학생의 학습에는 물론 일반인의 교양을 위해…필요한 사항을 손쉽게 찾아볼 수 있는 「국사대사전」의 필요성을 절실히 느낀 바 있어 이의 계획과 준비에 5년이라는 세월이 걸려…민족의 주체성을 찾으려는 자각에 의한 새로운 민족사관의 정립과 유물 · 유적

33) 국사백과사전편찬위원회 편 · 柳洪烈 감수, 『國史百科事典』, 東亞文化社, 1975.

의 새로운 발견 등 최근 수년간 국사계에 놀랄만한 변모가 많이 있었다.…類書에서 볼 수 없는 새로운 항목을 대폭 채택하여 국사에 관한 모든 항목이 갖추어진 「국사대백과」로 엮은 것이다."라고 하였다. 「일러두기」에서도 "중점은 민족사관의 정립", "국사의 대중화라는 목표"를 다시 한번 강조하고 있다. '국사', '민족주체성'을 강조하던 당시의 시대적 분위기를 반영하고 있음을 알 수 있다.

사전의 항목은 "선사시대부터 현대(1973)까지 선정하였다고 하여 간행 당시까지의 사항을 실으려고 하였다. 이 사전은, "5만여 항목과 2천여 개의 본문 삽화와 다채로운 부록을 곁들여 명실 공히 국사대백과"이라고 자평하였다. 이 사전은 『國史大事典』의 3만 여 항목보다 항목이 대폭 늘어나 5만여 항목에 달하였다. 그러나 전체 분량에서는 두 사전이 별로 차이가 없다. 그리고 〈표 3〉에서 확인되듯이 『國史百科事典』은 『國史大事典』의 항목에서 더 추가하였으나 동일 항목의 경우에는 내용이 매우 유사하다.

유홍렬이 감수한 『國史百科事典』은 나중에 『韓國史大事典』, 『國史大事典』이라는 이름으로 教育出版公社, 高麗出版社 등에서 출간되었다. 이때의 사전이 新改正增補版, 修正增補版이라고 하였지만 역시 항목과 내용에서 그 이전과 크게 달라진 것이 없다. 그렇지만 이홍직 편의 사전과 함께 유홍렬 감수의 사전은 한국사사전을 대표하고 있었다.

6. 교학사의 『한국사대사전』(2013)

유홍렬 감수의 『韓國史大事典』은 1992년까지, 이홍직의 『國史大事典』은 1997년까지 간행되었다. 이후에 학습용 사전이 여러 개가 나왔다. 『國史大事典』, 『韓國史大事典』 간행 이후에 본격적인 한국사사전이 편찬되지 않고 있었던 것이다. 이 시기에 한국사사전에 대한 수요는 『한국민족문화대백과사전』이 대신하였다. 그러다가 2013년에 교학사에서 본권 9권, 부록 1권으로 하여 『한국사대사전』[34]을 간행하였다.

『한국사대사전』의 「간행사」에 따르면 편찬 동기에 대해, "1962년에 지문각에서 편찬한 『국사대사전』은 3만 여 항목에 이르는 최초의 본격적인 국사사전입니다. 국사를 중심으로 관련된 한국학 관련 분야를 총망라한 한국학백과사전의 성격이 강한 것이었습니다. 1991년에 발간한 『한국민족문화대백과사전』은 한국학 수준을 한 단계 끌어 올린 것이나 백과사전으로 역사사전을 대신할 수 없습니다. 내용이 필자에 따라 지나치게 주관적이고 부연이 많아 사전의 생명인 객관성, 간결성이 부족합니다. 이렇게 볼 때 한국사 이해의 길잡이가 되는 엄밀한 의미의 한국사사전은 간행되지 않았다고 할 수 있습니다. 교학사가 한국사사전 편찬에 관심을 가지고 출판을 기획하게 된 동기는 여기에 있습니다."라고 밝히고 있다. 그리고 이 사전의 편찬 경위를 다음과 같이 밝히고 있다.

> 1993년부터 사계의 권위자들로 '한국사사전간행위원회'를 구성하고 수록 범위와 항목을 선정해 전문학자들에게 원고를 위촉하는 등 추진에 박차를 가하였으나 … 1998년 IMF 사태에 따른 경제적 어려움 때문에 사업의 계속 추진 여부를 심각하게 고려하기도 하였습니다. 인터넷을 통해 정보를 얻는 현 상황에서 한국사사전의 편찬이 절실한 문제인가 하는 회의도 들었습니다. … 이제 한국 초유의 명실상부한 한국사사전 10권을 상재하기에 이르렀습니다.[35]

이처럼 교학사에서는 많은 어려움 속에서도 그 동안 막대한 시간과

34) 편집부, 『한국사대사전』, 教學社, 2013.
35) 楊澈愚, 「간행사」, 『한국사대사전』, 교학사, 2013.

비용을 들여『한국사대사전』10권을 간행한 것에 대해 큰 자부심을 표명하였다. 편찬위원 대표인 변태섭 역시 편찬사에서 "한국사 자체에 관한 사실 뿐만 아니라 국문학, 한문학, 종교, 음악, 미술, 관제, 직명, 典籍, 민속, 인명, 지명, 고고학 등 한국사와 관계된 모든 분야에 걸친 사항을 수록하여 명실상부한 한국사사전이 되도록 하였다. 항목수 7만 1,000항, 총 페이지 수 1만 페이지, 집필자 580명에게 의뢰하였다."라고 하여『한국사대사전』이 명실상부한 한국사사전이라고 자평하였다. 수록 항목을 보면『국사대사전』이 3만 여 항목, 유홍렬이 감수한 사전이 5만 여 항목이었던 것 비해 교학사의 사전은 7만 1천 항목으로 많은 진전이 있었다. 그리고 한국학 사전을 표방한『한국민족문화대백과사전』이 65,000 항목인 것에 비교해도 많은 항목을 선정하였다.

『한국사대사전』은 최근의 사전으로 그 이전에 나온 것과 비교해 많은 장점이 있어야 할 것이다. 참고로 각 사전의 첫 부분을 보면 다음과 같다.

〈표 3〉 주요 한국사사전의 첫 부분 항목 비교

연도	사전	항목										
1962	國史大事典					加		笳				
1975	國史百科事典					加			𦊓			
1983	(증보)새國史事典					加		笳				
1991	한국민족문화대백과사전	ㄱ	ㄱ黨		ㄱ字집	加		笳				假家
2013	한국사대사전		ㄱ黨	ㄱ字禮拜堂	ㄱ字집	加	枷	笳		家	賈	假家

이처럼『한국사대사전』은 그 이전의 사전에 비해 항목이 대폭 늘어났다. 그러나 아쉽게도 누락된 항목도 있다. 사전의 첫 부분 항목을 비교한 〈표 3〉의 '𦊓'가 그러하다. 또 예를 들어 보면 '복재(문)집' 항목

에서 누락이 있다. 奇遵(1492~1521)의 시문집인 『服齋文集』, 李彙濬(1806~1867)의 문집인 『復齋文集』, 李道孜(1559~1642)의 시문집인 『復齋集』이 항목에 올라 있다. 그러나 鄭摠(1358~1397)의 문집인 『復齋集』(한국문집총간 7)은 누락되어 있다. 그리고 몇 개의 항목을 임의대로 선택하여 살펴본 결과, 내용에 있어서도 학계의 성과를 제대로 반영하지 못하고 있다. 교학사에서 밝힌 '최신 연구 성과까지 다룬 최고 최신의 정확한 내용'의 사전이라는 특징이 제대로 반영되고 있지 않은 부분이 있어 아쉬움으로 남는다.

7. 북한의 『력사사전』(1971, 1999~2004)

북한의 역사 사전으로는 1971년에 나온 『력사사전』(Ⅰ·Ⅱ)[36]이 대표적이다. 『력사사전』은 1964년 4월에 김일성이 백과사전 편찬에 앞서 부분별 사전을 만들 것을 교시한 데서 시작되었다.[37] 1970년에 나온 『철학사전』, 『경제사전』 그리고 1972년에 나온 『문학예술사전』 등이 바로 부분별 사전으로 편찬된 것이다.

『력사사전』은 2권으로 되어 있으며, 국판으로 1면을 반으로 나누어 가로쓰기를 하였다. 『력사사전』은 Ⅰ권 993면과 Ⅱ권 1,429면을 합쳐 총 2,422면, 총 3,402 항목으로 구성되어 있다.[38] 항목이나 내용은 철저

36) 사회과학원 력사연구소, 『력사사전』(Ⅰ·Ⅱ), 평양: 사회과학출판사, 1971. 『력사사전』에 대한 연구로는 권태억, 「북한의 인문사회과학 : 역사사전」, 『국제정치논총』 30: 2, 1990; 김종국, 「북한의 역사인식과 역사인물평가 : 『력사사전』 중심으로」, 『仁荷』 34, 1994; 육영수, 「냉전시대 북한의 '주체적' 서양 역사 만들기 - 『력사사전』(1971) 분석을 중심으로 -」, 『歷史學報』 200, 2008 등이 있다.

37) 사회과학원 력사연구소, 「머리말」, 『력사사전』(Ⅰ·Ⅱ), 평양: 사회과학출판사, 1971.

38) 육영수, 「냉전시대 북한의 '주체적' 서양 역사 만들기 - 「력사사전」(1971) 분석을 중심으로 -」, 『歷史學報』 200, 2008, 616~617쪽.

한 한글 쓰기로 하여 한자 표기는 찾을 수 없다. 서술 항목을 보면 Ⅰ권은 ㄱ~ㅂ, Ⅱ권은 ㅅ~ㅞ 등이다. 항목의 순서는 자모 순으로 하되 'ㄱ~ㅎ'를 먼저 올렸는데 'ㅇ'를 제외하였고, 'ㅎ' 뒤에 'ㄲ~ㅉ, ㅏ~ㅞ' 부분을 넣었다. 따라서 우리 사전과 항목 순서가 많이 다르다.

이 사전의 특징은 「머리말」과 「일러두기」에 잘 드러나 있다. 먼저 「머리말」에 따르면, "우리는 사전을 편찬함에 있어서 먼저…김일성동지의 위대한 혁명사상과 불멸의 혁명력사…을 폭넓고 깊이 있게 담으려고 노력하였다. 또한…항일혁명투쟁시기…당의 혁명전통과…해방 후…혁명과 건설에서 이룩한 성과와 고귀한 경험들을 담기에 힘썼다. 그리고 남조선혁명과 조국통일을 앞당기며…국제적련대성을 강화하는데…맞게 편찬하려고 하였다. 이와 함께…오랜 력사와 문화를 잘 알며 우리 나라 력사에 대한 제국주의자들과 내외반동적 어용사가들이 외곡을 바로잡는데 도움이 되도록…하였다. 이 사전에서는…수많은 혁명렬사들에 대해서는 우선 널리 알려진 동지들의 투쟁업적을 싣는데 그치였다. 앞으로 자료가 새로 수집되는데 따라 동지들의 투쟁업적을 더 보충할 것이며 더 많은 혁명렬사들을 올리게 될 것이다. 이 사전의 올림말 선정과 그 내용 서술에서 편찬자들은 철저한 주체성의 원칙에 서서 당성, 로동계급성을 관철하며 엄밀한 과학성을 보장하도록 백방으로 노력하였다."고 하였다. 이처럼 『력사사전』은 올림말 선정과 내용 서술에서 '주체성', '당성', '노동계급성', '과학성' 등 4대 원칙에 입각하였음을 밝히고 있다. 김일성과 혁명성 강조는 항목 설정과 서술에 그대로 나타나 있다.

Ⅰ권의 서두에 실린 김일성 항목과 서술은 사전의 올림말과는 별도로 구분하고 있다. ㄱ부분의 올림말을 차례대로 보면, 「가가영전투」, 「가곡원류」, 「가나」, 「가네포」, 「가다야마센(1859~1933)」, 「가라지밀영」, 「가락국」 등이다. 이들 올림말 중 「가곡원류」, 「가락국」 등이 역사사전

에 부합하는 것이고 나머지는 「머리말」에서 밝힌 『력사사전』의 편찬 목적에 따른 것이다. 즉 「가가영전투」, 「가라지밀영」은 김일성의 업적이다. 그리고 보천보전투에 대해서는 「보천보전투승리기념탑」, 「보천보혁명박물관」의 2개 항목을 덧붙여 4면에 걸쳐 소개하고 있다. 그리고 「만경대」는 2면, 「포평사적지」는 3면에 걸쳐 싣고 있다.[39] 이렇듯 이 사전의 특징은 김일성 및 혁명 전통에 대한 강조에서 찾아 볼 수 있다. 한편 ㄱ의 앞 부분 올림말 중에서 「가나」, 「가네포」, 「가다야마센(1859~1933)」 등은 제3세계와 반제국주의 투쟁과 관련 있는 '다른 나라 력사 올림말'이다. 그리고 Ⅱ권의 마지막 항목, 「웰남8월혁명」도 반제국주의 투쟁과 관련한 항목이다. 「웰남8월혁명」은 1945년 8월에 있었던 호치민의 반제 · 반봉건 투쟁이었다.

「일러두기」는 모두 6가지를 제시하고 있다. 이를 간추려보면 다음과 같다.

> 1) … 김일성동지의 혁명력사를 서술한 올림말을 사전의 첫머리에 올리였다.
> 2) 원시사회로부터 현대(1970년까지)에 이르는 조선력사 올림말을 기본으로 하고 다른 나라 력사 올림말은 추려서 실었다.
> 3) 올림말은 조선말글자의 차례대로 놓고 ㄱ부터 ㅂ까지는 제1권, ㅅ부터 ㅔ까지는 제2권에 묶었다.
> 4) 내용이 같은 올림말들은 우리 학계에서 흔히 쓰고 있는 말에서 그 내용을 주고 달리 부르는 말은 ⇨를 붙여 해당한 올림말을 찾아보도록 하였다. 례 : 신미양요⇨1871년(신미) 미국침략격퇴
> 5) … 올림말의 연월일 가운데서 1898년 이전의 것은 음력이고 그 이후의 것은 양력이다.

39) 권태억, 앞 논문, 1990, 219~220쪽.

6) 다른 나라 력사 올림말의 고유명사는≪외국말적기법≫(1968년판)에 따라 적었다.”

「일러두기」 중 앞의 4가지가 사전의 내용과 특징을 잘 보여준다. 즉, 이 사전은 김일성의 혁명역사를 사전의 첫머리에 올렸고, 한국사의 올림말 뿐 아니라 다른 나라 역사 항목도 실었다. 외국 역사 항목은 북한에서 정리한 “『외국말적기법』(1968년판)에 따라 적었”기 때문에 표기법에서 우리와 차이가 난다. 우리 학계와 역사 용어도 달리 부르는 차이가 생겼다. 「일러두기」 4)에서 예시한 바와 같이 신미양요는 ‘1871년(신미) 미국침략격퇴’라고 하였다.

『력사사전』은 단지 한국사만을 다루고 있지 않다. 전체 항목 중에서 한국사 항목이 2,910개로 85.5%, 그 외에 세계사로 분류될 수 있는 항목이 492개로 14.5%를 차지한다. 이는 “조선력사 올림말을 기본으로 하고 다른 나라 력사 올림말은 추려서 실었다.”고 한 「일러두기」의 기본 원칙에 따른 것이다. 그리고 세계사 항목을 재분류하면 서양사 265항목(54%), 동양사 173 항목(35%), 비교사 54 항목이다. 서양사 항목이 비중이 높은 것은 서양 제국주의 침략사 및 동유럽 사회주의 국가들에 대한 특별한 관심을 반영한 것으로 보인다. 그리고 아프리카 국가들과 관련된 항목(69 항목)이 많아 세계사 전체 항목의 14%에 해당한다. 이는 아시아 · 아프리카의 피식민지국가들이 서양열강을 상대로 펼쳤던 반봉건 · 반제국주의 투쟁을 반영했기 때문이다.[40]

---

40) 육영수, 「냉전시대 북한의 ‘주체적’ 서양 역사 만들기 – 「력사사전」(1971) 분석을 중심으로 –」, 『歷史學報』 200, 2008, 616~617쪽. 『력사사전』의 면수와 항목은 권태억과 육영수의 연구가 차이가 난다. 권태억은, “전체 2,400개에 가까운 항목 중에서 외국 것에는 약 550개 항목(약 16%)을 배정하였다. 2책으로 본문이 모두 2,570면으로 되어 있다.”고 하였다. 권태억, 「북한의 인문사회과학 : 역사사전」, 『국제정치논총』 30-2, 1990, 218쪽. 면수에서 2,422면과 2,570면으로 차이가 나

한편『력사사전』에 수록된 인물은 모두 166명으로 근대 이전이 68명(40.5%)이며, 특히 김일성의 항일 무장 투쟁 이후에 이와 관련한 인물이 90명(54%)을 차지한다. 근대 이전의 경우 왕조별로 보면 고조선 1명, 고구려 3명, 신라 5명, 백제 0명, 고려 7명, 조선 52명 등으로 조선에 편중되어 있다. 특히 임진왜란과 관련하여 류성룡, 이순신 등 9명이 수록되어 있어 이른바 '임진조국전쟁'의 왜적 침략 격퇴를 강조하고 있다.[41]

1971년판『력사사전』(Ⅰ·Ⅱ)은 1999~2004년에 6권으로 개정한 제2판이 나왔다.[42] 제2판의 1책은 1999년 9월에 발행되었으며 2책 2000년, 3책 2001년, 4책 2002년, 5책 2003, 그리고 마지막 6책이 2004년 3월에 나와 완간되었다. 크기는 4·6판이며 분량은 1책 426면, 2책 383면, 3책 330면, 4책 472면, 5책 304면, 6책 294면으로 총 2,209면이다.

『력사사전』의 개정에 대해서는 머리말에 해당하는「편집부로부터」에서, "『조선전사(전34권, 연표 2권)』와『조선부문사』(전60권)가 편찬 출판되고 단군과 고조선력사가 주체적 입장에서 새롭게 정립됨으로써 우리의 력사과학은 새로운 내용들로 보충되게 되었으며 외국사 연구분야에서도 자랑할만한 성과들이 이룩되었다. 이러한 사실들은『력사사전』을 증보, 개작할 것을 절박하게 요구하였으며 이에 비추어 증보, 개작한『력사사전』제3권을 편찬 발행하게 되었다."고 밝히고 있다. 그리고,『력사사전』제2판의 권별 구성은, "제1권에는 우리나라 원시사로부터 근대사까지의 올림말을 싣고 제2권에는 우리나라 현대사 올림

는 것은 '김일성 부문'을 포함하여 책 전체를 면수로 할 것인지, 아니면 항목 서술만을 면수로 반영할 것인지에 대한 차이 때문이다.

41) 김종국,「북한의 역사인식과 역사인물평가 :『력사사전』중심으로」,『仁荷』34, 1994, 130~132쪽.

42) 사회과학원 력사연구소,『력사사전』제2판(전6책), 평양: 과학백과사전종합출판사, 1999~2004.

말(민족주의운동으로부터 공산주의운동에로의 방향 전환을 위한 투쟁 관계 올림말 포함)을 실으며 제3권에는 외국사 올림말을 싣는다."고 하였고, "매 권을 두 개 분책으로 나누어 출판하여 독자들의 편의를 도모" 하여 3권 6책으로 간행하였다고 한다.

한편 「일러두기」에, "올림말 가운데서 『조선말대사전』(1992년판)에 올라 있지 않는 한자말, 올라 있으나 특수하게 읽는 말, 다른 말과 섞갈릴 수 있는 말들과 인명, 지명 등 일부 고유 명사에는 ( )안에 한자를 주었다."고 하였다. 그 예로 "고신(告身), 고신(拷訊)", "환자(還上)", "정문(旌門)", "리순신(李舜臣), 리순신(李純信)", "정주(定州)" 등을 들었다. 그러나 실제로는 많은 항목에서 한글과 한자를 병기하고 있다. 1권의 시작인 「ㄱ」 부분을 보면 첫 항목인 「가각고(架閣庫)」를 시작으로 「가감역관(假監役官)」, 「가결전」, 「가경전(加耕田」, 「가곡」 등의 올림말이 있는데, 의외로 여러 항목에서 한글 한자 병기가 되어 있음을 알 수 있다. 이러한 한자 한글 병기는 1971년판 『력사사전』의 항목을 한글로만 올린 것과 차이를 보인다. 그러나 본문에서는 여전히 한글 전용을 고수하고 있다.

6책 말미에 제2판 『력사사전』(전6책)의 집필 및 편집 참여자가 기재되어 있다. 원사 교수 박사 허종호를 시작으로 모두 61명의 직위와 이름이 올라 있다. 그리고 「편집부로부터」에서, "『력사사전』 원고 심사는 김일성종합대학, 김형직사범대학, 평양음악무용대학, 평양미술대학, 조선중앙력사박물관, 문화보존사 등 여러 대학, 기관의 교원, 연구사들이 참가하였다."고 하였다. 제2판 『력사사전』이 북한 학계의 역량을 모아 집필 간행되었음을 알 수 있다.

제2판 『력사사전』은 북한의 권력 세습을 반영하고 있다. 첫머리에 김일성과 함께 김정일의 활동을 나란히 게재하였다. 이 사전의 특징은 김정일과 관련한 항목, 그리고 「편집부로부터」에서 밝혔듯이 단군과 고조선사에 대한 항목이 많이 추가되었다는 것이다.

요컨대 북한의 대표적인 역사 사전은 1971년에 나온『력사사전』이다. 이 사전은 1999~2004년에 개정한 제2판이 나왔다. 분량은 2책에서 6책으로, 크기는 국판에서 4 · 6판으로 커졌다. 따라서 항목과 내용이 많이 늘어났다. 가장 큰 변화는 간행이 김일성 시기에서 김정일 시기로 변화하였기 때문에 제2판에서는 김정일에 관한 항목과 내용이 강화되었다는 점이다.

Ⅳ. 과제와 전망

1933년에 佐藤種治이『最新朝鮮歷史地理辭典』을 출간한 이래 최남선의『한국역사사전』, 이홍직 편의『國史大事典』등이 간행되었고 최근에 들어서는 2013년에 교학사에서 10권 분량의『한국사대사전』을 출판하였다. 이렇게 본다면 지금까지 한국사사전은 꾸준하게 편찬 간행되어 이용자들에게 학문적 편의를 제공해 주었다. 그러나『國史大事典』간행 이래 여러 차례 나온 사전들은 판형과 출판사만 바꾸어 계속 출간된 것이다. 따라서 그 동안의 학문 성과를 충실히 반영하였다고 할 수 없다. 그리고 가장 최근에 나온『한국사대사전』도 항목의 누락과 부족한 서술 등으로 인해 만족하기에는 다소 아쉬운 점이 있다. 이에 앞으로 해결해야 할 과제를 간단히 제시하면 다음과 같다.

첫째, 역사사전은 내용을 충분하고도 용이하게 파악할 수 있어야 하고 학문의 성과를 잘 반영하여야 한다. 따라서 한국사사전을 편찬한 후에도 계속적인 수정 보완이 이루어져야 할 것이다.

둘째, 새로 편찬되는 사전은 기존 사전의 오류를 반복하지 않도록 하여야 할 것이다. 후속 사전은 기존 사전을 신중히 검토하여 오류를 수정하여야 한다. 이 문제에 대해서는 일찍이 인명의 착오가 지적되어 왔다. 강감찬, 경복흥은 강한찬, 경부흥의 틀린 발음이다. 邯은 지명인 경우에는 '한'으로, 인명인 경우에는 '함'으로 발음한다. 姜邯贊의 발음은 강한찬이 옳다. 復은 復權, 復歸 등의 경우는 복으로, 復活, 復興 등의 경우는 부로 발음하니 경부흥이 옳은 발음이다. 그리고 이홍직 편의 『國史大事典』, 유홍렬 감수의 『韓國史大事典』 등의 「六臣傳」에서 "현존하지 않는다"고 기술하였다. 그러나 남효온의 「六臣傳」은 『秋江先生文集』 8권에 수록되어 있다. 또한 『國史大事典』에는 영창대군이 겨우 14세에 참혹한 죽음을 당했다고 기술하였으나 『韓國史大事典』에 8세였다는 기술이 맞다.[43] 교학사의 『한국사대사전』에서는 「육신전」의 존재와 영창대군의 사망 시 나이가 수정되었으나 여전히 강감찬, 경복흥으로 올라 있다. 이것이 종래의 관례에 따른 표기라고는 하나 오류가 분명한 만큼 수정할 필요가 있다.

그리고 사전 오류의 한 예로 고려의 대표적인 문인 관료인 金富軾(1075~1151)의 항목을 들 수 있다. 이홍직의 『國史大事典』에서 김부식의 자는 立之, 호는 雷川이고, 문집 20권이라 하였다. 『한국민족문화대백과사전』에는 자가 立之, 호는 雷川, 그의 문집은 20여 권이라고 하였다. 『한국사대사전』(교학사)에는 자는 立之, 호는 雷天이고 문집 20권이라고 하였다. 그러나 立之는 김부식의 字가 아니라 그의 아들 敦中의 字이며,[44] 雷天은 雷川의 오자일 것이다. 김부식의 문집은 '20여 권'

---

43) 李載浩, 「國語辭典 · 國史事典의 錯誤 문제」, 『한글+漢字문화』 70, 2005, 70쪽.

44) 『破閑集』 上, "樞府金立之 詞翰外尤工墨…金壯元君綏 卽其子也"; 『補閑集』 上, "崔文淑公典試 金承宣立之擢第龍頭 文淑公之嗣文懿公典試 金承宣之子諫議君綏 又中壯元"; 『高麗史』 卷98 列傳11 諸臣 金富軾, "富佾之弟…子 敦中敦時…敦中 仁宗朝擢魁科…二十一年 敦中拜左承宣…子 君綏"

이 아니라 20권이다.[45] 이러한 사전의 오류를 줄이기 위해서는 이전 사전을 비판적인 시각으로 재검토하려는 자세가 필요하다.

셋째, 역사사전은 전문사전으로서 마땅히 해당 분야의 전문가들이 항목 선정에서 내용 집필까지 적극 참여하여야 할 것이다. 이런 점에서 국립문화재연구소에서 발간한 『한국고고학사전』의 편찬 과정을 참고할 필요가 있다.

이 사전은 "고고학계의 연구 성과와 업적을 집대성하고, 일반인들에게도 우리 문화유산에 대한 이해를 돕고자 발간"을 추진하였다. 1992년부터 2년간 용어 선정 작업을 거치고 2000년부터 7년간 수정과 보완을 거쳐 용어 설명 작업을 마무리하였다. 이후 1년 동안 관련 전공자들이 여러 차례 검토와 교정 작업을 거치고 감수를 받아 완성하였다. 그리고 "한국상고사학회와 학술용역계약으로 용어 선정 및 원고 작성 작업을 실시하고 2001년 국립문화재연구소에서 원고 교정 및 도면 · 도판 등의 편집, 감수 과정을 거쳐 완성"한 것이다. 『한국고고학사전』은 항목 선정에서 집필까지 한국상고사학회가 주관이 되어 진행하였고, 국립문화재연구소에서 발간하여 재정적인 부담을 덜 수 있었다. 이 사전은 2009년에 『한국고고학전문사전』으로 새롭게 간행되었다.

『한국고고학사전』, 『한국고고학전문사전』은 사전 편찬에 있어 시사하는 바가 크다. 우선 사전 편찬에는 재정 부담이 크다. 지금까지 한국사사전 편찬은 출판사 주도로 진행되어 왔다. 사전은 한 국가의 학문과 문화 수준의 척도라 할 수 있다. 따라서 사전 편찬은 국가적인 사업이다. 지금보다 더 적극적인 국가 재정의 지원이 절실한 것이다. 그리고 사전 편찬에는 학자들의 역할이 무엇보다 중요하다. 완벽한 사전

45) 『高麗史節要』 卷11 毅宗 5년 2월, "門下侍中致仕金富軾卒…贈中書令 謚文烈有文集二十卷"; 『高麗史』 卷98 列傳11 諸臣 金富軾, "五年卒…贈中書令 配享仁宗廟庭 有文集二十卷 子敦中 · 敦時"

을 위해서는 학자들의 적극적인 참여가 요구된다. 현재 한국사 분야는 각 시대별로 학회가 운영되고 있고 아울러 전문 학술지도 시대별로 간행되고 있다. 따라서 각 학회에서는 시대별 한국사사전을 편찬할 여건이 충분하다고 할 수 있다. 각 학회에서는 해당 분야에 관한 항목을 설정하고 합의된 연구 성과를 집필에 반영함으로서 사전의 정확성을 확보할 수 있을 것이다. 그리고 학회에서 운영하는 홈페이지에 이를 게재한다면 접근성을 높이고 출판에 따르는 재정 부담을 해소할 수 있을 것이다. 이러한 예비 단계를 거쳐 최종적으로 한국사를 망라하고 현 단계의 학문 성과를 집대성한 '한국사대사전'을 완성해야 할 것이다. 아울러 앞으로는 시대의 추세에 맞게 사전의 온라인 서비스,[46] 그리고 온라인 사전의 형태로 간행할 필요가 있다.

Ⅴ. 맺음말

한국사사전이 편찬 간행된 것은 국어사전에 비해 매우 늦은 편이다.

46) 이러한 온라인 서비스의 최근 성과로는 한국역사정보통합시스템(Korean History On-Line)을 들 수 있다. 한국역사정보통합시스템은 2000년 1월 지식정보자원관리법의 시행에 따라 국가지식정보자원관리사업의 일환으로 구축한 한국역사분야 포털 사이트이다. 2005년 11월 기준으로 한국역사분야 종합정보센터인 국사편찬위원회를 비롯하여 역사관련 14개 기관에서 다양한 한국사 자료를 데이터베이스화하여 서비스하고 있다. 한국역사정보통합시스템에서 한국사와 직접 관련한 부분은 ① 한국사 기초사전, ② 한국역대인물 DB, ③ 관직명 사전, ④ 한국역사용어 시소러스 등이다. 그러나 이들 자료와 사전은 기존에 정리된 것을 서비스하고 있어 그 동안의 학문 성과를 반영한 제대로 된 사전이라고 할 수 없다.

현재 조사한 바로는 佐藤種治가 일본에서 펴낸 『最新朝鮮歷史地理辭典』(1933)이 가장 앞선 것이 아닌가 한다. 이 사전은 조선 병합의 자발성을 선전하고 '內鮮融和'를 강화하려는 의도를 드러내고 있다. 즉 이 사전은 이른바 식민사관에 의해 편찬되었다. 이 사전은 1933년에 초판을 발행한 이래 1935년에는 4판을 발행할 만큼 수요가 많았다. 따라서 『최신조선역사지리사전』은 일본 내에서 조선역사를 이해하는데 큰 영향을 주었다고 생각된다. 그러나 사전이 '內鮮融和'의 식민사관을 그대로 들어내고 있어 객관성이 결여된 것은 큰 문제라 하겠다.

한편 최남선은 1937년 1월부터 9월까지 『매일신보』에 「조선상식」을 연재하였는데 그 항목과 내용은 해방 이후 간행을 추진했던 『韓國歷史辭典』의 모태가 되었다. 그러나 이 사전은 'ㄱ' 뿐도 제대로 완성하지 못하고 중단되었다.

해방 이후에 가장 먼저 간행된 한국사사전은 柳志玉의 『基礎國史辭典』(1949)이다. 이어 『國史辭典』(1957), 『韓國史辭典』(1959) 등이 간행되었으나 모두 학습용의 소사전이었다. 본격적인 한국사사전은 李弘稙의 『國史大事典(上 · 下)』(1962 · 1963)과 柳洪烈이 감수한 『國史百科事典』(1975)이었다.

『國史大事典(上 · 下)』과 『國史百科事典』은 해방 이후의 한국사사전 중에서 가장 수요가 많았던 사전들이었다. 이들 사전은 여러 출판사에서 다시 간행되었으며 그때 마다 개정판, 완전개정판이라고 하였지만 항목과 내용에 있어서는 크게 달라진 것이 없었다. 이홍직의 『國史大事典』은 1997년까지, 유홍렬 감수의 『國史百科事典』은 1992년까지 재간행되었다. 이후 소사전 형태의 학습용 사전이 여러 개가 나왔다. 『國史大事典』, 『韓國史大事典』 간행 이후에 본격적인 한국사사전이 편찬되지 않고 있었던 것이다. 이 시기에 한국사사전에 대한 수요는 『한국민족문화대백과사전』이 대신하였다. 오랫 동안 한국사사전이 나오지 않다가 2013년에 새로운 사전이 출간되었다.

교학사에서 본권 9권, 부록 1권으로 하여 『한국사대사전』을 편찬 간행하였다. 수록 항목을 보면 『국사대사전』이 3만 여 항목, 유홍렬이 감수한 사전이 5만 여 항목이었던 것 비해 교학사의 사전은 7만 1천 항목으로 크게 늘어났다. 그러나 일부 항목이 누락되어 있고 내용에서도 연구 성과가 충실히 반영되어 있지 않아 여러 가지로 아쉬운 점이 있다.

한편 북한에서는 1971년에 『력사사전』(1971)이, 그리고 이를 개정한 제2판이 1999년~2004년에 나왔다. 분량은 2책에서 6책으로, 크기는 국판에서 4 · 6판으로 커졌다. 따라서 항목과 내용이 많이 늘어났다. 가장 큰 변화는 간행이 김일성 시기에서 김정일 시기로 변화하였기 때문에 제2판에서는 김정일에 관한 항목과 내용이 강화되었다는 점이다.

이상에서 살펴본 바와 같이 20세기에 들어 한국사사전은 꾸준히 간행되었다. 초창기에 소사전에서 출발한 한국사사전은 점차 백과사전을 표방하여 방대한 분량으로 간행되었다. 그 동안의 한국사사전은 개인이 편찬하거나 출판사를 중심으로 일부 학자들이 참여하는 형태를 띠어 항목 선정이나 내용에 한계가 있었다. 앞으로는 학회 중심의 전문사전, 그리고 시대 추세에 맞게 온라인 사전으로 출간되어야 할 것이다.

〈참고 문헌〉

佐藤種治, 『最新朝鮮歷史地理辭典』, 富山房, 昭和 8년(1933); 韓國地理風俗誌叢書 v.101, 景仁文化社, 1990.
최남선, 『朝鮮常識問答』, 동명사, 1946.
柳志玉 編, 『基礎國史辭典』, 朝鮮工業文化社, 1949.
편집부 편, 『國史辭典』, 東國文化社, 1957.
社會科學辭書刊行會 編著, 『韓國史辭典』, 東亞出版社, 1959.
이홍직 편, 『國史大事典(上 · 下)』, 知文閣, 1962 · 1963.
편집부, 『(標準)韓國史事典』, 知文閣, 1963.
이홍직 편, 『國史大事典』(改正2版), 知文閣, 1965.
高麗大學校 亞細亞問題硏究所 編, 『六堂崔南善全集』, 玄岩社, 1970~1979.
사회과학원 력사연구소, 『력사사전』, 평양: 사회과학출판사, 1971.
한태석, 「辭(事)典의 運命」, 『한국출판학연구』 18, 1973.
崔南善, 『韓國歷史辭典』(『六堂崔南善全集』 V.12), 玄岩社, 1974.
국사백과사전편찬위원회 편, 柳洪烈 감수, 『國史百科事典』, 東亞文化社, 1975.
이홍직 편, 『國史大事典』(完璧 新改正版), 一中堂, 1978.
이홍직 편, 『國史大事典』(最新改訂增補版), 世進出版社, 1980.
유홍렬 감수, 『韓國史大事典』(新改正增補版), 教育出版公社, 1980.
이홍직 편, 『國史大事典』(改正增補版), 韓國出版社, 1982.
이홍직 편, 『증보 새국사사전』, 교학사, 1983.
이홍직 편, 『國史大事典』(改正增補版), 三榮出版社, 1984.
유원렬 감수, 『국사대사전』, 藝苑出版社, 1987.
유홍렬 감수, 『國史大事典』(新改正增補版), 教育圖書, 1988.
권태억, 「북한의 인문사회과학 : 역사사전」, 『국제정치논총』 30: 2, 1990.
이홍직 편, 『한국사대사전』(2000년대 최신판), 교육도서, 1991.
한국민족문화대백과사전 편찬부, 『한국민족문화대백과사전』, 한국정신문화연구원, 1991.
유홍렬 감수, 『韓國史大事典』(修正增補版), 高麗出版社, 1992.
김종국, 「북한의 역사인식과 역사인물평가 : 『력사사전』 중심으로」, 『仁荷』 34, 1994.
이홍직 편, 『國史大事典』, 학원출판공사, 1997.
이홍직 편, 『國史大事典』, 民衆書館, 1997.
이홍직 편, 『(增補)새國史事典』(增補版), 教學社, 1999.
국립문화재연구소, 『한국고고학사전』, 국립문화재연구소, 2001.
사회과학원 력사연구소, 『력사사전』(제2판), 평양: 과학백과사전종합출판사, 1999~2004.
李載浩, 「國語辭典 · 國史事典의 錯誤 문제」, 『한글+漢字문화』 70, 2005.
육영수, 「냉전시대 북한의 '주체적' 서양 역사 만들기 －『력사사전』(1971) 분석을 중심으로 －」, 『歷史學報』 200, 2008.
홍종선, 「국어 사전 편찬의 역사」, 『우리어문연구』 30, 2008.
국립문화재연구소, 『한국고고학전문사전』, 국립문화재연구소, 2009.
유현경, 「한국어사전 편찬의 현황과 이론적 전개」, 『한국사전학』 17, 2011.
편집부, 『한국사대사전』, 교학사, 2013.

[*이 글은 단국대학교 동양학연구원 학술지 『동양학』 59집(2015.4.30.)에 수록된 것이다. 이후 동양학연구원 사전학총서 4집 간행의 취지에 부응하여 재수록하였다.]

한국 철학사전 편찬의 역사와 전망

이 동 철*

Ⅰ. 머리말

본 논의는 한국 철학사전 편찬의 역사를 검토하고 향후 과제를 전망하고자 하는 것이다. 이는 관련 자료가 지금까지 정리되지 않았다는 점에서 매우 시급한 연구라고 하겠다. 아울러 본 연구는 다음과 같은 점에서 그 필요성과 의의를 확인할 수 있을 것이다. 첫째, 철학사전 편찬의 역사를 정리함으로써 한국사전사의 영역을 확장할 수 있다. 둘째, 특정 시기 철학사전의 편찬은 해당 시기의 철학 연구 동향과 일정한 관련을 지닌다. 따라서 이를 검토함으로써 철학사의 흐름을 구체적으로 조명할 수 있다. 셋째, 한국(의) 철학사전 편찬은 한국학의 전개와 밀접하게 관계를 지닌다. 그 편찬 역사의 정리는 한국학의 역사를 정리하는 데 필요한 작업이기도 하다. 특히 본 논의는 전통시대의 철학사전 편찬까지 검토 대상으로 하여 학술사에서 전통과 현대의 단절을 극복하고자 시도하였다.

본 과제의 어려움은 다음과 같다. 첫째, 선행 연구의 미비이다. 연구의 미비점은 자료 조사의 미비와 자료 평가의 미비로 나눌 수 있다. 이

* 용인대학교 부교수 / ledphil@gmail.com

는 관련 학계의 기존 성과에서도 확인할 수 있다. 먼저 철학계의 학술사 정리에서 나타난 사례이다. 예컨대 이훈의 「연구를 위한 자료의 통계적 분석」은 1992년까지 철학사전의 출판에 대해 다음과 같이 말하고 있다. "한편, 1963년 최초의 철학사전이 학원사에서 나온 이후 지금까지 총 9종(수정판 포함)이 출판되었다."[1] 다음으로 문헌정보학계의 성과를 살펴보자. 한상완 노영희의 『인문과학과 예술의 핵심 지식정보원』(연세대학교 출판부, 2004)을 조사해 보아도 일부 사전이 누락되어 있음을 알 수 있다. 이는 아마도 활용도를 중시하는 입장에 의한 것이라고 생각된다. 끝으로 본 주제와 관련해 가장 유용한 참고 자료는 인하대학교 한국학연구소 홈페이지에서 운영하는 "한국철학연구안내"[2] 일 것이다. 기본참고자료, 인물별 참고문헌, 주제별 참고문헌으로 구성되어 있으며, 기본참고자료의 문헌류에 '공구서' 항목이 있다. 그러나 이를 보아도 한국학 공구서에 집중되어 있으며 일반 철학사전은 다루고 있지 않다.

둘째, 철학의 학문적 성격에 의한 것이다. 주지하듯이 철학(哲學)은 일본의 니시 아마네(西周, 1829~ 1897)가 1874년 그의 저서 『백일신론百一新論』에서 '필로소피'를 번역하면서 만든 조어이다. 한국을 비롯

---

1) 이훈은 본 서술에 대해 다음과 같은 주를 달고 있다. "9종의 철학사전을 전부 열거하면 다음과 같다(번호는 인용자가 붙였음). ① 학원사, 『철학대사전』, 학원사, 1963. ② 민중서관 편집국, 『철학소사전』, 민중서관, 1967. ③ 학원사 편, 『철학대사전』, 학원사, 1970. ④ 최민홍, 박유봉 편, 『현대철학사전』, 휘문출판사, 1974. ⑤ ___, 『세계철학대사전』, 성균서관, 1977. ⑥ 소병훈, 『철학사전』, 이삭, 1984. ⑦ 편집부, 『철학소사전』, 종로서작, 1989. ⑧ 한국철학사상연구회, 『철학대사전』, 동녘, 1989. ⑨ 한국철학사상연구회, 『철학소사전』, 동녘, 1990." 여기에는 중복과 누락 등 여러 오류가 있지만 상세한 내용은 본문을 통해 알 수 있을 것이다. 이훈, 「연구를 위한 자료의 통계적 분석」, 『철학사상』 4, 서울대학교 철학사상연구소, 1994. 112쪽 주2.

2) 사이트 주소는 다음과 같다. http://www.inhakoreanology.kr/search/philosophy_notice.php

한 동아시아 전통문명에서 '철학'이란 용어는 없었지만 철학적 사유는 있었다. 하지만 그것은 고대 그리스에서 유래하는 서양철학과 여러 면에서 다르다. 연구대상의 자료적 성격도 당연히 차이가 있다. 한국철학의 사전과 공구서 작업에서도 이는 영향을 미치게 된다. 따라서 본 논의는 (서양)철학 관련 사전도 대상에 포함하고 있다.

셋째, 한국 철학과 한국학의 관계이다. 엄밀한 의미의 '철학'은 서구에서 전래되었다고 있겠지만, 전통시대에도 사상, 종교, 학술 등 다양한 방식과 분야에서 한국인의 철학적 사유가 전개되었다. 이를 고려하여 엄밀한 의미의 철학 사전이 아니더라도 한국의 사상과 종교를 다루는 사전도 필요할 경우 논의대상에 포함하였다.

끝으로 본 논의의 한계를 언급하고자 한다. 첫째, 본 논의는 불교 관련 성과를 다루지 않을 것이다. 이는 기본적으로 논자의 능력에 의한 것이다. 차후 보완하고자 한다.[3] 둘째, 북한과 해외의 성과를 다루지 않을 것이다.[4] 다만 국내에서 출간되거나 번역된 경우는 소개할 것이다. 셋째, 비사전형 공구서를 다루지 않을 것이다. 이는 별도의 과제로 돌리고자 한다. 넷째, 본 논의는 개별 사전의 대한 구체적 분석이나 평가를 다루지 않는다. 이는 검토 대상의 분량이 많고 개별 사전에 대한 기존 평가가 대체로 부재하기 때문이다. 특히 무엇보다 논자의 능력과 작업 여건에 의한 한계가 크게 작용하였다. 아울러 본 논의의 초점이 개별 사전의 분석과 평가가 아니라 각 시기와 단계에서 보이는 철학사

3) 참고로 田中良昭 등, 『선학연구입문』(경서원, 2009)은 지역별로 나누어 선불교 연구의 현황과 방법을 소개하는데, 자료해설과 공구서사용법에도 주의를 기울이고 있다. 한국편의 경우 「공구서」 항목에서 ① '입문서와 자료목록', ② '연표 · 지도 · 사전'으로 나누어 소개한다.

4) 다음은 북한의 『철학사전』에 대한 비판적 소개이다. 송영배, 「철학사전, 북한 사회과학원 철학연구소 지음」, 『國際政治論叢』30: 1, 한국국제정치학회, 1990, 253~266쪽.

전 편찬의 동향과 특징이기 때문이다.

본 주제와 관련하여 다음과 같이 논의를 전개하고자 한다. 먼저 전통시대와 현대로 크게 시대를 구분할 것이다. 전통시대와 1945년 이후로 크게 시대를 구분하는 이유는 첫째, 한글이라는 언어생활의 차이이며 둘째, 서양철학의 수용과 그 영향이다. 따라서 일제 강점기에 간행되었더라도 그 성격에 따라 전통시대에서 다루는 사례도 있다. 이와 관련하여 현대는 1945년 해방 이후부터 다루고자 한다. 해방 이후는 다시 1980년대를 기준으로 양분할 것이다. 해방 이후를 크게 두 시기로 나눈 것은 1980년대 이후 한국사회의 성격이 크게 변화하고 이에 따라 철학사전도 그에 대응하는 모습을 보이기 때문이다. 전반기와 후반기의 두 시기를 대략 10년을 기준으로 다시 세 단계로 구분하고자 한다.

각 단계에서는 먼저 전체적 동향을 언급한 뒤 해당 단계에서 주목할 만한 사전을 간략히 소개할 것이다. 해당 단계에서 열거하는 사전은 기본적으로 시간순에 따른다. 이는 편찬의 역사와 동향을 살펴보기 위한 것이다. 동일연도의 경우 출간일자도 고려하도록 노력했으나 완전하지는 못하다. 검토 대상의 사전에 대해서는 쪽수와 판형의 크기를 병기하여 서지적 특징을 파악할 수 있도록 하였다.

Ⅱ. 전통시대의 철학 사전

전통적 철학 사전은 크게 자서(字書), 유서(類書), 고전텍스트 사전의 세 종류로 나눌 수 있다. 이와 관련해 본 논의는 시기순이 아니라 유형별로 나누어 살펴보고자 한다. 그 이유는 편저자를 확정하기 어려운 경우가 있고, 편저자를 확정하더라도 저작 연도나 출간 연도를 알 수 없는 경우가 있기 때문이다. 편저자를 알 수 있는 것을 먼저 내세우고 편저자 미상의 경우는 뒤에서 다루는 방식으로 전개할 것이다. 일제시기에 저술되거나 간행된 것도 여기에서 다루고자 한다. 한문으로 쓰여져 있으며 그 성격이 전통시대의 연장선에 있기 때문이다. 그리고 한국의 경우 자서와 유서를 구별하기 힘들기 때문에 본 논의에서는 유서로 일괄하였다.

1. 유서

유서(類書)는 관련 자료를 일정한 유별에 따라 분류 편찬하여 찾아보기 편하게 한 공구서이다. 전통시대의 백과서전인 유서는 체제와 성격이 다양하다.[5] 철학적 유서는 전고류 중에서 경학과 주자학을 이해하기 위해 편찬한 것이다. 대표적인 것으로 다음과 같은 것들이 있다.[6]

5) 유서에 관하여는 다음의 논저들이 참조가 된다. 유엽추(저), 김장환(역), 『中國類書概說』, 학고방, 2005; 최환, 『한중 유서 문화 개관』, 영남대학교 출판부, 2008; 김영선, 『한국 유서의 서지학적 연구』, 중앙대학교 문헌정보학과 박사논문, 2003; 심경호, 「한국 類書의 종류와 발달」, 『민족문화연구』 47, 고려대학교 민족문화연구원, 2007. 85~137쪽.

6) 이들 중 ①, ②, ③, ⑤, ⑦에 대해서는 심경호 교수가 「경서 및 주자학 관련 전고

① 許穆 『瑣說類纂』은 경학, 성리학 관련 사항을 분류 수록한 것인데, 分目分部는 『玉海』 등의 유서와 유사하다. 국립중앙도서관 소장 필사본 4책이 있다. "관련 문장을 유형별로 모으는 데 주안점을 두기보다는 사물과 개념의 본질과 작용을 해설하는데 역점을 두었다."[7]고 평가할 수 있다.

② 宋時烈 『程書分類』는 二程 형제의 『어록』과 『문집』에 대해 주제별로 관련 자료를 추출해 분류한 것이다.

③ 蔡之洪 『性理管窺』는 성리학의 주요 개념어들에 대해 풀이한다. 경서(經書) 중 성리에 관한 것과 송유(宋儒)의 이기설(理氣說) 및 제가(諸家)의 주석을 뽑아 모아 자신의 견해를 첨부, 편집하였다.

④ 尹行恁 『性理編』은 명나라 성리학자들의 어록들을 성리학의 기본 개념들에 입각하여 정리해서 만든 책으로 바로 『明儒性理編』이다. 내용이나 형식 면에서 황종희(黃宗羲)의 『명유학안(明儒學案)』에 의존하고 있는 듯하다.

⑤ 純祖 『論孟人物類聚』과 『書傳人物類聚』는 순조가 즉위 직후 간행하였던 것인데, 즉위 당시 11세였던 순조가 『논어』, 『맹자』, 『서전』의 이해를 위해 인물록을 작성한 듯하다.

⑥ 徐應潤 『性理述集』은 유학의 대요(大要)가 되는 사항을 여러 경전과 선유(先儒)들의 글에서 뽑아 모아 해설한다. 후손인 徐洪國에 의해 편집, 간행되었다. 권수에 총목이 있고, 이어 심성성경총설(心性誠敬總說)과 도설(圖說) 15편, 부도(附圖) 18편이 있다. 권1 이하 본문은 먼저 여러 경전 또는 선유의 글을 인용하며 이어 자신의 소견을 피력하는데, 한국 학자로는 이황 · 송시열의 글을 주로 많이 인용한다.

류 유서」로서 자세히 다루고 있다.

7) 심경호, 『한국한문기초학사 2』, 태학사, 2012, 667쪽. 단 심교수의 책에서는 『說類纂』으로 표기되어 있다.

⑦『性理喩林』은 편자와 간행 연대 미상의 경서 본문색인집이다. 이본이 많아서 조본을 확정할 수 없을 정도인데, 이는 조선 후기에 경서의 어구를 검색하는 색인집이 널리 요청되었기 때문이다.

① 許穆(1595~1682)『瑣說類纂』, 필사본 4책.

② 宋時烈(1607~1689),『程書分類』, 1718년 간행, 목판본 30권 13책.

③ 蔡之洪(1683~1741),『性理管窺』, 1738년 간행, 목활자본 4권 2책.

④ 尹行恁(1762~1801),『性理編』, 1801년 제작, 7권 3책.

⑤ 純祖(1790~1834),『論孟人物類聚』(1800),『書傳人物類聚』(1801)

⑥ 徐應潤(1836~1862),『性理述集』8권 5책, 1923년 간행, 고활자본.

⑦ 편자 미상,『經書類抄』, 조선후기 陶活字本.

⑧ 편자미상,『性理喩林』, 연도 미상, 3책.

2. 고전텍스트 사전

고전텍스트사전이란 특정한 고전텍스트를 대상으로 하는 전문사전이다. 이는 專題사전의 일종으로 중국에서는 專書사전이라 부르는 것이다. 전통시대 이와 관련된 성과로서 다음을 들 수 있을 것이다.

여기서 ① 鄭瀁『語錄解』, ② 南二星 등『語錄解』, ⑤ 白斗鏞 편찬, 尹昌玄 增訂『註解語錄總攬』은『朱子語類』의 近代漢語를 학습하기 위해 退溪의 문하에서 시작된 성과를 근거로 하고 있다. 이들은 李滉의 '退訓'과 柳希春의 '眉訓' 등에서 시작된 것을 차례로 축적하고 수정하였다.

한편 ③④⑥은 퇴계와 율곡의 문집, 전서 등에 관련된 전문사전이다. ③『退溪先生文集攷證』은 柳道源이 木齋 洪汝河(1620~1674)의 훈해(訓解)와 난곡(蘭谷) 金江漢(1719~1779)의『계집고증(溪集考證)』을

참고하여 엮은 중간본(重刊本)『퇴계선생문집』에 대해 주석을 단 책인데, 그의 현손 柳建鎬(1826~1903)가 1891년(고종 28)에 간행한 것이다. 제1권부터 제7권까지는 원집(原集)에 대한 주석이며, 제8권은 별집·외집·속집 등에 대한 주석으로 이루어져 있다.

④『要存錄』의 편자인 이야순은 퇴계의 9세손으로 대산 李象靖의 문하에서 수업하고자 했으나 그가 죽자 천사(川沙) 金宗德(1724~1797)을 사사하였다. 이야순은 퇴계문집의 주석서인『요존록』을 편집하면서 의문사항을 천사에게 많이 질의하였다고 한다. 문중에서 누대에 전해오던 여러 주석서를 종합하였을 것이다.

⑥ 宋準夏『(栗谷全書)文字釋疑』는『율곡전서』의 疑晦處에 대해 字訓과 句釋을 시행한 것이다. 조선 말기의 유학자 權載奎(1841~미상)와 宋浚弼(1869~1943)의 서문이 있다. 권재규는『율곡전서』가 儒門의 經濟家에게 반드시 필요하다고 역설한다.

① 鄭瀁(1600~1668) 편,『語錄解』, 1657년 간행. 목판본 1권.[8]

② 南二星(1625~1683) 등 개수,『語錄解』, 1669년 간행. 목판본 1책.

③ 柳道源(1721~1791),『退溪先生文集攷證』, 1891년 간행. 8권.

④ 李野淳(1755~1831),『要存錄』. 필사본 미정고. 8책.

⑤ 白斗鏞(1872~미상) 편찬, 尹昌玄 增訂,『註解語錄總攬』, 翰南書林, 1919년. 목판본 1권 2책.

⑥ 宋準夏,『(栗谷全書)文字釋疑』, 三德齊, 1932년. 석인본 2권 1책.

8) 다음을 참고하시오. 안병희,「語錄解 解題」,『한국문화』4, 서울대학교 한국문화연구소, 1983, 153~315쪽.

Ⅲ. 해방 이후 1980년대 이전

일제 강점기에도 철학 연구와 한국학 연구는 진행되었지만, 여러 가지 여건으로 철학사전은 출간되지 못하였다. 따라서 한국 철학사전의 역사는 1945년 해방 이후부터 시작한다. 그리고 한국사회가 1980년대 이후 크게 변화하자 철학사전의 편찬도 이를 반영하여 성격의 본질적 변화가 나타난다. 이 때문에 본 논의는 해방 이후부터 현재까지 철학사전의 역사에 대해 1980년대를 기준으로 전반기와 후반기로 양분하였다. 그리고 두 시기를 다시 각기 세 단계로 나누었다.

여기서는 먼저 해방 이후 1980년대 이전까지 전반기의 철학사전을 크게 세 단계로 나누어 다루고자 한다. 이는 각기 40 · 50년대, 60년대, 70년대이다. 40 · 50년대는 해방과 한국전쟁이라는 역사적 사건이 있었던 단계이다. 60년대는 본격적으로 경제개발이 시작되는 단계이다. 70년대는 민족적 자각과 한국학 열기가 있었던 단계이다.

1. 40 · 50년대 : 출발 단계

40 · 50년대는 해방과 한국전쟁이 있었던 연대이다. 이는 한국사회와 학술에 커다란 영향을 주었던 사건들이다. 이 단계의 주목할 특징은 최초의 우리말 철학사전이 두 종류 출간되었다는 점이다. 백효원(白孝元) 역의 『哲學辭典』(開拓社, 1948)과 이재훈(李載壎) 편의 『哲學辭典』(東國文化社, 1949)이 출간되었는데, 양자는 성격에서도 매우 대조적이다. 전자는 이념성이 강하고 후자는 학술성 내지 교양적 성격의 사전이다. 본 단계는 출발 단계이지만 어느 면에서 1980년대 이후의 상황을 예견시키는 측면을 지니고 있다.

① 이시첸코(편), 백효원(역) 『哲學辭典』(1948)은 해방이후 최초로 출간된 우리말 철학사전이다. 이 사전은 백효원[9]이 이시첸코의 1931년 발행 개정증보제2판을 대본으로 삼아 유물변증법 사전을 번역한 것이다. 그는 "진정한 민주적 문화의 수립을 위하여 과학적 이론과 세계관이 무엇보다도 요구되는 오늘날 조선의 진격한 학도들에게" 도움을 주기 위해 이를 번역하였다. 아울러 변증법적 유물론의 입장에 의한 사전이 필요한 것은 "문제의 진정한 소재와 그것이 제기된 소이연(所以然)이 명확하게 밝혀짐이 없이는 철학적 술어의 어떠한 이해도 포착도 불가능한 것이기 때문"이라고 주장하였다.[10] 본 사전은 1949년 제3판이 발행된 것을 확인할 수 있다.

② 이재훈(李載壎)(편) 『哲學辭典』(1949)은 최초의 편저 『철학사전』이다. 편저자인 이재훈은 서문에서 東方(東邦)文化社 申在永 사장의 위촉을 받아 "諸 大家의 著名한 辭典을 通覽하고 于先 重要하다고 생각되는 項目 約 一千五百程度로 選出"하였다고 한다. 또한 본 사전의 의도는 "英國 볼드윈 獨乙의 아이스텔 佛國의 라랑 日本의 岩波辭典과 같이 哲學專攻者를 爲"한 것이 아니라 일반독자를 위해 특정한 "學語가 무엇을 意味하느냐에 대한 解答式으로 編纂"하는 데 있다고 한다. 항목색인(차례)을 책 뒤에 두었다. 1956년의 제5판까지 확인할 수 있었다.

---

9) 백효원은 투이미얀스키 『변증법적 논리학』(신학사, 1947), 아다만 『사적 유물론』(개척사, 1947), 콤아카데미문학부 편 『문학의 본질』(신학사, 1947), 노시노부 쎄이트리 『문학원론 2』(문경사, 1949)을 번역한 바 있다. 한편 누시노프 세이트린(저), 백효원(역), 『사회주의문학론』(과학과사상, 1990)은 뒤의 두 편을 합본한 것인 듯하다.

10) 홍영두, 「마르크스주의 철학사상 원전 번역사와 우리의 근대성 : 20세기 초엽부터 1953년까지를 중심으로」, 『시대와 철학』14: 2, 한국철학사상연구회, 2003, 95쪽.

① 이시첸코(편), 백효원(白孝元) (역), 『哲學辭典』, 開拓社, 1948. 1. 369쪽, 18cm.

② 이재훈(李載壎) (편), 『哲學辭典』, 東國文化社, 1949. 3. 450, 39쪽, 19cm.

2. 60년대 : 원형 정립 단계

60년대는 철학사전의 측면에서 본다면 형성 단계 혹은 원형 정립 단계라고 부를 수 있다. 이는 성격과 유형이 다른 몇 가지 사전이 출간되었고, 이후 각종 철학사전의 원형이 되었기 때문이다. 예컨대 학원사의 『철학대사전』(1963)과 민중서관의 『철학소사전』(1969)는 출간이후 오랜 기간 사용되며 큰 영향을 주었다. 유정기의 『東洋思想事典』(1965)은 최초의 동양철학 사전이면서 자신의 체계를 제시하고, 한국사상을 주목하는 면모를 보인다. 안춘근의 편저는 대형 편찬물의 예속된 형태로서 등장하는 사례이다.

① 학원사(편) 『哲學大辭典』(1963)은 60년대의 성과로서 무엇보다 주목되는 것이다. 이는 여러 차례 발행되었고, 70년대 이후로는 다른 출판사에 의해서도 출간되었다. 동서양 철학만이 아니라 인문 · 사회 · 자연과학 전반에 걸쳐 철학에 관계가 깊은 것을 모두 수록하였다고 한다. 대 · 중 · 소항목 주의를 택하고 각 사항목(事項目)에 참고문헌을, 인명항목에 주저를 소개하며, 권말에 동서양 철학연표와 철학사 지도를 싣고 있다. 기명의 대 · 중 항목에서 한국철학(「퇴율성리학」 등)의 비중이 높은 편이지만, 소항목에서 퇴계와 율곡이 빠지는 등 부적절한 점이 보인다.

② 柳正基(편) 『東洋思想事典』(1965)은 최초의 동양철학 관련 사전이다. 유교의 경전을 내용으로 하는 전편의 일반 원리 부분 그리고 제자

백가 등 다양한 학설과 한국, 일본, 인도, 불교 등 여러 사상을 소개하는 후편의 제가(諸家) 학설 부분으로 구성되어 있다. 인명과 서명은 제외하였는데, 이는 본 사전이 사상통일을 위한 진리 수립의 시론이기 때문이다. 조선 사상에서는 천부경, 삼일신고 등 단군 관련 사항과 풍수설, 동학, 대종교 등의 민족 종교를 다루는 점이 주목된다.[11] 목차에서 단군 관련된 표제의 경우 神과 檀을 결합된 글자로 神을 표기하는 것도 흥미롭다. 일반적 의미의 사전이라기보다 자신의 철학체계를 전개하는 것이라고 할 수 있다.

③ 민중서관 편집국(편) 『哲學小辭典』(1967)은 사전의 명문가인 민중서관에 의해 진행된 소사전 시리즈의 하나이다. 이 최초의 철학소사전은 발간이후 오랫동안 이용되었다. 본 사전의 목표는 "적은 紙面에 되도록 많은 哲學上의 重要項目을, 用語 · 人名 · 歷史 · 思潮 等 全般에 걸쳐, 壓縮하여 集成하고 쉽게 풀이하는" 것이다. 아울러 편찬의 주안점으로 비교적 적은 지면이 배당된 동양철학 관계의 항목에서 한국 관계의 항목을 많이 삽입하였다고 한다. 서경덕, 실학, 원효, 이이, 이황, 정약용 등이 수록되었다.

④ 안춘근(편), 『良書의 世界 · 世界思想教養事典』(1969)은 『세계사상교양전집』의 別卷으로 출간된 것이다. 좋은 책이란 어떤 것인지에 대한 서설인 「양서의 세계」와 지식인의 기본도서로서 세계적 명저를 해제하며 저자도 소개하는 「세계사상교양사전」으로 구성되어 있다. 350여 종의 도서를 해설하며 한국의 명저는 36종을 소개한다.

---

11) 후편 제7 조선사상의 항목은 다음과 같다. 天符經, 三一神誥(天訓, 神訓, 天宮訓, 世界訓, 眞理訓), 神事紀, 三神道, 花郎道, 東佛教, 東儒學, 風水說, 實學, 東學, 天道教, 大倧教. 참고로 일본사상의 항목은 다음과 같다. 神道, 武士道, 日佛教, 佛教神道, 日儒學, 儒學神道, 三教神道, 復古神道, 神道教派이다.

① 학원사(편), 『哲學大辭典』, 1963. 1376쪽, 26cm.

② 柳正基(편), 『東洋思想事典』, 右文堂出版社, 1965. 537쪽, 21cm.

③ 민중서관 편집국(편), 『哲學小辭典』, 민중서관, 1967. 284쪽, 19cm.

④ 안춘근(편), 『良書의 世界 · 世界思想教養事典』, 을유문화사, 1969. 380쪽, 23cm.

3. 70년대 : 대형 편찬물 예속 단계

1970년대는 민족의식이 상승하고 한국학의 붐이 일어난 단계라고 할 수 있다. 그에 따라 『한국도서해제』, 『한국논저해제』, 『한국의 명저』, 『한국인명대사전』 등의 자료 정리가 진행되었다. 한국철학도 유학 분야를 중심으로 활력을 보이기 시작한 단계이다. 철학 관련 출판에서는 휘문출판사의 『세계의 대사상』, 동화출판공사의 『한국의 사상대전집』 등 대형 전집물이 출판되었다.

철학사전과 관련하여 70년대는 대형 편찬물 예속 단계라고 할 수 있다. 이는 다음 두 가지 주요 경향을 통해서 확인된다. 첫째, 분야별 백과사전에 철학과 사상 관련 분야가 수록되었다. 을유문화사의 『韓國學大百科事典』(3권), 1969년부터 출간되어 1973년 완간된 태극출판사의 『大世界百科辭典』(16권)은 백과사전에서 한국철학 관련 내용이 별도로 수록된 경우이다. 둘째, 세계사상전집의 별권으로 출간된 철학사전이 두 종이 된다. 휘문출판사의 『현대철학사전』, 大洋書籍의 『世界思想事典』이 그것인데, 한국철학과 사상에 대한 내용이 수록되지 않은 점은 매우 유감스럽다. 백과사전의 경향과 매우 대조적인 측면이라고 할 수 있다.

① 한국학백과사전편찬위원회(편) 『韓國學大百科事典. 1』(1972)은 최초의 한국학 전문 백과사전이다. 한국에 관계되는 내용을 국토지

리 · 고고, 정치 · 제도, 사회 · 경제, 종교 · 사상 · 교육, 민속 · 전설, 어문학, 문화 · 예술, 과학 · 기술, 서지, 인물의 10개 분야로 전 3권에 나누어 수록한다. 소항목 주의를 기본으로 하되 특별한 경우 대 · 중항목으로 상술하고 있다. 철학과 관련이 있는 「종교 · 사상 · 교육」은 제1권 563~616쪽에 수록되어 있다.

②, ③의 태극출판사(편) 『大世界百科事典』(1969~1973)은 1969년에 출간이 시작되어 1973년에 완간된 전 16권의 분야별 백과사전이다. 분야는 각기 다음과 같다. 1) 정치. 2) 경제. 3) 법률. 4) 사상. 5) 역사. 6) 지리. 7) 문학. 8) 음악. 9) 미술. 10) 과학. 11) 사회. 12) 종교. 13) 교육. 14) 경영. 15) 기술. 16) 예능. 한국 관련 내용이 풍부하다는 점은 매우 주목된다. ②의 「사상편」은 서양의 사상, 중국의 사상, 인도 · 이슬람사상, 한국의 사상, 사상용어, 종합사상사연표로 구성되어 있다. 한국의 사상은 고조선시대부터 현대까지 시대별, 분야별로 소개되고 있다. ③의 「종교편」은 종교의 기초지식, 종교의 흐름, 세계의 종교, 한국의 종교, 현대사회와 종교로 구성되어 있다. 한국의 종교는 민간신앙, 단군신앙, 동학 – 천도교, 불교, 도교, 유교, 그리스도교, 기타 종교(원불교, 신흥종교)를 소개한다.

④ 崔旼洪 · 朴有鳳(편) 『현대철학사전』(1974)은 휘문출판사에서 출간된 『세계의 대사상』의 별책부록이다.[12] 인명, 서명을 제외한 420여 표제항목이 수록되어 있다. 같은 항목이라도 서양철학, 동양철학[인도 · 중국철학] 등의 각도를 달리하는 풀이는 Ⅰ, Ⅱ, Ⅲ으로 표기한다. 표제항목 이외 참조용 보조표제를 가능한 많이 설정하였다. 연표, 인명색인, 사항색인을 수록한다. 한국철학에 관련된 표제나 기술은 보이지 않는다. 참고로 본 사전은 80년대에 『哲學大事典』(휘문출판사,

12) 휘문출판사판, 『세계의 대사상』은 출판사항이 복잡하며 판에 따라 수록된 내용과 권수도 다양하다. 최초판은 35권으로 구성된 듯하다.

1981)이란 서명을 달고 같은 전집의 마지막 권으로 출간되었다.

⑤ 세계사상편집회(편) 『世界思想事典』(1975)은 대양서적에서 출간된 『세계사상대전집』의 별권이다. 서양사상에 중심을 두었고 성격은 ④와 유사하다. 수록된 표제 항목에서 일부 차이가 보인다. ④와 ⑤는 일본의 관련 사전을 편역한 것이라고 추측되지만 확인되지 않는다.

① 한국학백과사전편찬위원회(편), 『韓國學大百科事典. 1』, 을유문화사, 1972. 20, 4, 706쪽, 26cm.

② 태극출판사(편), 『大世界百科事典. 4: 思想』, 태극출판사, 1969~1973. 576쪽, 29cm.

③ 태극출판사(편), 『大世界百科事典. 12: 宗敎』, 태극출판사, 1973. 566쪽, 27cm.

④ 崔旼洪 · 朴有鳳(편), 『현대철학사전』, 휘문출판사, 1974. 495쪽, 23cm.

⑤ 세계사상편집회(편), 『世界思想事典』, 大洋書籍, 1975. 464쪽, 23cm.

Ⅳ. 80년대 이후 현재까지

1980년대 한국사회는 커다란 변화를 겪는데, 문화와 학술도 예외가 아니다. 80년대는 운동의 시대였으며, 사회과학의 시기였다. 이 시기의 변화는 오늘날까지도 영향을 미치고 있다. 따라서 1980년대 이후 오늘날까지를 후반기로 설정한다. 그리고 이 시기를 다시 80년대, 90년대, 2000년 이후의 세 단계로 나누어 정리하고자 한다. 이 시기부터는 열거된 사전 중 중요한 것만 개별적으로 설명하고자 한다.

1. 80년대 : 운동과 이념의 단계

80년대는 운동의 시대로서 사회과학 서적이 많이 읽혔던 단계이다. 따라서 당시의 중요한 특징은 운동의 시대를 반영하여 마르크스주의와 관련된 사전들이 다수 등장하였다는 점이다. 이는 마르크스주의 관련 사전의 출간, 북한과 사회주의권 서적의 소개와 번역 등으로 나타난다. 이 시기를 대표하는 대형 철학사전인 ④ 임석진(외 저), 황세연(외 편) 『哲學事典』(1987)과 ⑫ 한국철학사상연구회(편) 『철학대사전』(1989)은 그러한 흐름을 상징하고 있다. 한편 미학사전이 두 종(⑨, ⑩)이나 소개된 것도 특기할 만하다.

① 이삭 편집부(편) 『철학사전』(1983)은 작고 들고 다닐 수 있는 크기이고 내용도 무리가 없는 사전이다. 80년대에 간편한 철학사전으로 자주 참조되었다.

③ 편집부(편) 『마르크스주의 철학사전』(1987)은 유물론 철학의 총체적 이해를 위해 필수 불가결한 기본개념 · 범주 · 법칙을 망라 정선하고 그 상호의 내적 · 유기적 연관에 유의하여 체계적으로 편성 · 서술되었다고 한다. 필요 항목을 '찾아보는' 것은 물론, 관련 항목을 '읽어' 나갈 수 있도록 편집되었다. 「철학사」, 「철학의 근본문제」, 「변증법적 유물론」, 「사적 유물론」, 「원전해제」, 「인명」의 5부이며 모두 159항목을 수록한다.

④ 임석진(외 저) 『哲學事典』(1987)은 일반인, 학생, 교육자 등에게 전체 철학사 혹은 철학적 사유의 범주에 속하는 각종 사항(개념, 범주, 이론, 학파, 문헌, 사건, 인물 등등)에 대한 간략하고 정확한 지식을 제공하려는 것이다. 전체적, 부분적 모든 사항을 과학적 관점에서 설명

하였다. 고대, 중세, 근대, 현대에 걸친 인도, 중국, 한국을 중심으로 한 동양 철학과 유럽, 러시아, 북아메리카의 철학 및 라틴 아메리카와 이슬람 철학 등등이 망라되어 있다. 특히 한국 철학사와 그에 관련된 사항들을 밀도있게 다루었다. 총 7,500여매, 2,600항목을 가나다순으로 배열하였다.

⑤ 북한사회과학원 철학연구소(편) 『철학 사전 : 북한 주체철학』(1988)은 1985년판 북한 사회과학원 철학연구소에서 집필한 사전으로 '주체 사상'에 근거하여 제 사물을 해석, '주체 철학'의 학술적, 실천적 내용을 근거로 집필되어 북한사를 이해하는 데 지대한 역할을 할 것임을 표명하였다.

⑥ 막스 뮐러 알로이스 할더(저) 『철학소사전』(1988)은 Kleines Philosophisches Wörterbuch의 번역본이다.

⑦ 톰 보토모어(외 저) 『마르크스 思想事典』(1988)은 하바드대학 편집부에 의한 것이다. 경제학자 정운영은 "대항목 편집의 따분함을 피하고 소항목 편집의 경박성을 극복"한 이 책은 사전식으로 편찬된 교과서라고 평가한다.

⑧ 韓國國民倫理學會(편) 『現代思想事典』(1988)은 운동권 논리에 대응하고자 만들어진 것이다. 권말부록으로 "좌경학생운동 용어해설" "인명" 수록하고 있다.

⑪ 종로서적편집부(편) 『哲學小辭典』(1989)은 현대 영미철학의 성과를 집중적으로 소개하고 있던 "現代 哲學 시리즈"의 하나로 출간된 것이다.

⑫ 한국철학사상연구회(편) 『철학대사전』(1989)은 포괄적인 개념 사전을 만들되 철학 성과를 진보적으로 서술한 사전이라고 한다. 특히 그간 철저히 가리워져 오고 또 일면의 소개도 자유주의적 시각에서 채색되거나 적대시되어 온 마르크스주의 철학을 있는 그대로 소개한 사

전이다. 서양철학편과 동양철학편으로 나뉘어져 있다. 서양철학편은 만트레트 부어, 게오르크 클라우스의『철학사전』을 참고하였고, 동양철학편은 중국 상해사서출판사 사해편집위원회의『사해(辭海)』에서 철학 분책을 참고하였다. 단 한국철학 사항은 자체 집필하였다. 분야별 찾아보기의「동양철학편」의 한국철학에 의하면 한국철학 관련 분야는 인물(76), 저작(3), 개념 · 학설(2), 학파(2)이다.

① 이삭 편집부(편), 임석진(감수),『철학사전』, 이삭, 1983. 479쪽, 22cm

② 철학사전편찬회(편), 윤명로(감수),『(최신) 철학사전』, 일신사, 1986. 38, 554쪽, 22cm

③ 편집부(편),『마르크스주의 철학사전』, 도서출판 친구, 1987. 300쪽, 23cm(친구신서; 2)

④ 임석진(외 저), 황세연(외 편),『哲學事典』, 중원문화, 1987. 856쪽, 23cm

⑤ 북한사회과학원 철학연구소(편),『철학 사전 : 북한 주체철학』, 힘, 1988. 837쪽, 26cm

⑥ 막스 뮐러 알로이스 할더(저), 강성위(역),『철학소사전』, 이문출판사, 1988. 397쪽, 21cm

⑦ 톰 보토모어(외 저), 임석진(편),『마르크스 思想事典』, 청아출판사, 1988. x, 683쪽, 25cm[13)]

⑧ 韓國國民倫理學會(편),『現代思想事典』, 螢雪出版社, 1988. 446쪽, 23cm

⑨ 편집부(편),『美學事典』, 논장, 1988. 517쪽, 23cm

⑩ 타케우치 토시오(竹內敏雄)(편), 안영길(등 역),『美學 · 藝術學事典』,

13) 다음 서평이 있다. 박형준,「새로운 마르크스주의 사전의 의의:『마르크스사상사전』, 청아출판사」,『月刊中央』, 1988년 12월호, 612~614쪽.

미진사, 1989. 733쪽, 24cm

⑪ 종로서적편집부(편),『哲學小辭典』, 종로서적, 1989. 254쪽, 23cm.

⑫ 한국철학사상연구회(편),『철학대사전』, 동녘, 1989. xix, 1863쪽, 26cm

2. 90년대 : 다양화와 학술화의 단계

90년대는 다양화와 학술화 단계라고 할 수 있다. 이는 다음 두 가지 흐름에서 확인된다. 첫째, 한국철학에 관련이 되는 다양한 사전이 출간되었다.『유교대사전』,『한국민족문화대백과사전』,『북계자의』,『한국 경학가 사전』등이 그것이다. 둘째, 80년대의 운동적 분위기가 학술적 분위기로 바뀌게 되었다. 예컨대 동녘출판사의 경우 1990년『철학소사전』을 출간하고, 1996년『철학사전 : 인물들과 개념들』을 출간하였다. 전자는 독일계 사전으로 사회과학적 운동적 성향이라면, 후자는 프랑스 사전으로 학술적이다.『윤리학사전』의 경우에서도 1996년 백의의 사전은 소련 사전이며, 1998년 예경의 사전은 독일어로 학술적인 사전이다. 한편 이 시기 동양사상과 철학에 관련하여 주목되는 것이 김승동의 작업(⑦, ⑧)이다. 동양사상 전 분야에 걸쳐 출간되었고 수정과 보완이 신속히 진행된 점도 주목을 끈다. 다만 경우에 따라 부적절한 표제어나 설명이 눈에 뜨이기도 하는 점은 아쉽다.

① Manfred Buhr · Alfred Kosing(저)『철학소사전』(1990)은『Klcine Woerterbuch der marxistisch- lennistischen Philosophie』의 번역본이다. 최근까지 이룩되어 있던 국제적 철학의 토대 위에서 소련에서 나온 철학연구의 성과를 더하였다. 부피와 가격에서 부담스러운『철학대사전』을 대신해 어디서든 옆에 두고 참고할 수 있도록 만들었다고 한다.

② 유교사전편찬위원회(편)『儒教大事典』(1990)은 유교문화 전반을

다루면서 그 근간인 사상체계 정립에 역점을 둔 사전이다. 상권 학술편은 5,672항목과 부록이며, 하권 현황편은 유림임원과 향교 및 서원, 사(祠)의 현황이 수록되어 있다. 2007년의 수정증보판에는 유교의례와 성리학, 현대유학, 여성관련 항목 등이 보완되었다.

③ 한국학중앙연구원(편) 『한국민족문화대백과사전』(1991)은 한국학 전 분야에 걸친 백과사전이다. 제26책은 연표와 편람, 제27책은 총색인, 제28책은 보유인데, 제26책에 한국사연표, 왕실세계도, 직관 변천표, 행정구역 변천표, 행정구역 변천도, 시호일람, 문화재일람, 문화재 지역별 분포도, 향교 · 서원 · 사우 · 사찰 · 능원 일람 등이 부록으로 수록되어 있다. 초판본은 1991년 전27권으로 발간되었고, 1995년 〈보유편〉1권이 추가되었다. 2001년 12월 제1차 증보개정판인 『EncyKorea』가 시디롬 형태로 발간되었으며, 현재 온라인 상에서도 제공되고 있다.[14)]

④ 진순(저) 『북계자의』(1993)는 『성리자의(性理字義)』라고도 하는 진순의 저서를 번역한 것이다. 이는 주희의 유명한 제자인 진순(陳淳)이 자의(字義) 즉 개념의 철학적 의미를 통해 주자학을 설명한 책이다. 이 책은 성리학 전반에 걸쳐 주요한 용어의 의미를 잘 해설하고 있어서 전통적으로 중시되었다.[15)] 성리학의 논저들은 핵심개념을 모르면 진정한 함의를 파악할 수 없다.[16)]

---

14) 한국학중앙연구원 자체의 홈페이지는 다음과 같다. http://encykorea.aks.ac.kr/ 아울러 포탈인 네이트와 네이버에서도 제공된다. 각기 네이트백과사전의 민족문화대백과 http://100.nate.com/minbaek/index.html 그리고 네이버지식사전의 한국민족문화대백과 http://terms.naver.com/minbaek이다.

15) 이외에도 박재완의 번역 『성리학이란 무엇인가 : 북계 진순의 ≪성리자의≫』(여강출판사, 1993)가 있는데, 이 번역은 『(원문 대역) 성리자의 : 성리학의 이해』(여강, 2005)로 재출간되었다.

16) 이와 관련하여 다음을 추천한다. 몽배원, 『성리학의 개념들: 개념을 좇아 떠나는 성리학사 기행』, 예문서원, 2008. 한편 『통서해』의 번역에 대한 다음 논평을

⑤ 엘리자베스 클레망(외 저)『철학사전 : 인물들과 개념들』(1996)은 프랑스의 고등 학생들이 대학 입학 고시를 준비하면서 보는 용어 사전("Pratique de la phiosophie de a A Z")을 번역한 것이다. 단 필요에 따라 원작의 올림말과 본문을 가감하였다고 한다.

⑦ 金勝東(편),『道敎思想辭典』(1996)은 국내에서 최초로 발간된 도교사전이다. 부산대학교 한국민족문화연구소의 지원 아래 만들어진 사전이며, 항목은 총 7천 6백여 개다.

⑧ 金勝東(편),『易思想辭典』(1998)은 1만 개가 훨씬 넘는 표제어를 지닌 역학 관련 전문 사전이다. 의리역, 상수역은 물론 기문둔갑, 사주명리 등의 술수까지 망라하고 역에 관련된 각종 그림 및 도식을 망라하여 수록하고 있다. 이후 개정판을 만들며 인명의 생몰연대를 부기하고 1,500여 개의 어휘를 추가한다.

⑨ 최석기『한국 경학가 사전』(1998)은 한국의 경학가 700여 명의 간략한 생애와 관계 자료를 정리한 책으로 생몰연대, 자, 호, 본관 및 부모의 이름을 밝혔다. 과거 급제, 관직과 사제 관계를 언급하고 관련 경학 자료와 그 성격을 소개하고 있다. 저자는 중국의 경학가에 대한 인명사전도 편찬하였다.[17]

① Manfred Buhr · Alfred Kosing(저), 한국철학사상연구회(편역),『철학소사전』, 동녘, 1990. ix, 466쪽, 20cm.

② 유교사전편찬위원회(편),『儒敎大事典』, 博英社, 1990. 2706쪽, 27cm.

③ 한국학중앙연구원(편),『한국민족문화대백과사전』, 한국학중앙연구

통해 철학적 저서의 번역에서 개념 이해의 중요성을 잘 볼 수 있다. 김병환,「주자의 주돈이 읽기 탈피를 꿈꾸며」,『오늘의 동양사상』 5, 예문동양사상연구원, 2001, 309~317쪽.

17) 최석기 외,『중국 경학가 사전』, 경인문화사, 2002. 334쪽.

원, 1991(초판), 2001(개정증보판). 전 28책.

④ 진순(저), 김영민(역), 『북계자의』, 예문서원, 1993. 295쪽, 23cm.

⑤ 엘리자베스 클레망(외 저), 이정우(역), 『철학사전 : 인물들과 개념들』, 동녘, 1996. 379쪽, 23cm.

⑥ A.V. 아도(외 저), 박장호 · 이인재(역), 『윤리학 사전』, 백의, 1996. 432쪽, 23cm.

⑦ 金勝東(편), 『道教思想辭典』, 부산대학교출판부, 1996. 1239쪽, 23cm.[18)]

⑧ 金勝東(편), 『易思想辭典』, 부산대학교출판부, 1998. 1504쪽, 26cm.[19)]

⑨ 최석기, 『한국 경학가 사전』, 성균관대학교 대동문화연구원, 1998. 536쪽, 23cm.

⑩ 오트프리트 회페(편), 임홍빈 · 김종국 · 소병철(역), 『윤리학 사전』, 예경, 1998. 621쪽, 19cm.

⑪ 볼프하르트 헹크만 · 콘라드 로터(편), 김진수(역), 『미학사전』, 예경, 1998. 431쪽, 19cm

3. 2000년 이후 : 양적 팽창과 대중화의 단계

2000년 이후는 양적 팽창과 대중화의 단계이다. 다음과 같은 현상이 이 시기에 주목할 만한 동향이다. 첫째 일본의 사전류(④, ⑦, ⑨, ⑪, ⑫, ⑬, ⑰, ⑱, ㉓)가 다수 번역되었다는 점이다. 둘째, '용어'(⑧, ⑬, ㉓) '개념어'(⑮, ⑲, ⑳, ㉑, ㉒) '키워드'(⑨, ⑩, ⑭, ⑳)[20)]라는 표제를 다는 경

18) 2004년 증보판이 발간되었다. 증보판이 金勝東 편저, 『道教思想辭典 增補版』, 부산대학교출판부, 2004. 1678쪽, 24cm.

19) 2006년 개정판이 발간되었다. 김승동, 『(개정판) 易思想辭典』, 부산대학교출판부, 2006.

20) 신동아 2004년 신년호의 특별부록이 "현대사상 키워드 60"이었다. 동아일보

우가 많다는 점이다. 셋째, 대중적 사전(⑧, ⑨, ⑩, ⑮, ⑲, ㉑, ㉓) 들이 다수 등장한다. 엄밀한 학술서라기보다 교양서나 개론서의 성격을 띤 경우가 다수 있다. 넷째, 다양한 유형의 동양철학 사전(①, ⑥, ⑦, ⑩, ㉔)이 출간되었다는 점이다.

다음과 같은 사전들이 이 단계의 주목할 사례이다. 첫째, ③『우리말 철학사전』의 출간이 있다. 둘째, 도서출판b에 의한 현대철학사전 시리즈(⑪, ⑫, ⑰, ⑱)의 출간이다. 셋째, ⑯ 한국철학사전편찬위원회(저), 『한국철학사전 : 용어편 · 인물편 · 저술편』의 출간이다.

① 金勝東(편)『佛教 · 印度思想辭典』(2001)은 인도불교, 중국불교, 한국불교, 일본불교 관련 용어, 그리고 인도사상 전반에 걸친 개념을 수록한다. 18,350여 표제어를 수록하며 중요 불교 용어는 산스크리트 원어와 팔리어를 병기하였다.

③ 우리사상연구소(편)『우리말 철학사전』(2001)의 전체 내용은 다음과 같다. 우리사상연구소(편),『우리말 철학사전(1): 과학 · 인간 · 존재』, 지식산업사, 2001; 위와 같음,『우리말 철학사전(2): 생명 · 상징 · 예술』, 지식산업사, 2002; 위와 같음,『우리말 철학사전(3): 감각 · 근대 · 개인』, 지식산업사, 2003; 위와 같음,『우리말 철학사전(4): 마음 · 도 · 초월』, 지식산업사, 2005; 위와 같음,『우리말 철학사전(5): 사랑 · 세계 · 철학』, 지식산업사, 2007.

⑥ 김승동(편)『儒教 · 中國思想辭典』(2003)은 주조를 이루는 유교를 중심으로 중국 각 시대의 사상을 살펴보는 사전이다.『도교사상사전』,『역사상사전』,『불교 · 인도사상사전』에 이은 김승동의 네 번째 작업이다. 1만 9천 6백여 개의 표제어로 구성되어 있다.

⑦ 미조구치 유조(溝口雄三)(외 편)『中國思想文化事典』(2003)은 중

사 편,『현대사상 키워드 60: 지성인으로 거듭나기』, 동아일보사, 2004. 432쪽, 23cm.

국사상사를 이해하는 데 가장 기본적인 개념 66개 항목에 대해 「우주 · 인륜」, 「정치 · 사회」, 「종교 · 민속」, 「학문」, 「예술」, 「과학」 등 6개 분야로 나누어서 그 역사적 생성과 의미내용의 변천 과정을 서술한다. 중국의 사상과 문화의 이해에 필수적인 개념을 체계적이고 역사적으로 이해하는 데 매우 유용하다.[21]

⑩ 이동철 · 최진석 · 신정근(편) 『21세기의 동양철학 : 60개의 키워드로 여는 동아시아의 미래』(2005)은 사전의 체재를 띠고 있지만 내용은 60개의 키워드에 대한 에세이 형식으로 서술되어 있다. 제1부는 과거에서 현재까지 동양철학의 주요 개념과 용어를 철학과 사상에 중점을 두고 살피며, 제2부는 현재를 이해하고 미래를 대비하고자 사상과 문화에 중점을 두어 고찰한다.

⑯ 한국철학사전편찬위원회(저) 『한국철학사전 : 용어편 · 인물편 · 저술편』(2011)은 "세계를 향한 보편성의 지평에 서서 한국 철학의 고유한 자질을 드러내는" 것을 목표로 하는 사전이라고 한다. 한국철학사상을 고대한국사상, 불교철학, 유교와 실학철학, 민족종교와 도교철학, 그리스트교철학, 근대수용기 및 현대한국철학의 6개 분야로 대별하고 분야별로 용어 · 인물 · 저술 편으로 나누어 표제어를 선정했다. 수록 표제어는 용어 78개, 인물 79개, 저술 59개 등 총 216개 항목이다. 본 사전에 대한 별다른 평가는 없지만, 기획과 편집에서 의도가 충분히 반영되지 못한 듯하다. 특히 한국 철학사상을 접근하는 관점에서 최초의 동양철학사전인 柳正基(편) 『東洋思想事典』(1965)과 유사성을

21) 근래 같은 역자들에 의한 개정판이 나왔다. 미조구치 유조 편, 김석근 · 김용천 · 박규태 역, 『中國思想文化事典』, 책과함께, 2011. 참고로 한국사상사연구회 편, 『조선유학의 개념들(한국철학총서 20)』(예문서원, 2002)도 주목할 만하다. 이 책은 太極, 理氣, 四端七情, 未發已發, 格物致知, 道統, 朋黨, 井田 등 총 26개의 주요 개념을 선정해 「자연」, 「인간」, 「학문」, 「사회」의 4개 범주로 분류하여 그 어원과 중국 및 한국 사상에서의 변천 과정 그리고 현대적 함의를 연구한 것이다.

보이는 점은 주목되는 측면이다.

㉔ 진례(편) 『(진례가 엮은) 한대사상사전』(2013)은 진례(陳澧)의 『한유통의(漢儒通義)』를 한대 사상의 전문가가 번역한 것이다. 『한유통의』는 진례가 한대 경학자들의 저작을 그가 선정한 중요 개념으로 분류 절목한 것이다.

① 金勝東(편), 『佛教 · 印度思想辭典』, 부산대학교출판부, 2001. 2351쪽, 23cm.

② 임석진(외 저), 『철학사전』, 靑史, 2001. iv, 856쪽, 26cm.

③ 우리사상연구소(편), 『우리말 철학사전』, 지식산업사. 2001~2007. 5책, 23cm.[22)]

④ 사사키 겡이치(佐佐木健一)(저), 민주식(역), 『美學辭典』, 東文選, 2002. 400쪽, 23cm.

⑤ 박선목(편), 『윤리 · 사회사상사전』, 형설출판사, 2002. ⅴ, 500쪽, 26cm.

⑥ 김승동(편), 『儒教 · 中國思想辭典』, 부산대학교출판부, 2003. 3023쪽, 26cm.

⑦ 미조구치 유조(溝口雄三)(외 편), 김석근 · 김용천 · 박규태(역), 『中國思想文化事典』, 민족문화문고, 2003. 1038쪽, 23cm.

⑧ 박해용 · 심옥숙(저), 『철학 용어 용례 사전: 철학 용어의 문헌 용례를 찾아서 떠나는 지적 여행』, 돌기둥 출판사, 2004. 391쪽, 23cm.

⑨ 기다 겐(편), 김신재(등 역), 『현대사상지도 : 세계지성사를 풍요롭고

22) 다음 서평이 있다. 손동현, 「한국철학의 숙성을 위한 버거운 시도 : 『우리말 철학사전 1』, 우리사상연구소 편」, 『서평문화』43, 한국간행물윤리위원회, 2001, 75~80쪽; 박치완, 「왜 철학하기가 아닌 우리말로 철학하기인가?」, 『정신문화연구』 31: 1, 한국학중앙연구원, 2008, 379~389쪽.

활기차게 한 핵심 키워드 88!』, 산처럼, 2005. 456쪽, 23cm.

⑩ 이동철 · 최진석 · 신정근(편), 『21세기의 동양철학 : 60개의 키워드로 여는 동아시아의 미래』, 을유문화사, 2005. 528쪽, 24cm.

⑪ 사카베 메구미(외 편), 이신철(역), 『칸트사전』, 도서출판b, 2009. x, 676쪽, 24cm.

⑫ 가토 히사타케(외 편), 이신철(역), 『헤겔사전』, 도서출판b, 2009. xii, 690쪽, 24cm.

⑬ 나카야마 겐(저), 박양순(역), 『사고의 용어사전』, 북바이북, 2009. 543쪽, 21cm.

⑭ 레이먼드 윌리엄스(저), 김성기 · 유리(역), 『키워드』, 민음사, 2010. 582쪽, 24cm.

⑮ 채석용, 『철학 개념어 사전: 철학적 사고를 일깨우는 100개의 개념들!』, 소울메이트 : 원앤원북스, 2010. 443쪽, 23cm.

⑯ 한국철학사전편찬위원회(저), 『한국철학사전 : 용어편 · 인물편 · 저술편』, 동방의빛, 2011. 719쪽, 27cm.

⑰ 마토바 아키히로(외 편), 오석철 · 이신철(역), 『맑스사전』, 도서출판B, 2011. xi, 642쪽, 24cm.

⑱ 기다 겐(외 편), 이신철(역), 『현상학사전』, 도서출판B, 2011. x, 741쪽, 24cm.

⑲ 박해용 · 심옥숙(저), 『철학 개념 용례 사전』, 한국학술정보, 2012. 512쪽, 23cm.

⑳ 아르노 빌라니 · 로베르 싸소(편), 신지영(역), 『들뢰즈 개념어 사전: 들뢰즈 철학을 이해하기 위한 핵심 키워드 87』, 갈무리, 2012. 504쪽, 22cm.

㉑ 조광제, 『(철학라이더를 위한) 개념어 사전 : 서양철학의 역사를 움직인 주요 개념 80』, 생각정원, 2012. 323쪽, 19cm.

㉒ 정영도, 『철학사전 : 개념의 근원』, 이경, 2012. 365쪽, 23cm.

㉓ 오가와 히토시(저), 이용택(역), 『철학용어사전 : “한권의 책으로 철학이 만만해진다”』, 미래의창, 2013. 311쪽, 22cm.

㉔ 진례(편), 이연승(역), 『(진례가 엮은) 한대사상사전』, 그물, 2013. 501쪽, 21cm.

Ⅴ. 맺음말

이상으로 한국 철학사전 편찬의 역사를 개괄적으로 검토해 보았다. 그 결과 아래의 사실을 확인하였다. 먼저 전통시대에서는 철학사전적 성격의 문헌을 유서와 고전텍스트 사전으로 나누어 검토하였다. 다음으로 해방 이후 40 · 50년대에서는 최초의 번역사전과 편저 사전을 확인하였다. 60년대는 대사전, 소사전, 동양철학 사전이 최초로 등장하는 원형 정립의 단계였다. 70년대는 분야별 백과사전과 세계사상전집이라는 대형 편찬물 예속 단계였다. 80년대는 운동과 이념의 단계이며, 90년대는 다양화와 학술화의 단계이다. 2000년 이후는 양적 팽창과 대중화의 단계이다. 따라서 본 논의의 성과는 크게 세 가지라고 할 수 있다. 첫째, 전통시대와 현대의 철학사전을 함께 다루었다. 둘째, 시기별, 단계별 철학사전 편찬을 검토하여 그 흐름의 성격을 정리하였다. 셋째, 유형에 따른 최초의 철학사전을 구체적으로 확인하고 간략히 성격과 의의를 언급하였다. 다만 본 논의의 의도와 성격, 논자의 능력과 여건 등에 의해 개별 사전에 대한 분석과 평가를 진행하지 못한 점은 차후 별도의 논의에서 보완하고자 한다. 이와 관련하여 각 학문

분야에서 해당 분야의 사전에 대한 논의와 평가가 활성화되어야 할 것이라고 생각된다.

한편 한국 철학사전의 편찬 역사를 검토하여 확인된, 철학사전 편찬의 향후 과제와 전망은 어떠한가? 먼저 주요한 과제를 생각해 보고자 한다. 첫째, 다양한 종류와 형태의 사전이 요구된다. 백과사전적 사전, 전문 텍스트 사전, 인명사전 등 다양한 종류 그리고 대형, 중형, 소형의 다양한 형태가 필요한 것이다. 해외의 관련 사전을 번역하는 것도 하나의 해결책이 될 것이다.

둘째, 사전의 편집과 체재에 대한 연구가 필요하다. 참고문헌, 교차색인, 사항 분류 등 다양한 측면에서 효율적 이용을 위한 다양한 연구가 필요하다.

셋째, 학술성과 대중성 두 방향에서 별도의 노력이 필요하다. 학술적으로 엄밀한 사전이 요구되는 한편, 일반 독자가 쉽게 접할 수 있도록 만들어야 한다.

넷째, 비사전형 공구서도 중시해야 한다. 해제, 색인, 연표, 지도, 편람 등 다양한 유형의 비사전형 공구서가 제작되면 철학사전의 한계를 보완하는 데 유용할 것이다.

다섯째, 한국철학을 비롯한 한국학의 연구 성과를 해외로 소개하는 데 주의를 기울여야 한다. 이를 위해 각종 용어의 정비를 비롯해 다양한 유형과 종류의 사전을 외국어로 번역하거나 제작해야 할 것이다.

한국철학사전의 전망은 과연 어떠할까? 유감스럽게 낙관적 전망을 설파할 수는 없다. 그러나 확실한 것은 정보화와 세계화의 기반을 다지기 위해서라도 사전을 비롯한 각종 공구서의 제작과 활용은 필수적이라는 점이다. 이를 위해 학계는 물론 사회와 정부가 아울러 노력해야 할 것이다.

〈참고 문헌〉

박치완, 「왜 철학하기가 아닌 우리말로 철학하기인가?」, 『정신문화연구』 31: 1, 한국학중앙연구원, 2008.

박형준, 「새로운 마르크스주의 사전의 의의: 『마르크스사상사전』, 청아출판사」, 『月刊中央』 1988년 12월호, 중앙일보사, 1988.

손동현, 「한국철학의 숙성을 위한 버거운 시도 : 『우리말 철학사전 1』, 우리사상연구소 편」, 『서평문화』 43, 한국간행물윤리위원회, 2001.

송영배, 「철학사전, 북한 사회과학원 철학연구소 지음」, 『國際政治論叢』 30: 1, 한국국제정치학회, 1990.

심경호, 『한국한문기초학사 2』, 태학사, 2012.

안병희, 「語錄解 解題」, 『한국문화』 4, 서울대학교 한국문화연구소, 1983.

윤사순 · 이광래, 『우리 사상 100년』, 현암사, 2001.

이동철, 「한국에서 한문번역 관련 공구서의 현황과 과제 : 1990년대 이후 주요한 성과를 중심으로」, 『民族文化』 38, 한국고전번역원, 2011.

이중한 · 이두영 · 양문길 · 양평, 『우리 출판 100년』, 현암사, 2001.

이 훈, 「연구를 위한 자료의 통계적 분석」, 『철학사상』 4, 서울대학교 철학사상연구소, 1994.

한상완 · 노영희, 『인문과학과 예술의 핵심 지식 정보원』, 연세대학교 출판부, 2004.

홍영두, 「마르크스주의 철학사상 원전 번역사와 우리의 근대성 : 20세기 초엽부터 1953년까지를 중심으로」, 『시대와 철학』 14: 2, 2003.

[*이 글은 단국대학교 동양학연구원 학술지 『동양학』 57집(2014.9.30.)에 수록된 것이다. 이후 동양학연구원 사전학총서 4집 간행의 취지에 부응하여 재수록하였다.]

제2부

한자사전 편찬방법론

『디지털한한대사전』의 표제어 구성에 대하여

정 재 철*

Ⅰ. 문제의 제기

단국대학교 동양학연구원에서는 현재 『디지털한한대사전』을 편찬하는 사업을 진행하고 있다. 이 사업의 목적은 1996년에 4책으로 완간한 『韓國漢字語辭典』[1]과 2008년에 16책(색인 1책 포함)으로 완간한 『漢韓大辭典』[2]의 내용을 체계적으로 통합하고, 이를 데이터베이스화한 웹 기반 사전으로 만들어 일반 대중에게 공개하는 것이다. 『한국한자어사전』은 우리나라 고유의 한자와 한자 어휘를 우리나라의 고전에서 채록 · 발췌하여 주석한 사전으로, 이곳에는 표제자(한자) 5,222자와 표제어(한국 한자 어휘) 89,439개가 수록되어 있다. 『한한대사전』은 고대부터 근대까지 한자문화권에서 사용해 온 한자와 한자어를 수합 · 정리하고 용례를 첨부한 사전으로, 이곳에는 표제자(한자) 54,964자와

* 단국대 교수 / jjaechul@dankook.ac.kr

1) 단국대학교 동양학연구소 편, 『韓國漢字語辭典』, 단국대학교 출판부, 1996.

2) 단국대학교 동양학연구소 편, 『漢韓大辭典』, 단국대학교 출판부, 2008.

표제어(한자 어휘) 420,269개가 수록되어 있다.[3)]

『한한대사전』·『한국한자어사전』에 수록된 표제자(한자)는 한자문화권에서 사용되며 제자 원리에 의하여 만들어진 문자는 빠짐없이 수록하는 것을 원칙으로 하였고, 그 근거 자료는 중국과 한국의 고전 문헌에서 채록하였다. 이 두 사전에 수록된 표제어(한자 어휘)는 한문 고전을 독해하는 데 필요한 사전을 만든다는 기본 방향에 따라 각 한자 어휘의 존재를 증명할 수 있는 출전과 예문이 확실한 어휘만을 수록하였다. 일반적으로 많이 쓰이고 국어사전에 수록된 한자 어휘라도 출전과 예문이 없거나 근현대에 만들어진 어휘는 수록하지 않았다. 이러한 사실은 『한한대사전』과 『한국한자어사전』의 두 사전과 『국어대사전』[4)]에 수록된 표제어를 비교해보면 알 수 있다.

〈표 1-1〉『한한대사전』·『한국한자어사전』·『국어대사전』 수록 '能'의 표제어 수

사전 표제어	한한대사전	한국한자어사전	국어대사전
能	80	24	79

『한한대사전』에는 '能'의 표제어로 80개의 한자 어휘가 수록되어 있고, 『한국한자어사전』에는 24개의 한자 어휘가 수록되어 있으며, 『국어대사전』에는 79개의 한자 어휘가 수록되어 있다. 이 두 사전에 수록된 104개의 표제어는 모두 모두 고전 문헌에서 채록한 한자 어휘로 구성되어 있는데, 이중 『국어대사전』에 수록된 79개의 표제어와 겹치는 것은 17개이다. 『국어대사전』에는 이 17개의 한자 어휘와 함께 근현대에 새로 만들어진 62개의 한자 어휘가 수록되어 있다.[5)] 『디지털한한대

3) 정재철, 「『漢韓大辭典』의 편찬 방향과 사전사적 의미」, 『동양학』 제46집, 단국대학교 동양학연구소, 2009, 19쪽.

4) 이희승 편저, 『국어대사전』, 민중서림, 1982.

5) 1992년에 중국에서 간행한 『漢語大辭典』에는 '能'의 표제어 76개가 수록되어 있

사전』은 『한한대사전』을 중심으로 『한국한자어사전』의 내용을 통합 증보한 것이다. 『한한대사전』은 한자로 구성된 어휘를 주석한 詞典임과 동시에 한문으로 된 동양 고전을 해독하는데 필수적인 각종 고유명사를 곁들여 辭典의 성격을 가미한 백과사전적 사전이다.[6] 따라서 『디지털한한대사전』에 수록되는 표제어는 『한한대사전』에서 정한 표제어의 수록 범위를 그대로 따라 선정하는 것이 바람직하다.

현재 『한한대사전』과 『한국한자어사전』에는 불경 번역어와 근대 중국어가 거의 수록되어 있지 않거나 극히 일부 어휘만 수록되어 있다. 불교가 한자문화권에 끼친 영향으로 보거나 근대 중국어가 고전 문헌에 사용된 비중으로 보아, 『디지털한한대사전』의 표제어를 구성할 때에는 불교 경전을 번역한 한자 어휘나 고백화(古白話)로 불리는 근대 중국어를 폭넓게 수록해야 하는 것이 바람직하다. 또한 중국과 한국에서 서양의 문명을 수용하던 시기에 두 나라의 고전 문헌에서 사용된 신문명 어휘들은 고전어와 현대어의 중간 지점에 자리하고 있다는 점에서, 이것을 고전 어휘로 볼 것인가 현대 어휘로 볼 것인가에 대한 원칙이 정해져야 한다. 본 연구에서는 『디지털한한대사전』의 표제어를 구성하면서 유의해야할 점으로, ① 불경 번역어, ② 근대 중국어, ③ 신문명 어휘에 있다고 판단하고, 이들 세 가지 유형의 한자 어휘에 대한 처리 방안을 제시하는 데에 초점을 맞추어 논의를 진행하고자 한다.

고, 1995년에 고려대학교에서 간행한 『中漢大辭典』에는 '能'의 표제어 101개가 수록되어 있다. 이 두 사전에서 표제어가 겹치는 것은 36개인데, 『漢語大辭典』에는 『中漢大辭典』에 수록된 현대 중국어가 상당 수 수록되어 있다. 이로 보아 『漢語大辭典』의 표제어는 고전 문헌에 수록된 한자 어휘와 현대에서 사용되는 어휘를 함께 수록되어 있음을 알 수 있다.

6) 단국대학교 동양학연구소 편, 『漢韓大辭典』 1, 단국대학교 출판부, 1999, I쪽 〈일러두기〉.

Ⅱ. 표제어의 구성 방향

1. 불경 번역어

중국에서 불경의 번역은 後漢 桓帝의 建和 원년(147)에 安息國으로부터 온 安世高에서 시작하여 宋 神宗 元豊 원년(1078)에까지 진행되었는데, 이 기간 동안 수백 명의 역자에 의해 번역된 불경만 약 5천여 권에 달한다. 불교의 聖典語는 산스크리트(Sanskrit)어로 되어 있다. 산스크리트어가 불경의 原典語가 된 것은 大月氏國의 카니슈카(Kaniska) 왕 때에 카슈밀에서 개최되었던 제4회 결집시에 산스크리트어를 불교의 성전어로 한다는 결의에 의해서였다. 이 때 만들어진 불교 경전이 중국으로 전해져 중국어로 번역되었다.[7] 중국어와 산스크리트어를 대조해 볼 때, 중국어가 이미지 언어(image-oriented language)의 성격이 강하다면, 산스크리트어는 개념 언어(concept-oriented language)의 성격이 강하다. 이미지(image)는 구상성, 집약성, 직접성, 다의성을 지니고 심리적 체험을 생생하게 전해 준다는 점에서 생명력이 있는 반면, 명확성이 떨어진다. 개념(concept)은 명확성이 있는 반면, 생명력이 떨어진다.[8] 중국에서 오랜 시간에 걸쳐 불교 경전에 대한 번역이 지속될 수 있었던 것은, 중국은 불교를 수용할 당시에 이미 인도에 맞먹는 독자적 언어문화를 가지고 있었기 때문에 가능하였다.

산스크리트어로 된 인도 불경을 중국어로 번역하는 과정은 두 언어의 차이에서 기인한 문화적 차이, 곧 인도 문화와 중국 문화라는 아시아 양대 문화의 충돌과 융합 과정을 잘 보여주고 있다. 삼국시대 오나

7) 이재창, 『중국불경의 이해』, 경학사, 1998, 36쪽.
8) 이종철, 『중국불경의 탄생』, 창작과비평사, 2008, 220쪽.

라 黃武 3년(224)에 竺將炎이 『법구경』 五百偈本을 質直하게 번역하자 支謙(222~271)이 그 문장이 바르지[雅] 못한 것을 못마땅하게 여겼다. 이에 대해 축장염은 붓다의 말은 그 義를 중시해야지 꾸며[飾]서는 안 되고, 그 法을 취해야지 엄정[嚴]해서는 안 된다고 하였다. 또한 東晋 시대의 저명한 역경가인 道安(312~385)은 번역자가 지녀야할 마음가짐으로 주장한 五失本[원전의 진의를 놓치게 되는 다섯 가지 잘못]의 두 번째에서 '산스크리트어 불경은 질박한 것[質]을 숭상하고 중국 사람들은 문채 있는 것[文]을 좋아하는데, 대중의 마음에 전해지려면 문채 있는 것이 아니면 부합할 수 없다.'고 하였다.[9] 이와 같이 당시 인도 출신 승려와 중국 번역가 사이에서 불경의 번역 방식을 놓고 벌어졌던 '文質' 논쟁의 이면에는 개념 언어의 성격이 강한 산스크리트어와 이미지 언어의 성격이 강한 중국어의 태생적 차이가 자리하고 있다.

동진 시대(317~420)에 중국문화가 채택한 불교 이해의 '해석학적 방법'을 학계에서는 일반적으로 '格義'라고 부른다. 격의는 인도 승려인 竺法雅가 康法郎과 함께 인도 불경에 나오는 전문 술어[事數]를 중국어 고전에 나오는 말에 견주어 유형별로 비교하는[類比] 과정을 통해 이해시킨 것에서 유래하였다. 당시 불경 번역가들은 중국 사람이 익히 알고 있는 유가나 도가의 유사한 개념을 차용하여 불교의 전문술어를 이해시키는 방법을 사용하였다. 그 예로 '空'에 노장사상의 '無'를, '戒'에 유가의 '禮'를 대비시켜 해석한 것을 들 수 있다. 격의는 본질적으로 유사 개념의 단순 대치를 방법론으로 도입하기 때문에 불교의 전문 술어에 대해 '감으로 때려잡는' 식의 표층적인 이해에 그칠 우려가 있다. 이에 당나라 때에 玄奘(600~664)은 산스크리트어 그대로 음역하는 것으로 만족해야 할 다섯 가지 유형[五種不飜]의 다섯 째 항목에서 산스크리트어 원어에 워낙 심오한 의미가 담겨 있는 어휘는 번역하지 않도

9) 이종철, 앞의 책, 21~23쪽.

록 하였다. 한 예로 산스크리트어 쁘라즈냐(prajñā)는 '智慧'로 한역되곤 하지만, '般若智'를 뜻할 때처럼 중국어 '지혜'보다 차원이 높은 의미 영역이 따로 있기 때문에 '般若'로 음역하는데 그쳤다.[10]

인도에서 시작된 불교의 東傳은 중국을 비롯한 동아시아 문명에 커다란 영향을 미쳤다. 먼저 신유학자들은 불교적 시각으로 유교 경전의 용어를 해석하였다. 그 예로 '仁'의 개념이 확장된 것은 '菩薩'이 주된 역할을 하였다. 또한 도교는 神像의 造像이나 경전의 제작에서 불교의 영향이 분명히 드러난다. 도교에서는 佛身의 개념, 업과 윤회의 개념도 차용하였고, 욕계, 색계, 무색계라는 불교의 개념도 그대로 수용했다. 문학에서도 한역 불경을 통해 다양한 영향을 주었고, 선종의 어록이 구어를 문학적 표현 수단으로 수용할 수 있도록 만들었다. 명대의 神魔小說을 대표하는 『西遊記』나 『封神衍義』는 불교에서나 가능한 환상의 세계를 문학적으로 형상화한 것이다. 무엇보다 중요한 점은 불교의 도입과 불경의 번역으로 진행된 한어의 변화이다. 먼저 音韻의 측면에서 四聲의 발견을 들 수 있다. 여기에는 讀經과 산스크리트어 성운학의 계발이 작용하였다. 字母의 탄생도 불교의 전래와 밀접한 관련이 있으며 표음체계로서 반절의 발전도 영향을 받았을 것이다.[11] 『디지털한한대사전』의 표제어로 불교 경전을 번역한 한자 어휘를 적극 수용해야하는 이유가 바로 여기에 있다.

『한한대사전』과 『한국한자어사전』, 『불교대사전』[12]에서 '能'자의 표제어로 수록된 내용을 비교해보면 다음과 같다.

---

10) 이종철, 앞의 책, 25~31쪽.

11) 이동철, 「번역으로서의 동아시아」, 『고전, 고전번역, 문화번역』, 미다스북스, 2010, 126쪽.

12) 吉祥 편, 『佛教大辭典』, 弘法院, 2001.

〈표 2-1〉『한한대사전』·『한국한자어사전』·『불교대사전』에 수록된 '能'의 표제어 비교

차례	표제어	漢韓大辭典	韓國漢字語辭典	佛教大辭典	차례	표제어	漢韓大辭典	韓國漢字語辭典	佛教大辭典	차례	표제어	漢韓大辭典	韓國漢字語辭典	佛教大辭典
1	能可	○			25	能歸			○	49	能立法不遣過			○
2	能覺大師	○			26	能歸所歸一體			○	50	能立法不成			○
3	能角人			○	27	能歸心			○	51	能立法不成過			○
4	能幹	○			28	能那	○			52	能立不遣			○
5	能感			○	29	能耐(奈)	○			53	能立所緣			○
6	能箇	○			30	能能	○			54	能麽郎		○	
7	能改齋	○			31	能斷金剛經			○	55	能麽兒		○	
8	能改齋漫錄	○			32	能斷金剛般若婆羅蜜多經			○	56	能麽兒講		○	
9	能見			○	33	能達	○	○		57	能麽兒軍		○	
10	能見難思		○		34	能大師			○	58	能麽兒廳		○	
11	能見相			○	35	能對治			○	59	能萬		○	
12	能見心不相應染			○	36	能德			○	60	能名	○		
13	能官	○			37	能圖	○			61	能無	○		
14	能够(夠,彀,句)	○			38	能度			○	62	能文	○	○	
15	能目目+心思齋	○			39	能得			○	63	能門			○
16	能空			○	40	能得忍陀羅尼			○	64	能迷			○
17	能果			○	41	能略	○			65	能飯	○		
18	能觀			○	42	能量			○	66	能法	○		
19	能觀所觀			○	43	能力	○		○	67	能變			○
20	能光			○	44	能禮所禮			○	68	能遍計			○
21	能救			○	45	能櫓軍		○		69	能變無記			○
22	能群	○			46	能吏	○			70	能變形			○
23	能屈能伸	○			47	能立			○	71	能別			○
24	能近取譬	○			48	能立過			○	72	能(내)鼈	○		

차례	표제어	漢韓大辭典	韓國漢字語辭典	佛教大辭典	차례	표제어	漢韓大辭典	韓國漢字語辭典	佛教大辭典	차례	표제어	漢韓大辭典	韓國漢字語辭典	佛教大辭典
73	能別不極成			○	103	能所一體法			○	134	能緣斷			○
74	能別不極成過			○	104	能消草		○		135	能緣心			○
75	能甫	○			106	能數			○	136	能悅人			○
76	能伏			○	107	能受			○	137	能乂		○	
77	能奉持法藏			○	108	能受受用門			○	138	能禮			○
78	能否	○			109	能受用			○	139	能禮所禮			○
79	能分別			○	110	能術	○			140	能愚	○		
80	能不	○			111	能施			○	141	能員	○		
81	能不兩工	○			112	能(태)始	○			142	能爲	○		
82	能鄙	○			113	能式		○		143	能違			○
83	能士	○			114	能識			○	144	能有	○		
84	能仕	○			115	能食			○	145	能依			○
85	能事	○			116	能食空			○	146	能爾	○		
86	能山		○		117	能臣	○			147	能邇	○		
87	能殺			○	118	能信			○	148	能栮		○	
88	能相			○	119	能申		○	○	149	能引			○
89	能相者			○	120	能牙利齒	○			150	能人	○	○	○
90	能生			○	121	能安忍			○	151	能仁	○		○
91	能生支			○	122	能樣	○			152	能忍			○
92	能書	○			123	能語狼	○			153	能因	○		
93	能仙		○		124	能言	○		○	154	能人寂默			○
94	能說師			○	125	能言家	○			155	能引支			○
95	能說人			○	126	能言狎	○			156	能引持			○
96	能聲	○			127	能言鳥	○			157	能一	○		
97	能性			○	128	能言快說	○			158	能入			○
98	能成		○	○	129	能言快語	○			159	能資			○
99	能成立			○	130	能業			○	160	能子	○		
100	能成立法			○	131	能如		○	○	161	能者多勞	○		
101	能所	○		○	132	能亦(히)		○		162	能作			○
102	能消		○		133	能緣			○	163	能作因			○

차례	표제어	漢韓大辭典	韓國漢字語辭典	佛教大辭典	차례	표제어	漢韓大辭典	韓國漢字語辭典	佛教大辭典	차례	표제어	漢韓大辭典	韓國漢字語辭典	佛教大辭典
164	能藏			○	184	能止			○	204	能通方便			○
165	能底	○			185	能持			○	205	能破			○
166	能績	○			186	能持無所畏			○	206	能破者			○
167	能寂			○	187	能持方便			○	207	能品	○		
168	能轉			○	188	能止息			○	208	能被法			○
169	能詮			○	189	能持自性·執生物解			○	209	能(내)寒	○		
170	能典	○			190	能執			○	210	能解	○		
171	能政	○			191	能執所執			○	211	能行			○
172	能靜觀音			○	192	能(내)着	○			212	能行者			○
173	能征慣戰	○			193	能讚佛			○	213	能許	○		
174	能淨一切眼疾病陀羅尼經			○	194	能參	○			214	能賢	○		
175	能造			○	195	能昌		○		215	能顯			○
176	能造色			○	196	能出萬億劫			○	216	能刑	○		
177	能走	○			197	能出三有			○	217	能亨	○		
178	能住			○	198	能取			○	218	能化			○
179	能駿		○		199	能取所取			○	219	能奐		○	
180	能重	○			200	能治			○	220	能還			○
181	能證誠彌他			○	201	能治雜染			○	221	能熏			○
182	能之	○			202	能稱	○			222	能熏四義			○
183	能地	○			203	能通			○					
						167						81	25	127

위와 같이 3종의 사전에는 '能'의 표제어로 모두 222개가 수록되어 있다. 사전별로는 『한한대사전』에 81개, 『한국한자어사전』에 25개, 『불교대사전』에 127개이다. 『한한대사전』과 『불교대사전』에서 표제어가 동일한 것은 '能所', '能仁', '能力', '能言' 4개이고, 『한국한자어사전』과

『불교대사전』에서 표제어가 동일한 것은 '能如', '能成', '能申' 3개이며, 3종의 사전에서 표제어가 동일한 것은 '能人' 1개이다. 따라서 『불교대사전』에 수록된 127개의 표제어 중에서 『한한대사전』과 『한국한자어사전』에 수록된 표제어는 모두 8개가 된다. 그러나 『한한대사전』과 『한국한자어사전』에 수록된 8개의 표제어 중에서 실제로 불교 경전의 번역어로 주석된 것은 '能所', '能如', '能仁' 등 3개이고, 나머지 5개는 불교 용어와는 관련이 없는 일반 어휘로 주석되어 있다. 『디지털한한대사전』에서는 이와 같이 『불교대사전』에만 수록되어 있는 119개의 표제어를 편찬 방향에 맞게 취사선택하여 예문과 함께 수록하는 것이 바람직하다. 3종의 사전에 공통으로 수록된 8개의 표제어에 대한 주석 내용을 비교하면 다음과 같다.

〈표 2-2〉『한한대사전』·『한국한자어사전』·『불교대사전』에 수록된 8개 표제어의 주석 비교

표제어	표제어의 주석
能所	한한대사전 : 能과 所. 행위의 주체가 되는 것을 能, 행위의 객체가 되는 것을 所라 한다.
	불교대사전 : ① 능(能 : 주된 것)과 소(所 : 객인 것). 어떤 동작의 주체가 되는 것을 능(能), 객체가 되는 것을 소(所)라 함. 〈『四敎儀註』 中末 25〉〈『敎行信證』 行권〉 ② 인식의 주관과 객관, 주체와 객체. 〈『沙石集』 4(9), 10末(1)〉
能如	한국한자어사전 : 나말여초의 고승. 지금의 경상북도 금릉군 대항면 운수리 황학산에 能如庵을 창건하고 살았다 하며, 고려 태조 19년(936)에 직지사를 중창하였다고 한다. 〈『新增東國輿地勝覽』〉. 〈『直指寺事蹟』〉
	불교대사전 : 신라 후기의 승려로, 직지사(直指寺) 서쪽에 능여암(能如庵)을 짓고 살았음. 〈『三國遺事』〉
能仁	한한대사전 : 능히 仁을 행하는 사람이란 뜻으로, 석가모니를 이르는 말.
	불교대사전 : 고타마 부처님(석존)의 다른 이름. (산)Śakya-muni의 음역. (산)Śakya(석가)를 능(能)으로 한역함. 〈『玄義』 21〉〈『性靈集』 1권〉 (해석예) 부처님. 부처님을 이름. 〈『會讀記』 31〉

표제어	표제어의 주석
	불교대사전 : 신라 후기 문무왕 때(661~681) 고승으로 의상(義相)의 10대 제자 중의 한 사람임. 670년(문무왕 10) 같은 문중인 포훈(表訓)과 함께 금강산에 표훈사(表訓寺)를 지음. 〈『三國遺事』〉
能力	한한대사전 : 일을 감당해 내는 힘.
	불교대사전 : 사찰에서 역사(力仕) 소임을 보는 남자. 사남(寺男)
能成	한국한자어사전 : 평안남도 三登의 옛 이름.
	불교대사전 : ①불도(佛道)에 안주한 수행자로 하여금 깨달음을 얻게 하는 것〈『理趣經』〉(大) 8권 785下〉 ②인명(因明)에서 내세운 삼지(三支)중, 증명력(證明力)이 있는 인(因 : 이유명제)과 유(喩 : 실례명제)를 이름. 「成立能成」(산) sãdhanasya api sadhyatch (티) sgrub pa yaṅ bsgrub par bya ba yin pa 〈『瑜伽論』 因明〉
能申	한국한자어사전 : 신라 문무왕 때의 장군.
	불교대사전 : 고(告)하는 자. 〈『玄義』 107〉
能言	한한대사전 : 말을 능숙하게 잘함.
	불교대사전 : 입으로 말하는 것.
能人	한한대사전 : 간사하고 거드럭거리는 신하.
	한국한자어사전 : 조선 金詮의 호.
	불교대사전 : 능화(能化)된 사람. 이끌어 주는 사람. 즉 부처님을 이름. 〈『觀經玄義分』〉

『한한대사전』에서는 '能所'를 주석하여 "행위의 주체가 되는 것을 能, 행위의 객체가 되는 것을 所라 한다."는 1개의 뜻 항을 제시하였으나, 『불교대사전』에서는 "② 인식의 주관과 객관, 주체와 객체."라는 뜻 항을 추가하였다. '能如'는 두 사전 모두 신라 말기에 활동한 고승의 이름으로 주석을 달았으나, 『한국한자어사전』에서는 『신증동국여지승람』과 『직지사사적』를 활용하고, 『불교대사전』에서는 『삼국유사』를 활용하여 주석을 달았다. '能力'과 '能言'은 『한한대사전』에서는 "일을 감당해 내는 힘"과 "말을 능숙하게 함"이라는 뜻의 일반 어휘로 주석하였고, 『불교대사전』에서는 "사찰에서 力仕 소임을 보는 남자"와 "입으로 말하는 것"이라는 뜻의 불교적 의미로 주석하였다. '能成', '能

申', '能人'은 『한국한자어사전』에서는 지명(평안남도 삼등), 인명(신라 장군), 자호(金詮의 호) 등으로 주석하였으나, 『불교대사전』에서는 "① 불도(佛道)에 안주한 수행자로 하여금 깨달음을 얻게 하는 것, ② 인명(因明)에서 내세운 三支 중, 證明力이 있는 因과 喩를 이름", "告하는 자", "能化된 사람"으로 주석하였다. 『디지털한한대사전』에서는 이와 같이 『불교대사전』에서 제시한 주석들을 해당 예문과 함께 추가하는 것이 바람직하다.

『불교대사전』에서는 표제자로 수록한 '能'을 주석하면서 ① 할 수 있음(=śak, kṣama, utsahate), ② 功能, 작용, 능력, 역할(=vṛtti, śakti), ③ 능력이 있는 것(=Śakta), ④ 주관, 문제되는 바의 반대, ⑤ 재능, 재능 있는 자(=kriya, yogyata) 등 5개의 항목을 제시하였다. 이로 본다면 '能' 자는 적어도 여덟 개의 산스크리트어를 중국어로 의역한 것이 된다. 『한한대사전』에서는 '能仁'을 주석하여 "능히 仁을 행하는 사람이란 뜻으로, 석가모니를 이르는 말"이라고 하였다. 『불교대사전』에서는 "고타마 부처님(석존)의 다른 이름"이라고 주석하고, 이어 "산스크리트어 Śakya-muni의 음역"과 "산스크리트어 Śakya(석가)를 능(能)으로 한역"이라는 내용을 더하였다. 그러나 이 사전에서는 '釋迦牟尼'를 주석하면서 "산스크리트어 Śakya-muni의 음역"[13]이라고 한 것에서 보듯이, 산스크리트어 'Śakya-muni'의 음역은 '能仁'이 아니고 '釋迦牟尼'이다. 중국의 언어학자인 梁曉虹의 학설에 따르면 '能仁'은 '能'과 '仁'이 합하여 이루어진 意譯詞에 해당한다.[14] 따라서 '能仁'은 산스크리트어

13) 吉祥 편, 앞의 책, 1301쪽.

14) 중국의 언어학자 梁曉虹은 불교 어휘의 구조를 音譯詞, 合璧詞, 意譯詞, 佛化漢詞로 구분하였다. 음역사는 음절 전체를 번역하는 全譯과 일부를 번역하는 節譯으로 구분된다. 합벽사는 음역과 의역으로 구성되는 半音反義의 방식이다. 여기에는 '佛身', '禪師'처럼 음역에 한어의 類名을 더하는 방식, '念佛', '坐禪'처럼 한어에 음역을 더하는 방식, '魔(Mara)王', '탑(stupa)林'처럼 新造譯字에 한어

'Śakya'를 의역한 '能'과 산스크리트어 'muni'를 의역한 '仁'이 합하여 만들어진 불교 어휘로 보는 것이 바람직하다.

2. 근대 중국어

언어학자들은 언어를 말과 글의 표현 방식에 따라 각각 음성언어와 문자언어로 구분한다. 음성언어로 말을 할 때에는 입이 주 기관으로 쓰이고 귀가 보조기관으로 사용되는데 반하여, 문자언어로 글을 쓸 때에는 손이 주 기관으로 쓰이고 눈이 보조기관으로 사용된다.[15] 중국어는 文言과 白話로 나누어진다. 문언은 문자언어이고 백화는 음성언어이다. 文과 白은 글자의 의미가 상반되는 말이다. 文은 본래 紋자로 무늬라는 뜻이다. 白은 무늬 없는 물들이지 않은 흰색을 가리킨다. 文言은 말을 그대로 옮긴 것이 아니고 갈고 다듬은 글이다. 白話는 말을 다듬지 않고 그대로 옮긴 것이다. 중국에서 소수 지식인들의 전유물이었던 문언과 괴리된 대중들이 말하는 대로 쉽게 쓰고 읽을 수 있는 표현수단으로 탄생한 것이 백화이다. 백화는 당대에 백화소설에서 시작하여 송대의 話本소설에 계승되다가 명청소설에서 굳건한 위치를 차지하였다. 4대소설이라 일컬어지는 명대 중엽 전후에 나온 4편의 장편소설과 18세기 중엽에 나온 고금의 명작인 장편소설『홍루몽』이 모두 백화로 되어 있다. 이 백화는 1919년에 일어난 5·4백화운동으로 이어져

를 더하는 것, '壇(Dana)施', '僧侶'처럼 동의어 혹은 근의어를 서로 결합하는 것의 네 종류가 있다. 의역사에는 '法鼓', '心地'처럼 비유로 이루어진 것, '法力', '一味'처럼 다양한 한어의 조어 방식으로 이루어진 것, '金剛身', '涅槃界'처럼 종합적 조어 방식으로 이루어진 것으로 나뉜다. 불화한사는 한어의 고유어로 불교의 의의를 표시하는 것으로, '天使', '功用', '意識'과 같은 차용어와 '境界', '思惟', '遂行'과 같은 파생어가 있다.(梁曉虹(1994),『佛教詞語的構造與漢語詞□的發展』, 北京語言學院出版社, 125~218쪽. (이동철, 앞의 논문, 127쪽 재인용)

15) 金鎭宇,『言語와 文化』, 중앙대학교출판부, 1996, 278~279쪽.

서 현재의 표준 중국어인 '국어' 또는 '보통화'의 글말로 자리 잡게 되었다.[16)]

王力이 50년대에 완성한 『漢語史稿』에서 13세기에서 19세기(아편전쟁)까지 근대라는 의견을 제시한 이후, 중국 학계에서는 중국 근대어의 시기 구분 문제와 관련한 토론이 끊임없이 이어졌다. 呂叔湘은 1984년에 간행한 『近代漢語指代詞』에서 만당 · 오대를 경계로 고대한어와 근대한어를 2분하면서 현대한어는 근대한어 내부의 하나의 분기에 불과하다고 보았고, 蔣紹愚는 1994년에 편찬한 『近代漢語研究概況』에서 근대한어의 상한은 당대 초년으로 앞당기고 하한은 18세기 중기로 정할 수 있다고 하였다. 현재 대부분의 근대 중국어 연구자들은 근대 중국어의 상한을 만당 · 오대로 정하고, 하한을 청대 전후로 정하는 의견을 받아들이는데 기울어져 있다.[17)] 장소우는 『古漢語詞彙綱要』에서 근대 중국어 시기에 현대 중국어 백화의 직접적인 기원이 되는 고백화가 점차로 형성되기 시작했다는 점을 들면서 근대 중국어 어휘 연구의 중요성을 역설하였다.[18)] 최근까지 근대 중국어 어휘의 연구는 ① 詩詞曲의 語詞 훈석, ② 돈황문헌의 사어 교석, ③ 필기 문자와 백화 소설 사어 훈석, ④ 불경과 선종 어록의 어휘 연구, ⑤ 중고 구어의 어휘 연구, ⑥ 斷代 언어 사전의 편찬 등의 분야에서 다양한 성과물이 학계에 보고되었다.[19)]

우리나라에서 중국어에 대한 관심이 고조된 것은 조선이 창건된 이후 명과의 관계가 긴밀해지면서이다. 세종은 처음 관직을 받은 文官에

16) 최영애, 『중국어란 무엇인가』, 통나무, 2008, 28~29쪽.

17) 江藍生, 曹廣順, 吳福祥, 「근대 한어 연구의 회고와 전망」, 『중국 언어학 현상과 전망』, 역락, 2010, 248~250쪽.

18) 姜勇仲, 「近代中國語 語彙研究의 構成과 要件에 대한 試論」, 『중국문화연구』 제10집, 중국문화연구학회, 2007, 57쪽.

19) 江藍生 · 曹廣順 · 吳福祥, 앞의 논문, 248~269쪽.

게 漢語와 吏文을 학습하게 하고, 중국 본토의 한자음을 한글로 표기한 『四聲通攷』를 학습 교재로 사용하여 모든 名物들을 중국 본토 음으로 발음하게 하였다. 이와 같은 세종의 명에 따라 모든 官府에는 중국어를 학습하는 자리가 마련되었다. 그 자리에서 서리가 "鄕談을 금합니다."라고 말하면 상관과 하관이 모든 물명을 중국 본토 음으로 발음하였다. 예를 들어 '當直'은 한국음인 '당직'이 아니라 당시의 중국음인 '當당直디'라고 말하고, '家事'는 한국음인 '가사'가 아니라 당시의 중국음인 '家갸事스'라고 발음하였다.[20] 또한 세종은 주자소에 중국어를 번역한 여러 서적을 인쇄하게 하고, 승문원 관리에게 이 책들을 읽게 하여 직접 한어의 음을 익히기도 하였다. 당시 조선에서 접하게 된 중국어는 司譯院에서 『老乞大』와 『朴通事』를 재번역한 『老乞大諺解』와 『朴通事諺解』을 비롯하여, 『飜譯朴通事』, 『飜譯老乞大』, 『老朴集覽』, 『譯語類解』 등에 수록된 백화 어휘들이다. 柳馨遠(1622~1673)이 '세종대왕이 고유한 우리말을 금하고 물건의 이름을 모두 중국말로 부르게 하면서부터 익숙하게 된 말을 기록해 놓은 것'에서 보듯이, 이들 백화 어휘는 거의 원음에 가깝게 발음되면서 당시에 상당한 세력을 갖게 되었다.[21]

조선 중기를 넘어서부터 우리나라에 중국 통속 소설이 많이 들어왔다. 이들 중국 통속 소설은 대량으로 번역, 전사되어 주로 궁중에서 생활하던 여인들과 사대부 집안의 부녀자에게 애독되었다. 장서각 낙선

20) 李翼, 『磻溪隨錄』 권25, 「續篇上」. "昔我莊憲大王, 一新百度, 有意於是. 旣設承文院, 令文官始出身者, 必習漢語吏文. 又撰四聲通攷, 以下其音. 又令凡百名物, 皆稱以漢語, 至今尚有傳習者.(원주 : 每官府開坐, 吏輒唱日, 禁鄕談, 則府中上下, 於凡物名, 皆以漢語, 不得用鄕談. 今其制雖廢, 而尚有傳習之可見者. 如當直曰當당直디, 家事曰家갸事스, 下處曰下햐處츄."(정재철, 「한국의 문자정책과 한문교육」, 『한문교육연구』 제33호, 한국한문교육학회, 2009, 24~25쪽 재인용)

21) 沈在箕, 「漢字語 受容에 關한 通時的 硏究」, 『國語學』 권8, 국어학회, 1989, 97쪽.

재문고에 소장되어 있는 중국소설류의 번역물을 보면, 『삼국지통쇽연의』, 『후슈호젼』, 『형셰언』 등을 비롯하여 『홍루몽』과 그 속서 등 무려 30여 종을 헤아릴 수 있다. 중국 백화소설과 희곡 번역 작품은 원전과의 대조를 통해서 당시에 중국어에 대한 우리 선인들의 이해를 엿볼 수 있고, 조기 백화에 대한 우리말 번역에서 당시의 석의를 채록할 수 있다. 특히 중국 장회소설은 그 양이 방대하여 초기 백화 어휘 자료가 풍부하므로, 우리말 번역본을 통하여 원전 어휘에 대응하는 우리말 역어를 쉽게 채록할 수 있다.[22] 근대 중국어 사전으로 조선 시대에 간행된 역학서와 조선 문인들의 필기, 중국 통속소설 번역본을 기초 자료로 활용하여 편찬한 『中朝大辭典』[23]을 들 수 있다. 또한 최근에는 약 3백 년간에 걸쳐 수정되어 간행된 『老乞大諺解』에 나오는 표제어에 대역어를 함께 제시하여 한국과 중국의 백화에 대한 다양한 뜻과 정보를 제공한 『老乞大諺解辭典』[24]이 간행되기도 하였다.

『디지털한한대사전』에 수록되는 표제어는 『한한대사전』과 『한국한자어사전』에서 표제어를 선정하면서 정한 원칙을 그대로 따르고 있다. 『한한대사전』은 백화어를 표제어로 수록하면서 고백화만을 선정하여 싣는 것을 원칙으로 하였다.[25] 따라서 『디지털한한대사전』에 수록되는 백화어 또한 고백화만을 표제어로 정하는 것이 바람직하다. 『한한대사전』과 『한국한자어사전』, 『중조대사전』에서 '喫(吃)'의 표제어로 수록된 내용을 비교하면 다음과 같다.

---

22) 박재연, 「『中朝大辭典』 편찬에 대하여-필사본 번역고소설 활용을 중심으로-」, 『한국사전학』 1권, 한국사전학회, 2003, 187~188쪽.

23) 박재연 저, 『中朝大辭典』, 鮮文大學校 中韓飜譯文獻硏究所, 2002.

24) 박성훈 편저, 『老乞大諺解辭典』, 태학사, 2009.

25) 단국대학교 동양학연구소 편, 『漢韓大辭典』 1, 단국대학교 출판부, 1999, I쪽 〈일러두기〉.

〈표 3-1〉『한한대사전』·『한국한자어사전』·『중조대사전』에 수록된 '喫(吃)'의 표제어 비교

차례	표제어	漢韓大辭典	韓國漢字語辭典	中朝大辭典	차례	표제어	漢韓大辭典	韓國漢字語辭典	中朝大辭典	차례	표제어	漢韓大辭典	韓國漢字語辭典	中朝大辭典
1	吃家飯屙野屎	○			32	喫拳	○			63	喫了老娘洗脚水	○		
2	喫看			○	33	喫蹶	○			64	喫了蜜蜂兒屎			○
3	喫看大桌面			○	34	吃口	○		○	65	喫累	○		
4	喫看桌席			○	35	吃口令	○			66	喫利	○		
5	吃喝	○			36	吃口脂	○			67	喫饅頭			○
6	喫勘	○			37	喫棄羅	○			68	喫罵	○		○
7	喫箇泡茶	○			38	喫緊	○		○	69	吃文	○		
8	吃客穿客			○	39	吃暖房	○			70	喫迷			○
9	喫乾飯	○			40	喫年酒			○	71	喫味兒			○
10	吃劍頭	○			41	喫奶(嬭)	○		○	72	吃悶	○		
11	喫怮		○		42	吃惱	○			73	喫薄賤			○
12	吃(喫)劍才	○		○	43	吃訥	○			74	喫飯	○		○
13	喫驚			○	44	喫膩了腸子			○	75	喫飯家生			○
14	吃驚受怕	○			45	喫多			○	76	吃飯官	○		
15	吃悖	○			46	吃茶	○			77	喫飯防噎, 走路防跌			○
16	喫拷			○	47	吃答	○			78	喫飯處	○		
17	吃(喫)苦	○		○	48	喫盜			○	79	吃白食	○		
18	喫(吃)告	○		○	49	吃獨食	○			80	吃白齋	○		
19	喫拷不過	○			50	喫動	○			81	喫泍	○		
20	吃(喫)敲才	○		○	51	喫得口滑	○			82	喫不過	○		
21	喫穀	○			52	喫辣面	○			83	喫不克化			○
22	喫棍			○	53	吃(喫)痢碗	○		○	84	喫不得			○
23	喫空多			○	54	喫兩家多			○	85	吃不了			○
24	喫空持			○	55	吃(喫)力	○		○	86	喫不了兜着走			○
25	喫過	○		○	56	吃力伽	○			87	吃不成			○
26	吃(喫)寡醋	○		○	57	喫冷			○	88	吃(喫)不住	○		○
27	吃(喫)寡酒	○		○	58	吃賴	○			89	吃不下			○
28	吃(喫)官司	○	○	○	59	吃老金的			○	90	喫屁	○		
29	吃(喫)交	○		○	60	吃了	○			91	喫貧婆			○
30	吃巧	○			61	喫了幹	○			92	吃死飯	○		○
31	吃喬	○			62	喫了呂太后一千個筵宴			○	93	吃死兒			○

차례	표제어	漢韓大辭典	韓國漢字語辭典	中朝大辭典	차례	표제어	漢韓大辭典	韓國漢字語辭典	中朝大辭典	차례	표제어	漢韓大辭典	韓國漢字語辭典	中朝大辭典
94	喫三日			○	122	吃人	○		○	150	喫奪	○		○
95	喫傷			○	123	吃(喫)子	○		○	151	吃搭搭	○		
96	喫絮了			○	124	吃子來食	○			152	喫湯			○
97	喫生米飯			○	125	吃刺刺	○			153	喫破		○	
98	喫素	○		○	126	喫殘		○	○	154	吃板刀麵	○		
99	吃(喫)受	○		○	127	喫章			○	155	喫碰			○
100	喫水	○		○	128	喫長齋			○	156	喫泡落齒		○	
101	喫順不喫强			○	129	喫的			○	157	喫嚯			○
102	喫蝨了留後腿			○	130	吃(喫)齋	○		○	158	喫嚯不盡	○		
103	喫蝨留大腿	○			131	吃齋宰相	○			158	吃閒飯	○		
104	喫辛受苦			○	132	喫賊	○		○	160	吃嗑	○		
105	吃(喫)食	○		○	133	喫的淨光	○			161	吃嗑家歡	○		
106	吃食諱食	○			134	吃淨	○			162	喫虛	○		
107	吃十方	○			135	喫租子			○	163	吃虎膽	○		
108	喫十輪酒			○	136	喫酒			○	164	吃血	○		
109	喫雙不喫單			○	137	喫地			○	165	吃(喫)餛飩	○		○
110	吃語詩	○			138	吃(喫)跌	○		○	166	喫哄	○		○
111	喫夜食			○	139	喫著不盡	○			167	喫紅臉飯			○
112	喫藥			○	140	喫着碗裏看着鍋裏			○	168	吃(喫)化	○		○
113	吃逆	○			141	喫着自己的飯替人家赶獐子			○	169	吃會酒	○		
114	吃烟	○		○	142	喫着碟子看着碗			○	170	喫孝			○
115	喫筵席			○	143	喫菜事魔	○			171	喫詬	○		
116	喫煙火食	○			144	喫鐵石	○			172	喫葷			○
117	喫鹽米			○	145	喫草			○	173	吃(喫)葷飯	○		○
118	吃用	○			146	吃(喫)醋	○		○	174	吃(喫)虧	○		○
119	喫烏飯痾黑屎	○			147	喫醋念酸			○	175	吃吃			
120	喫衣飯			○	148	喫嘴	○		○	176	喫喜			○
121	吃衣著飯	○			149	喫打	○		○	계		107	5	102

위와 같이 3종의 사전에는 '喫(吃)'의 표제어 176개가 수록되어 있다. 사전별로는 『한한대사전』에 107개, 『한국한자어사전』에 5개, 『중조대사전』에 102개가 수록되어 있다. 『한한대사전』과 『중조대사전』에서 표제어가 동일한 것은 '吃(喫)劍才', '吃(喫)苦', '喫(吃)告', '吃(喫)敲才' 등 37개이고, 『한국한자어사전』과 『중조대사전』에서 표제어가 동일한 것은 '喫官司'와 '喫殘' 2개이며, 3종의 사전에서 표제어가 동일한 것은 '喫官司' 1개이다. 따라서 『중조대사전』에 수록된 102개 중에서 『한한대사전』과 『한국한자어사전』에 수록된 표제어는 모두 39개가 된다. 『디지털한한대사전』에서는 『한한대사전』과 『한국한자어사전』에는 수록되지 않고 『중조대사전』에만 수록되어 있는 73개의 표제어를 편찬 방향에 맞게 취사선택하여 예문과 함께 수록하는 것이 바람직하다. 이때 유의해야할 점은 3종의 사전에 모두 수록되어 있는 39개의 표제어는 각 사전에 따라서 주석이 크게 다르다는 것이다. 그 한 예로 『한한대사전』과 『중조대사전』에 함께 수록되어 있는 '喫緊'의 주석 내용을 비교하면 다음과 같다.

〈표 3-2〉『한한대사전』·『중조대사전』 수록 '喫緊'의 주석 비교

사전	주석 내용
漢韓大辭典	① 매우 중요함. /明, 沈德符《野獲編補遺, 曆法, 算學》算學亦書數中要事, 而於勾稽錢穀, 尤爲吃緊. /淸, 周亮工《書影 8》此千聖心學, 第一吃緊. 舍此即無聖學. ② 자세히, 진지하게. /明, 李贄《告佛約束偈》但得二時粥飯, 便當吃緊思量. ③ 형세가 급박함. /淸, 朱克敬《暝庵雜識 2》當此軍情吃緊之時, 曷敢不竭力維持. ④ 그러나, 공교롭게도. /元, 白樸《梧桐雨 3折》吃緊的軍隨印轉, 將令威嚴, 兵權在手, 主弱臣強. ⑤ 가령. /元, 王修甫《斗鵪鶉 套曲》難由緒, 沒是處. 吃緊有統鏝的姨夫, 果必是箇風流俊人物, 又不敢道間阻.

中朝大辭典	chǐn 〈形〉 ① 다긴타 (語初 10b) (語重 16a) (課目 儒學 50b) 緊, 다긴타: 喫, 近語辭. (心經3:6b) 다긴타, 退溪曰: 喫, 語辭. (洛閩 詁) "~些兒." ≪康節詩≫: 聖人~事. 蓋謂聖人猶留意辭受事也. (洛閩 詁) 急切, 着力. //"鳶飛戾天, 魚躍于淵, 言其上下察也. 此一段子思~爲人處." (二程語錄 4) "~處花香這回, 斷送人腰肢幾擺."(紫釵記 粧臺巧絮) ② 眞個, 實在. //"則見他一時半刻使盡了千方百計, ~的理不服人, 言不諳典, 話不投機." (誤入桃源 3) ③ 無奈. //"~的軍隨印轉, 將領威嚴, 兵權在手, 主强臣强." (梧桐雨 3) 요긴ᄒᆞ다 //"王摩道: '侄兒有事未完, ~要去.'" 왕매 닐오㊀ㅣ 쇼딜이 요긴ᄒᆞᆫ 일이 이셔 마디 못ᄒᆞ야 갈소이다 (後水滸 12:39) 놀나다 //"屠俏大嫂聽了, 也~着急, 問道: '可知那裏男人爲女求親, 女人自尋男人願配, 那裏有多少婦人?'" 도쵸 대쉬 또ᄒᆞᆫ 놀나 무㊎㊀ㅣ 임의 인연을 핍박ᄒᆞ야 일오랴 ᄒᆞ면 이□ 혼인의 녜ᄉᆞ 아니라 우리 당부□ 그 가운㊀ㅣ 굿기□ 일이 업겠□가 (後水滸12:64)

『한어대사전』에서는 표제어 '喫緊'을 주석하면서 ① '切中要害', ② '仔細, 認眞', ③ '重要; 要緊', ④ '(軍事或政治形勢, 金融市場等)緊張', ⑤ '猶無奈', ⑥ '卽使, 假定', ⑦ '猶言實在是, 眞是' 등 5개 항목으로 제시하였다.[26] 그러나 『한한대사전』에서는 ① '매우 중요함'(『한어』의 '重要; 要緊'), ② '자세히, 진지하게'(『한어』의 '仔細, 認眞'), ③ '형세가 급박함'(『한어』의 '緊張'), ④ '그러나, 공교롭게도'(『한어』의 '猶無奈'), ⑤ '가령'(『한어』의 '卽使, 假定') 등 5개 항목을 제시하였다. 그리고 『중조대사전』에서는 ① '다긴타, 急切, 着力'(『한어』의 '切中要害'), ② '眞個, 實在'(『한어』의 '猶言實在是, 眞是'), ③ '無奈, 요긴ᄒᆞ다, 놀나다'(『한어』의 '猶無奈') 등 3개 항목을 제시하였다. 『한어대사전』에서는 ① '切中要害'의 예문으로 宋代 劉克莊의 ≪賀新郎≫에 나오는 "生不逢場閒則劇, 年似龔生猶夭. 喫緊處, 無人曾道."를 제시하였고, ⑦ '猶言實在是, 眞是'의 예문으로 『중조대사전』의 ② '眞個, 實在와 동일하게 元代 王子一의 ≪誤入桃源, 第三折≫에 나오는 "則見他一時半刻, 使盡了千方百計, 喫

26) 漢語大辭典編纂委員會, 『漢語大辭典』, 漢語大辭典出版社, 1994, 134쪽.

緊的理不服人, 言不諳典, 話不投機.”를 제시하였다. 이 예문에서 사용된 어휘들은 모두 근대 중국어에서 사용된 것이다.『디지털한한대사전』에서는『한한대사전』에 빠져있는 이 2개의 주석을 추가하는 것이 바람직하다.

『중조대사전』에서는 표제어 ‘喫緊’을 주석하면서 ③항을 의미상으로 ‘無奈’, ‘요긴ᄒᆞ다’, ‘놀나다’ 3개로 나누어 각각의 예문을 달았다.『한한대사전』에서는 표제어 ‘無奈’를 주석하면서 ① ‘謂無可奈何’, ② ‘猶無比’, ③ ‘猶可惜’을 제시하였다.『중조대사전』에서 ‘無奈’의 예문으로 제시한 “喫緊的軍隨印轉, 將領威嚴, 兵權在手, 主强臣强.”(梧桐雨 3)을『한한대사전』에서 ‘그러나, 공교롭게도’라고 주석한 것에서 알 수 있듯이, 이는 구절의 앞에 사용하여 ‘모종의 원인으로 인하여 실현을 예기할 수 없는 데 따른 원망이나 의도를 표시’하는 경우에 사용된다.[27] ‘요긴ᄒᆞ다’의 예문으로 제시한 “王摩道: ‘侄兒有事未完, 喫緊要去.’ 왕매 닐오㉐ㅣ 쇼딜이 요긴ᄒᆞᆫ 일이 이셔 마디 못ᄒᆞ야 갈소이다”(『後水滸』 12:39)에서, 원문과 번역은 각각 ‘王摩道(=왕매 닐오㉐ㅣ)’, ‘侄兒(=쇼딜이)’, ‘有事未完(=요긴ᄒᆞᆫ 일이 이셔)’, ‘喫緊(=마디 못ᄒᆞ야)’, ‘要去(=갈소이다)’로 조응한다. 이로 보아 이 예문에서 ‘喫緊’의 의미는 ‘요긴ᄒᆞ다’가 아니라 ‘마디 못ᄒᆞ야’이고, 이것은『한한대사전』에서 ‘無奈’를 ① ‘謂無可奈何’로 주석한 것으로 보아야 한다. 또한 ‘놀나다’의 예문과 번역을 조응하면 ‘屠俏大嫂聽了(=도쵸 대쉬),’ ‘也(=또ᄒᆞᆫ),’ ‘喫緊着急(=놀나),’ ‘問道(=무金㉐ㅣ)’ 등으로 조응하는 것에서 보듯이, 어찌할 바를 몰라[喫緊] 급한[着急] 모습을 ‘놀나’로 표현한 것이다. 따라서 이 예문에 사용된 ‘喫緊’의 의미 또한『한한대사전』에서의 ① ‘謂無可奈何’로 보는 것이 바람직하다.

---

27) 漢語大辭典編纂委員會, 앞의 책, 116쪽. “③ 猶可惜, 用于句首, 表示由于某種原因而不能實現豫期的愿望或意圖”

3. 신문명 어휘

중국에서 최초로 서양인들에 의해 서양어가 중국어로 번역된 것은 17세기에 중국에서 선교활동에 종사했던 예수회 선교사들에 의해서였다. 마테오리치(Matteo Ricci, 1552~1610))와 줄리오 알레나(Guiulio Alleni, 1582~1649)의 글을 비롯하여 중국어로 지은 책들은 과학 · 지리 · 교육 영역 가운데 서양지식을 바탕 하여 만들어진 최초의 新語['幾何', '經線', '緯線', '熱帶', '冷待', '溫帶', '地球' 등]들은 몇 세기 동안 서양 관련 문제들에 대한 중국 내 지식의 주요 원천이 되었다. 이들은 중국에 이미 존재했던 단어들이라도 이를 地球儀의 특정 부분을 가리키는 용어['北國', '南國', 赤道' 등]로 새롭게 의미를 부여하였다.[28] 이후 19세기 중반에 林則徐(1785~1850)의 『四洲志』(1841), 魏源(1794~ 1857)의 『海國圖志』(1844), 徐繼畬(1795~1873)의 『瀛環志略』(1848~1849) 등이 서양인과 접촉하면서 중국어 번역 작업이 활발히 진행하였다. 이어 1894년 청일전쟁을 거친 후 嚴復(1853년~1921)은 『天然論』(헉슬리의 『진화와 윤리)』, 『法意』(몽테스키외의 『법의 정신』), 『原富』(스미스의 『國富論』), 『自由論』(밀의 『自由論』) 등과 같은 서양의 명저들을 중국어로 번역하였다.

일본에서 최초로 서양어에 대한 번역이 이루어진 것은 1774년에 일본인 의사 스키타 겐파쿠(杉田玄白) 등이 네덜란드어 해부학 책을 『解體新書』라는 제목으로 번역하면서부터이다. 당시 일본에서는 네덜란드 문헌들을 통한 서양 학술 연구를 '蘭學'이라고 불렀다. 막부 말기부터 洋學의 중심은 蘭學에서 英學으로 바뀌었지만, 메이지 유신 이래로 양학은 최전성기를 맞아 무수한 번역어들이 생겨났다. 메이지 시

28) 페대리코 마시니(Federco Masini) 지음, 이정재 옮김, 『근대 중국의 언어와 역사』, 소명출판, 2005, 27~28쪽.

대의 번역 열풍은 초기의 의학에서 화학, 물리학, 천문학, 군사학 등을 거쳐 철학의 영역에까지 확장되었다. 일본 최초의 네덜란드 유학생이자 '근대 일본 철학의 아버지'로 불리는 니시 아마네(西周, 1827~1897)는 도쿄 대학의 전신인 가이세이쇼(開成所)에서 강의한 내용을 토대로 1874년에 출간한 『百日新論』에서 '希哲學'의 '希'자를 생략한 '哲學(데츠카쿠)'이라는 용어를 처음 사용하기도 하였다.[29] 또한 중국에서 번역된 많은 서양 관련 서적들을 일본어로 번역하였다. 魏源의 『海國圖志』가 1850년과 1854년에 일본에서 출간되었고, 徐繼畬의 『瀛環志略』이 1859년과 1861년에 일본에서 출간된 이후 1874년에 일본어로 재번역되었다. 근대 신문명 번역어들이 생성되는 과정에서 중국과 일본이 긴밀히 연계되어 있음을 보여준다.

알렉산더 와일리(Alexander Wylie), 조세프 에드킨스(Joseph Edkins) 등이 1857년 1월부터 1858년 1월까지 상하이에서 출간한 『六合叢談』에는 과학을 중심으로 지리학, 그리스문학, 영미 의회체계 등의 지식에 대해서도 함께 소개되어 있다. 이 잡지에는 이전에는 논저에서는 발견되지 않는 '議院'이라는 용어가 사용되고 있어 주목된다. 이 잡지가 1858년에 일본에서 다시 간행되고 1864년에 일본어로 번역된 후, 일본에서도 이 '議院'이 '議會', '國會' 등과 함께 널리 사용되었다. 중국에서 의회를 가리키는 의미로 사용된 '議院'은 그 후 몇 십 년 동안 사라졌던 데 비해 일본에서는 여전히 계속 사용되고 있었다. 이 말은 1870년대 초엽의 중국어에서는 서양의 대의기관이 아닌 일본의 의회를 가리키는 말로 쓰였다. 그 예로 주일 중국 참사관으로 부임한 黃遵憲(1848~1905)이 일본에서 지은 시를 모아 1879년 간행한 『日本雜事詩』에 '議院'과 '議員' 등이 포함된 것을 들 수 있다. 본래 중국에서 만들어

29) 양세욱, 「근대 번역어와 중국어 어휘체계의 혁신」, 『코기토』 65, 부산대학교 인문학연구소, 2009, 39~40쪽.

졌던 근대 어휘가 일본이라는 통로를 거쳐 다시 회귀했음을 보여준다. 이 두 어휘는 1913년의 「中國議院章程」에 함께 쓰였다가, 1949년 이후에는 오로지 자본주의 국가의 의회 및 의원을 지칭하는 데에만 사용되고 있다.[30] 다음에서 보듯이 우리나라에서는 개화기를 전후로 '議院'이라는 어휘가 한문 문장에서 사용되었다.

〈표 4-1〉 개화기 한문 문장에서 신문명 어휘 '議院'이 사용된 예

번호	작자	창작시기	원 문
①	李沂	1885	自夏以來, 雖敢私其位, 而不敢私其法. 禮樂名物, 出於通義, 功罪刑賞, 決於衆論. 君有所失, 人得與爭, 而其選士於鄕, 寓兵於農. 亦如今西人上下議院, 常後備兵之制, 而殷因於夏, 周因於殷, 雖有損益, 而其本則一也. 然則三代之爲立憲, 其亦審矣.[31]
②	申箕善	1898	以樞府舊制言之, 則領府判府之位也. 以各國近規言之, 則一國上議院之首座也. 雖使老成宿德才猷出衆爲一世所信服者當之, 猶宜惶惑兢懼, 不敢遽膺, 況如臣之愚昧蔑裂眇然一後進乎.[32]
③	金允植	1910	竊聞大廈非一木之可支, 泰山非拳石之可成, 不採輿論而能致治者未之有也. 以若未開之國, 議院之設, 不可遽議. 然貴國旣以憲法政治, 先倡於東洋, 以其已試之績, 方施之於敝邦, 安有立憲之治, 而無議院以輔之者乎.[33]
④	柳麟錫	1913	天地有高下, 萬物有大小, 山有嶽陵, 水有渠海, 如之何其平而等之也. 人有君臣父子夫婦長幼上下尊卑之分, 有聖凡智愚之異, 如之何其平而等之也. 西法立憲, 有君主臣民, 共和有大副統領, 又皆有議院上下, 畢竟爲平等不得也.[34]

①은 李沂(1848~1909)가 갑오개혁이 일어난 다음해인 1985년 올

30) 페데리코 마시니(Federco Masini) 지음, 이정재 옮김, 앞의 책, 157쪽.

31) 李沂, 『李海鶴遺書』, 『韓國文集叢刊』 347, 고전번역원, 28쪽.

32) 申箕善, 『陽園遺集』, 『韓國文集叢刊』 348, 고전번역원, 65쪽.

33) 金允植, 『雲養集』, 『韓國文集叢刊』 322, 고전번역원, 449쪽.

34) 柳麟錫, 『毅菴先生文集』, 『韓國文集叢刊』 339, 고전번역원, 347쪽.

린 정치제도 개혁안의 일부이다. 그는 이 글에서 중국 고대 3대 왕조의 정치를 서양의 立憲制에 견주면서 서양의 上下 議院[미국의 상원과 하원]을 언급하였다. ②는 申箕善(1851~?)이 1898년에 樞府(中樞院) 副議長을 사임하면서 당시 제도에서 樞府는 구제도로 보면 領府(領議政)와 判府(判三司事)의 지위에 해당하고 서양의 정치제도로 보면 한 나라의 上議院(미국의 上院)의 首座(상원의장)에 해당한다고 하였다. ③은 金允植(1835~1922)이 일본 사람 戶勝郞에게 보낸 편지의 일부이다. 그는 이글에서 당시 대한제국은 일본이 입헌 정치의 형태로 시행하고 있는 議院 제도를 시행할 준비가 되지 않았다고 하였다. ④는 柳麟錫(1842~1918)이 1913년에 지은「宇宙問答」에서 우주 만물이 평등하게 자리하고 있듯이, 인간은 모두 평등해야 한다는 정치사상을 밝힌 글이다. 그는 이 글에서 서양의 共和制에서 대통령과 부통령, 上下議院[상원과 하원]을 두는 것은 평등하지 못한 것이라고 비판하였다. 개화기에 신문명 어휘로 사용된 '議院'에서 ①, ②, ④는 미국식 의회 제도의 의미로 활용한 것이고, ③은 일본에서 시행되고 있는 의회 제도의 의미로 활용한 것이다. 개화기를 전후로 활동한 문인들이 중국과 일본에서 서양의 정치제도로 사용하던 '議院'의 의미를 이해하고 있었음을 보여준다.

중국과 일본에서는 외국어를 번역하면서 가능한 한 한문 고전에서 사용되고 있는 어휘에 새로운 의미를 부여하였다. 일찍이 동진 시대(317~420)에 중국문화가 채택한 불교 이해의 해석학적 방법인 '格義'를 신문명 어휘에도 그대로 적용한 것이다. 한 예로 중국에서 쓰인 불교 용어였던 '世界(산스크리트어 loka)'는 본래 시간[世]과 공간[界]으로 이해된 우주를 가리키는 말이었는데, 후에는 근대적 의미의 'world(세계)'를 뜻하는 말로 쓰이게 된 것을 들 수 있다. 이 말은 19세기 말에 일본에서 중국으로 다시 돌아와 널리 쓰이게 되었고, 이후

점차 같은 개념을 뜻하는 다른 중국어 어휘들인 '天下', '萬國' 등을 대체하게 되었다. 20세기가 될 무렵, 이 용어는 '세계'를 뜻하는 말로 가장 보편적으로 사용되었고 이전의 다른 단어들은 잊혀졌다.[35] 우리나라 사람들도 서양의 문물을 처음 접하고 나온 글에서 이와 같이 '格義' 방식으로 신문명 어휘를 만들었다. 조선에서는 1876년에 병자수호조약이 체결된 후 통신사로 金綺秀를 일본에 파견하였는데, 그는 같은 해 5월 12일 정오에 일본의 太政大臣 三條實美가 延遼館에서 주최한 下船宴에서 양식 요리를 처음 접하고 나서 다음과 같은 글을 지었다.

> 各人面前, 各有各人名紙, 紙供食套ⓐ物目印紙, 紙褋設各樣眞花折枝二缾, 假花二臺, 眞假相間, 而各樣ⓑ菓子餠餌之屬. 又間之珍盛之中, 別有淡雅之致. 各人面前, 各置二磁楪, 一盛ⓒ白布ⓓ裹餠, 布以承點漬, 餠以佐食也. 一淨空無物, 空楪之左, 有三ⓔ匙大中小具, 齒可以弔之, 可以杙之, 右二ⓕ刀後二ⓖ匙, 幷一大而一小. 於是供食, 硬軟ⓗ羹ⓘ胾無過少分, 硬者胾者, 匙有齒者鎭而刀割之, 軟者羹者匙取之而已. 或匙或刀一經食, 置之楪上. 於是ⓙ侍者, 退其楪, 洗淨還置. 刀還刀位, 匙還匙位, 而復進食, 食之如前, 退之還之, 並如前.[36]

위의 글의 내용으로 보아 ⓐ '物目印紙'는 '음식 이름을 적어놓은 목록'이고, ⓑ '菓子'는 '식사 이외에 사용되는 기호 식품으로 전분과 식물성 식료에 설탕을 섞어 만든 것'[37]이다. ⓒ '白布'는 '무릎위에 받쳐

---

35) 페대리코 마시니(Federco Masini) 지음, 이정재 옮김, 앞의 책, 231쪽.

36) 金綺秀, 『日東記游』 卷2, 「燕飮」.(宋敏, 「開化期 國語에 나타나는 新文明 語彙」, 『語文學論叢』 19, 국민대학교 어문학연구소, 2000, 29쪽 재인용)

37) 諸橋轍次 著, 『大漢和辭典』, 大修館書店, 1955, 701쪽.

놓아 음식이 스며드는 것을 막는 것'이고, ⓓ '餠'은 '양식을 먹기 전에 먹는 빵'이다. ⓔ '匙'는 '이빨이 달려 있어 음식을 매달거나 찍는데 사용하는 것'이고, ⓕ '刀'는 '양식을 먹을 때 사용하는 작은 칼'이며, ⓖ '匙'는 '음식을 떠먹는데 사용하는 숟가락'이다. ⓗ '羹'은 '양식에서 제공되는 죽'이고, ⓘ '胾'는 '저민 소고기를 크게 썰어 놓은 것'이다. ⓙ '侍子'는 '식사할 때 옆에서 시중드는 사람'이다. 위의 한자 어휘들은 각각 영어 ⓐ 'menu'(=식단표), ⓑ 'cake'(=과자), ⓒ 'napkin'(=흰 보), ⓓ 'bread'(=빵), ⓔ 'fork'(=이빨 있는 숟가락), ⓕ 'knife'(=칼), ⓖ 'spoon'(=숟가락), ⓗ 'soup'(=고기나 야채 따위를 삶아서 낸 즙에 소금, 후추 따위로 맛을 더한 서양 요리), ⓘ 'steak'(=고기를 두툼하게 썰어서 굽거나 지진 서양 요리), ⓙ 'waiter'(=손님의 시중을 드는 남자 종업원)를 한자로 번역한 것이다. 이들 한자 어휘에서 ⓐ '物目印紙'는 金綺秀가 의미에 맞게 새로 만든 번역어이고, ⓑ '菓子'는 당시에 사용되는 한자 어휘를 그대로 쓴 것이다. 이밖에 ⓒ '白布', ⓓ '餠', ⓔ '匙', ⓕ '刀', ⓖ '匙', ⓗ '羹', ⓘ '胾', ⓙ '侍子' 등은 모두 고전 문헌에서 사용되고 있는 어휘들을 활용해 새로운 의미를 부여한 것이다. 이중에서 ⓑ '菓子'를 제외한 나머지 한자 어휘들은 모두 영어를 한글로 음역한 ⓒ '냅킨', ⓓ '브레드(=빵)', ⓔ '포크', ⓕ '나이프', ⓖ '스푼', ⓗ '스테이크', ⓘ '웨이터'로 대체되었다.

앞서 말했듯이 『디지털한한대사전』은 『한한대사전』과 『한국한자어사전』을 통합 증보한 것이다. 따라서 이 사전에 수록되는 표제어는 『한한대사전』과 『한국한자어사전』에서 표제어를 선정하면서 정한 원칙을 그대로 따르는 것이 바람직하다. 『한한대사전』은 전거와 예문이 있는 한자 어휘만을 표제어로 수록하는 것을 원칙으로 하였다.[38] 따라서 『디지털한한대사전』에도 한문 고전에 나오는 전거와 한문으로 된 예문이 있

38) 단국대학교 동양학연구소 편, 앞의 책, 1쪽 〈일러두기〉.

는 표제어는 모두 수록하는 것이 바람직하다. 앞에서 살폈듯이 金綺秀가 1876년에 쓴 글에서 사용한 신문명 어휘들은 일본에서 목도한 서양의 기물들을 기존의 한자 어휘에 비의해 사용한 것이다. 따라서 이들 어휘는 외형상으로는 한문으로 된 전거와 예문이 있지만, 뒤에 신문명 어휘로 정착되지 못하여 일반 어휘로서의 자격을 상실하였다. 따라서 『디지털한한대사전』에서는 이들 한자 어휘를 수록하지 않는 것이 바람직하다. 그러나 李沂 등이 한문 문장에서 사용한 '議院' 등과 같이 중국에서 서양의 정치를 번역하면서 새로 만든 신문명 어휘들은 『디지털한한대사전』에 수록하는 것이 바람직하다. 『한한대사전』에는 신문명 어휘에 대한 표제어의 선정 기준이 다소 일정하지 않은데, 그 예로 '經濟'와 '民主'의 주석을 『국어대사전』과 비교해 보면 다음과 같다.

〈표 4-2〉『한한대사전』과 『국어대사전』의 '經濟'와 '民主'의 주석 비교

표제어	사전명	표제어의 주석
民主	한한대사전	① 백성의 지배자. ⑴ 주로 제왕(帝王)이나 군주(君主)를 가리킨다. ≪書, 多方≫ 天惟時求民主, 乃大降顯休命于成湯. ≪左傳, 文公17年≫ 齊君之語偸, 臧文仲有言曰, 民主偸必死. ≪文選, 班固, 典引≫ 肇命民主, 五德初始. 〈蔡邕注〉 民主, 天子也. ⑵ 관리(官吏). ≪三國志, 吳志, 鍾離牧傳≫ 僕爲民主, 當以法率下. ② 국가의 주권이 백성에게 속하는 정치 체제. 專制의 상대어. /鄭觀應≪盛世危言, 議院≫ 君主者, 權偏於上, 民主者, 權偏於下.
	국어대사전	[명]① 주권(主權)이 국민에게 있음. ② 〖정〗 ↗ 민주주의(民主主義)[39)
經濟	한한대사전	① 나라를 다스리고 백성을 구제함. 경세제민(經世濟民). ≪晉書, 殷浩傳≫ 足下沈識淹長, 思綜通練, 起而明之, 足以經濟. /唐, 袁郊≪甘澤謠, 陶峴≫ 峴之文學, 可以經濟, 自謂疏脫, 不謀宦游. ② 나라를 다스리는 재능. /淸, 孔尙任 ≪桃花扇, 修札≫ 寫的激切婉轉, 有情有理, 叫他不好不依, 又不敢不依, 足見世兄經濟. /淸, 沈濤≪交翠軒筆記1≫ [施彦士] 所著有海運芻言, 論海運始末利害甚悉, 儒生之有眞實經濟者.

	국어대사전	[명]① [economy]〖경〗 인간의 생활을 유지(維持0하고 발전시키는 데 필요로 하는 모든 재화(財貨)를 획득하고 이용하는 과정(過程)에 있어서의 일체의 활동. 재화의 생산 · 교환(交換) · 분배 · 소비(消費)는 모두 이 경제의 일면(一面)임. 경제의 형태(形態)를 사람의 수효에 다라서는 단일(單一) 경제 도는 사경제(私經濟) · 공동 경제 · 국민 경제로, 교환면(交換面)에 있어서는 자급 자족 경제 · 화폐(貨幣) 경제, 시용 경제(經濟)로 분류하며, 생산면으로 보아서는 태고적에는 원시 공산(共産) 경제가 행하여졌고, 노예(奴隸) 경제 · 장원(莊園) 경제 · 도시 경제를 거쳐 오늘날의 자본주의 경제로 발전하였음. ② 돈이나 재물을 절약함. ③ ↗ 경세 제민(經世濟民)

중국 문헌에서 '民主'는 『書經 · 多方』에서 '인민의 주인' 즉 군주의 의미로 사용하였다. 1864년에 간행한 『萬國公法』에서는 국가를 '君主之國'과 '民主之國'으로 구분하여, 처음으로 '民主'를 '인민의 통치'라는 의미로 사용하였다. 1890년이 되면 '民主'가 널리 퍼지게 된 듯하고, 1890년에 간행한 『萬國公報』에서는 브라질의 민주적 변화를 지칭하는 데에도 사용되었다. 양계초는 1896년에 지은 글에서 馬建忠이 제안했던 서양 서적의 범주를 '民主與君主經國之經'이라고 표현하였다.[40] 『한한대사전』에서는 '民主'를 주석하면서 ① '백성의 지배자'와 ② '국가의 주권이 백성에게 속하는 정치 체제'로 나누고, ①은 (1) '帝王이나 君主'와 (2) '官吏'로 나누어 풀이하였다. 『국어대사전』에서는 '民主'의 의미를 ① '主權이 국민에게 있음'과 ② '民主主義'로 나누어 주석하였다. 『국어대사전』에서 주석한 ①은 일반 명사로 사용된 신문명 어휘이고 ②는 현대 정치학에서 사용하는 신문명 어휘이다. 『한한대사전』에서 주석한 ①은 고전 문헌에 나오는 고전 어휘의 의미로 사용된 것이다. 그러나 주석 ②의 예문으로 제시한 『盛世危言』은 鄭觀應(1841~?) 1985

39) 이희승 편저, 앞의 책, 1328쪽.

40) 페대리코 마시니(Federco Masini) 지음, 이정재 옮김, 앞의 책, 247~268쪽.

년에 간행한 것으로, 이 책에서 사용된 '民主'는 영어 'democracy'를 번역한 신문명 어휘이다. 『디지털한한대사전』에서는 이것을 그대로 수록하는 것이 바람직하다.

중국 문헌에서 '經濟'라는 한자 어휘는 『晉書 · 殷浩傳』에서 '천하를 경영하고 백성을 구한다.'라는 뜻의 합성인 '經世濟民'에서 처음 사용되었다. 1878년 8월 18일자 「萬國公報」에 실린 글에서도 여전히 그러한 뜻으로 사용되었다. 양계초는 '富國學을 다룬 책을 일본에서는 經濟書라고 한다.'고 하였다. 1989년에는 康有爲가 베이징에서 '經濟學會'를 설립하였고, 1901년에 발행된 잡지 『譯書匯編』에 「經濟學史」를 발표하였다. 1902년에는 상하이에서 『經濟教科書』가 출간되었다.[41] 『한한대사전』에서는 '經濟'의 주석을 ① '나라를 다스리고 백성을 구제함[經世濟民]'과 ② '나라를 다스리는 재능'이라고 주석하고, 고전 문헌에 사용된 예문을 제시하였다. 『국어대사전』에서는 현대 경제학에서 'economy'의 의미로 사용되는 ① '인간의 생활을 維持하고 발전시키는데 필요로 하는 모든 財貨를 획득하고 이용하는 過程에 있어서의 일체의 활동', 일반 명사로 사용되는 ② '돈이나 재물을 절약함', 고전 문헌에서 사용된 ③'經世濟民' 등으로 주석하였다. 『한한대사전』에서는 '經濟'를 주석하면서 고전 어휘의 의미로 사용되는 경우로 한정하였고, 『국어대사전』에서는 신문명 어휘[주석 ①과 ②]와 고전 어휘[주석 ③]을 모두 수록하였다. 그런데 李沂는 「湖南學會月報序」에서 '經濟'라는 한자 어휘를 구사하여 "自近日新學之出, 各種教科, 無不畢具. 如政治學, 法律學, 是士之學也. 農桑學, 種植學, 是農之學也. 商務學, 經濟學, 是商之學也."[42]라고 하여 현대 경제학에서 'economy'의 의미로 사용하였다. 『디지털한한대사전』에서는 위와 같이 개화기를 전후한 시기에

41) 페데리코 마시니(Federco Masini) 지음, 이정재 옮김, 앞의 책, 247~268쪽.
42) 李沂, 앞의 책, 81쪽.

우리나라의 고전 문헌에서 사용된 신문명 어휘를 새로 추가하는 것이 바람직하다.

Ⅲ. 맺음말

『디지털한한대사전』에는 1차적으로 『한국한자어사전』과 『한한대사전』에 수록된 표제어를 통합한 50여만 개에 달하는 한자 어휘가 수록될 것이다. 이 사전에는 일반 한자 어휘뿐만 아니라, 제도어, 종교어 등 전문어와 함께 지명, 인명, 동식물명, 광물명 등 고유명사도 수록하여 백과사전적 면모를 갖추게 된다. 이는 중국에서 간행한 『한어대사전』과 일본에서 간행한 『대한화사전』에 표제어로 수록되어 있는 40만여 개와 37만여 개의 한자 어휘를 훨씬 능가하는 숫자이다. 특히 이 두 사전은 고전 어휘와 현대 어휘가 함께 표제어로 수록하고 있으나, 『디지털한한대사전』은 일반적으로 많이 쓰이는 한자 어휘이더라도 출전과 예문이 없거나 근현대에 만들어진 어휘는 수록하지 않고 있다. 옥스퍼드 온라인 사전이 세계 최대의 영어사전이라면[43], 『디지털한한대

43) 「한겨레 신문」 2003년 1월 18일자 기사 일부. "사전 출판의 대명사인 영국 옥스퍼드대학 출판부가 (2003년) 3월에 1억 3천만 단어를 웹상에 띄우는 대규모 프로젝트를 마무리하고 유로 인터넷 서비스를 시작한다. 1884년에 시작해 40여 년 만에 완성한 『옥스퍼드 영어사전』(전20권)은 물론, 『20세기 Who's Who 인명사전』 등 100여 종 지식의 보고들을 한데 모으고, 다시 갈래지어 나눔으로써 또 하나의 거대한 지식 피라미드를 탄생시켰다. 옥스퍼드 온라인 사전은 웹상에서 가장 큰 지식자원이기도 하다. 1억 3천만 개의 단어는 브리대니카 백과사전 4천 4백만 단어의 세 배 이상이고, 현재 웹에서 가장 큰 사전 사이트인 옥스퍼드 영어사전 6천만 단어의 두 배를 넘는다."(남기심, 「국내 사전 편찬의 현황」, 『한국

사전』은 세계 최대의 온라인 한자사전이라 할 수 있을 것이다.

『디지털한한대사전』은 페이퍼 사전이 갖는 한계를 극복하여 한자사전의 활용도를 획기적으로 증진시키는 사전이 될 것이다. 이와 함께 이 사전은 모든 문자 정보를 웹 폰트로 전환한 사전으로 이체자의 성격별 분류나 유사 의미자 혹은 대체 의미자의 구현까지 가능하게 될 것이다. 따라서 이 사전은 고전 문헌의 전문 연구자에서부터 일반 교양인에 이르기까지 모든 사용자에 대해 한자에 대한 접근의 폭을 확대하여 오랜 기간 축적되어 온 우리의 전통 문화를 계승하는 길잡이 역할을 할 것으로 기대된다. 그러나 이 사전이 온라인으로 제공되는 한자사전의 메카로 자리하기 위해서는 해결해야할 과제가 적지 않다. 먼저 고전어와 현대어의 중간 지점에 자리하고 있는 신문명 어휘에 대한 처리를 통해 고전어 한자사전으로서의 정체성을 확보해야 한다. 그리고 불교 경전을 번역한 한자 어휘나 고백화로 불리는 근대 중국어를 지속적으로 업그레이드해야 한다. 이를 위해서는 산스크리트어를 비롯해 중국과 일본의 근대어에 대한 폭넓은 식견과 함께 유학과 불교를 중심축으로 형성된 동아시아의 고전문화를 꿰뚫어보는 혜안을 지니고 있어야 한다.

사전학』 1권, 한국사전학회, 2003, 12쪽 재인용)

〈참고 문헌〉

(1) 사전

吉祥 편,『佛教大辭典』, 弘法院, 2001.

단국대학교 동양학연구소 편,『韓國漢字語辭典』, 단국대학교 출판부, 1996.

단국대학교 동양학연구소 편,『漢韓大辭典』, 단국대학교 출판부, 2008.

박성훈 편저,『老乞大諺解辭典』, 태학사, 2009.

박재연 저,『中朝大辭典』, 鮮文大學校 中韓飜譯文獻硏究所, 2002.

이희승 편저,『국어대사전』, 민중서림, 1982.

諸橋轍次 著,『大漢和辭典』, 大修館書店, 1955.

중국어대사전편찬실 편,『中韓大辭典』, 고려대학교 민족문화연구소, 1995.

漢語大辭典編纂委員會,『漢語大辭典』, 漢語大辭典出版社, 1994.

(2) 문집

金允植,『雲養集』,『韓國文集叢刊』322, 고전번역원.

柳麟錫,『毅菴先生文集』,『韓國文集叢刊』339, 고전번역원.

申箕善,『陽園遺集』,『韓國文集叢刊』348, 고전번역원.

李沂,『李海鶴遺書』,『韓國文集叢刊』347, 고전번역원.

(3) 논저

江藍生 · 曹廣順 · 吳福祥,「근대 한어 연구의 회고와 전망」,『중국 언어학 현상과 전망』, 역락, 2010.

姜勇仲,「近代中國語 語彙硏究의 構成과 要件에 대한 試論」,『중국문화연구』 제10집, 중국문화연구학회, 2007.

金鎭宇,『言語와 文化』, 중앙대학교출판부, 1996.

남기심,「국내 사전 편찬의 현황」,『한국사전학』1, 한국사전학회, 2003.

박재연,「『中朝大辭典』 편찬에 대하여-필사본 번역고소설 활용을 중심으로-」,『한국사전학』1, 한국사전학회, 2003.

宋敏,「開化期 國語에 나타나는 新文明 語彙」,『語文學論叢』19, 국민대학교 어문학연구소, 2000.

沈在箕,,「漢字語 受容에 關한 通時的 硏究」,『國語學』8, 국어학회, 1989.

양세욱,「근대 번역어와 중국어 어휘체계의 혁신」,『코기토』65, 부산대학교 인문학연구소, 2009.

이재창,『중국불경의 이해』, 경학사, 1998.

이종철,『중국불경의 탄생』, 창작과비평사, 2008.

이동철,「번역으로서의 동아시아」,『고전, 고전번역, 문화번역』, 미다스북스, 2010.

정재철,「『漢韓大辭典』의 편찬 방향과 사전사적 의미」,『동양학』46, 단국대학교 동양학연구소, 2009.

정재철,「한국의 문자정책과 한문교육」,『한문교육연구』33, 한국한문교육학회, 2009.

최영애,『중국어란 무엇인가』, 통나무, 2008.

페대리코 마시니(Federco Masini) 지음, 이정재 옮김,『근대 중국의 언어와 역사』, 소명출판, 2005.

[*이 글은 단국대학교 동양학연구원 학술지『동양학』50집(2011.8.30.)에 수록된 것이다. 이후 동양학연구원 사전학총서 4집 간행의 취지에 부응하여 재수록하였다.]

『통합 漢韓大辭典』의 國字 처리에 대하여

이 건 식*

Ⅰ. 서 언

『통합 漢韓大辭典』이란 임시적인 명칭으로 단국대학교 동양학연구소에서 2008년에 15권으로 완간한 『漢韓大辭典』과 1996년에 4권으로 완간한 『韓國漢字語辭典』을 내용적으로 통합한 사전을 말한다. 현재 두 사전의 내용 통합 작업이 데이터베이스 상에서 진행 중에 있으며 2017년 말 완료를 목표로 하고 있다. 이 글은 『통합 漢韓大辭典』의 편찬 작업에서 고려해야 될 사항의 하나인 國字 처리 문제를 검토하고자 한다.

國字란 字形 上 한국 고유의 특성을 가진 한자를 말한다. 이 國字에는 몇 가지 세부 유형이 있다. 水田의 두 글자가 하나의 글자로 합자된 畓과 같이 중국의 역대 자서나 운서에서 전혀 동일한 자형을 발견할 수 없는 것, 大豆의 豆가 '之〉·'의 형태로 서사되어 太의 자형을 형성한 것처럼 자형이 한자와 동일하나 자형의 형성 방법이 상이한 것, 우리말을 표기하기 위하여 乭과 같이 음차 표기자 둘을 합자한 것,

* 단국대학교 교수, 동양학연구원 편찬실장 / leeksl@dankook.ac.kr

구결자 ㅅ와 같이 한자 羅에서 생획된 것, 약자 吅와 같이 한자 嚴에서 생획된 것 등이 있다.

이러한 國字는 字音이나 字意의 측면에서 한국 고유성을 가지는 한자와 더불어 오래 전부터 주목을 받아 왔다. 한국 고유한자에 대한 그동안의 연구 성과를 간략하게 정리하여 제시하면 다음과 같다.[1] 이 글의 주안점이 字形 상 한국 고유의 특성을 가지는 國字에 있으므로 아래 표에서 제시한 '글자수'는 國字를 중심으로 제시한다.

〈표 1〉 한국 고유한자 연구 문헌 목록과 글자수

연구 문헌	한국 고유한자 명칭	글자수
鄭東愈(1744~1808)의 『晝永編』	俗用雜字, 兩字合爲一(字)	43
李圭景(1788~?)의 『五洲衍文長箋散稿』	東國土俗字	97
池錫永의 『字典釋要』(1909)	(朝)鮮(字)	55
朝鮮光文會의 『新字典』(1915)	朝鮮俗字	107
鮎貝房之進의 『俗字考』(1931)	俗	속자 150
홍기문의 『이두연구』(1957)	리두자	새로 만든자 39, 표음하는 자 15
김종훈의 『한국고유한자연구』(1992)	韓國固有漢字	국자 138
南豊鉉(1989)의 「韓國의 固有漢字」	한국 고유한자	합자 21, 형성자 29, 회의자 3, 생획자 61, 구결자 39, 구결 이두 합자 9
『韓國漢字語辭典』(1996)	韓國漢字	국자 201

1) 李睟光의 『芝峰類說』, 黃胤錫의 『頤齋亂藁』, 李德懋의 『靑莊館全書』 「盎葉記」에도 일부 한국 고유한자에 대한 논의를 하고 있다. 이에 대해서는 이건식(2012:189-191)을 참조할 수 있다.

연구 문헌	한국 고유한자 명칭	글자수
최동언의 『조선식한문연구』(2000)	朝鮮式 漢字	음과 뜻을 모두 가진 글자 47 음만을 나타내는 글자 64 여러 소리 마디로 된 글자 5
『異體字字典』(2000)	韓國特用漢字	241

朝鮮光文會의 『新字典』(1915)에 이르기까지는 한국 고유한자의 세부 유형을 통합하여 연구하여 왔으나 鮎貝房之進(1931)부터 최동언(2000)에 이르기까지 한국 고유한자의 세부 유형을 고려하면서 한국 고유한자의 특성을 연구하여 왔다. 그런데 〈표 1〉을 통해 알 수 있듯이 연구 문헌마다 세부 유형의 명칭이 달랐다. 이것은 字形 상 고유성을 판단하는 기준이 연구 문헌마다 다른 것임을 암시해 준다. 이러한 사실은 박성종(2005)에서 논의된 바 있다. 연구 문헌마다 세부 유형의 명칭이 다른 것은 더 나아가서 字形 상 고유성이 없는 한자들도 國字로 처리했을 가능성을 암시해 준다.

『韓國漢字語辭典』은 방대한 한국 문헌 자료를 검토하여 편찬한 것이다. 그리하여 『韓國漢字語辭典』은 그 동안 國字로 이해하여 왔던 한자를 한어의 한자로 판명하였으며, 새로운 國字를 다수 발굴하는 성과를 거두었다. 반면에 이유는 알 수 없지만 기존의 한국 고유한자의 연구에서 제시된 國字 중 일부는 『韓國漢字語辭典』에 누락되어 있다.

『韓國漢字語辭典』이 발간된 1996년 이래로 한국은 물론 전세계는 정보화 사회로 급속도로 진입하게 되고 이에 따라 동아시아 삼국의 문헌 자료도 대규모적으로 디지털화되기에 이르렀다. 이러한 연구 환경의 비약적인 개선에 힘입어 이 연구에서는 『통합 漢韓大辭典』 편찬 작업의 國字 처리의 측면에서 두 가지 주요 문제를 논의하도록 한다. 즉 제2장에서는 『韓國漢字語辭典』의 문제점을 검토하고, 제3장에서는 통합 『漢韓大辭典』 편찬에서 보완해야 될 國字에 대해 논의하기로 한다.

Ⅱ. 『韓國漢字語辭典』 國字 처리 실태 검토

1. 國字의 판단 기준

(1) 『韓國漢字語辭典』 國字의 개념

『韓國漢字語辭典』은 「일러두기」 제8항에서 한국 고유의 특성을 가진 한자를 國字, 國義, 吏讀 등으로 다음과 같이 구분했다.

(1) 우리 나라에서 만들어 써 온 고유문자와 동일한 한자이면서 우리나라에서만 쓰이는 音·訓이 있는 글자는 한글로 적시한 음 앞에 부호 *를 써서 명시하고 그 글자 아래에 [國字], [字源], [國義], [吏讀]의 난을 두어 간단히 해설하였다.

(2) 가. 乫 *갈 [國字] 음은 갈, 뜻은 없다. [字源] 우리말의 '갈'음을 표기하기 위하여 加와 乙을 결합하여 만든 글자. 加의 음 '가'에 乙의 음 '을'의 종성 'ㄹ'을 결합하여 '갈'이 된다.

나. 叔 아제비 숙 [國義] 아주버니. 남편의 형

다. 乙 새 을 [吏讀] 을. 를. 목적격 조사로 쓰인다.

(1)은 한국 고유의 특성을 가진 한자로 '[國字], [國義], [吏讀]' 등 세 종류가 있음을 말한 것이다. 그리고 (2)는 '[國字], [國義], [吏讀]' 등의 사례를 예시한 것이다.

(2가)의 [字源]은 乫의 자형 형성 방법을 설명하고 있다. 乫은 소위 '구결 이두 합자[2]'로 부를 수 있는 것으로 『康熙字典』과 같은 한자 자전에는 실려 있지 않은 것이다. 따라서 『韓國漢字語辭典』에서 규정한 國字는 자형이 한국 고유의 것임을 말한 것이다. 叔은 한자로는 '작은 아버지'의 뜻이나 (2나)는 叔이 한국에서는 '큰 아버지'의 뜻으로 쓰인 것임을 보인 것이다. 따라서 『韓國漢字語辭典』에서 규정한 國義란 한자의 의미가 한국 고유의 것임을 말한 것이다. (2다)의 乙은 吏讀의 吐 표기에 사용될 때의 의미를 기술한 것이다. 따라서 『韓國漢字語辭典』에서 규정한 吏讀란 한자를 빌어 와 우리말을 표기한 것을 말한다.

⑵ 國字에 대한 기존 연구의 판단 기준 분석

鮎貝房之進(1931), 홍기문(1957), 김종훈(1983), 『韓國漢字語辭典』(1996) 등에서 한국 고유한자의 세부 유형을 논의하였다. 관련된 해당 한자를 일부 제시하면서 이 연구들에서 정한 한국 고유한자 세부 유형 간의 개념적 차이를 대조하면 다음과 같다.

---

2) '구결 이두 합자'는 남풍현(1989)의 것이다. 乫과 같이 종성 한글 표기 'ㄱ'이 있어 乫을 '구결 이두 합자'로 부르는 것에는 다소 무리가 있다. 그러나 '구결 이두 합자' 중 乫과 같은 것은 일부이고, 또 이러한 방식이 차자 표기 체계로부터 발달한 것을 고려하여 '구결 이두 합자'로 부르도록 한다.

〈표 2〉 관련 연구별 한국 고유한자 세부 유형

기준	한자	鮎貝房之進(1931)	홍기문(1957)	김종훈(1983)	韓國漢字語辭典(1996)
形	迠	속자	새로 만든 자(음과 뜻이 서로 다른 자)	국자	국자
	泧	속자	새로 만든 자(음과 뜻이 일치하는 자)	국자	국자
	迂	속자	새로 만든 자(음만 있는 자)	국자	국자
	迲	속자	새로 만든 자(뜻만 있는 자)	국자	국자
	乬	속자	표음하는 자	국자	국자
音	媤	속자	변해 쓰는 자(뜻과 음이 함께 변하는 자)	國音字	국의자
	帖	속음자	※ 언급하지 않았음	國音字	국의자
意	串	속훈자	변해 쓰는 자(뜻만 변하는 자)	國音字	국의자
	縛	속훈자	변해 쓰는 자(뜻만 변하는 자)	국의자	국의자

〈표 2〉에서 보는 바와 같이 鮎貝房之進(1931)의 속자는 字形 상의 한국 고유성, 속음자는 字音 상의 한국 고유성, 속훈자는 字意 상의 한국 고유성을 지칭한 것이다. 결국 鮎貝房之進(1931)의 속자는 중국 역대 자서나 운서에 실려 있지 않은 것을 말한 것이고, 속음자와 속훈자는 중국 역대 자서나 운서에 해당 한자가 실려 있으나 각각 자음과 字形 상 한국 고유성을 가진 것임을 말한 것이다.

'迠, 泧, 迂, 迲, 乬' 등에 대해서 鮎貝房之進(1931)은 속자, 홍기문(1957:62-89)은 '새로 만든 자', 김종훈(1983)은 국자, 『韓國漢字語辭典』(1996)은 국자로 규정하였다. 이것은 이들이 중국 역대 자서나 운서에 실려 있지 않은 사실을 지적한 것이다.

한편, 〈표 2〉에서 보는 바와 같이 鮎貝房之進(1931)은 媤를 속자로 규정하고 있다. 이러한 규정의 근거는 媤가 중국 역대 자서나 운서에 실려 있지 않은 것이었다. 그런데 사실 媤는 『집운』과 『자휘』에 실려 있다.[3] 이러한 사실을 반영하여, 홍기문(1957)은 媤를 '변해 쓰는 자(뜻과 음이 함께 변하는 자)'로 규정하였고, 『韓國漢字語辭典』(1996)에서는 '국의자'로 규정하였다. 그런데 김종훈(1983)은 媤를 '國音字'로 처리하고 있다. 이것은 김종훈(1983)이 媤를 한자의 관점에서 파악하지 않고, 차자 표기의 관점에서 파악한 것임을 말하는 것이다. 즉 媤는 '남편'을 뜻하는 우리말 '시'를 표기한 사실을 중시한 것이다. 그리하여 김종훈(1983)은 帖와 串을 차자 표기의 관점에서 바라보아 이들을 '國音字'로 규정하고 있다.

『韓國漢字語辭典』(1996)에서 帖의 훈과 음을 '체지 체'로 제시하고,[4] '체지(관아에서 이속을 채용할 때에 쓰는 임명장)'가 한국 고유 의미임을 들어 帖을 國義字로 규정하였다. 그러나 鮎貝房之進(1931)은 帖이 가진 字意 상의 고유성을 인정하지 않고, 帖이 가진 字音 상의 고유성만을 인정하여 帖을 속음자로 규정하였다. 串은 차자 표기에서 우리말 '곶'을 표기하는 데에 쓰인 차자이다. 그런데 김종훈(1983)은 串이 차자 표기인 점을 고려하여 이를 國音字로 처리하였으나, 鮎貝房之進(1931), 『韓國漢字語辭典』(1996) 등은 '한자'라는 단일 관점에서 串이 가지는 字意 상 고유성에 주목하여 串을 鮎貝房之進(1931)은 속훈자, 『韓國漢字語辭典』(1996)은 국의자로 규정하였다. 그런데 '리두자'의 단일 관점에서 홍기문(1957)은 串을 '변해 쓰는 자(뜻만 변하는 자)'로 규정하였다.

결국 김종훈(1983)이 한자와 차자 표기라는 두 관점에서 字形 상 고유성을 파악하고 있는 것에 반해, 鮎貝房之進(1931), 『韓國漢字語辭典』(1996) 등은 '한자'라는 단일 관점에서 '辻, 溌, 迲, 迲, 乶' 등의 字形

3) 『漢韓大辭典』, 媤, "사(시) 之 ○平 『集韻』 新玆切 sī 여자 이름에 쓰는 글자. 『集韻』, 「之韻」 媤, 女字. 『字彙』, 「女部」 媤, 女名."

4) 『韓國漢字語辭典』, 帖, "접을 첩, 체지 *체, 國義 一체지. 관아에서 이속을 채용할 때에 쓰는 임명장. (중략)二 관아에서 발행한 공문서.(하략)"

상 고유성을 파악하고 있는 것이다.

鮎貝房之進(1931)에서 제시한 속자의 개념과 김종훈(1983)에서 제시한 국자와 『韓國漢字語辭典』(1996)에서 제시한 국자의 개념 간에는 큰 차이가 있다. 鮎貝房之進(1931)이 속자로 규정한 것 중에 일부를 『韓國漢字語辭典』(1996)에서는 국의자로 규정하였고, 김종훈(1983)에서는 국자, 國音字, 국의자 등으로 규정하고 있기 때문이다.

(3) 가. 浾, 菁, 鐥
나. 杻, 洑, 卜, 鵉, 椝, 夕, 釗, 媤, 茸, 苫
다. 椵, 椺, 藿, 娚, 槤, 糖, 迆, 堗, 楝, 垌, 栖, 莎, 膿, 棍, 襦, 矣, 槵, 太, 把, 吥, 楦, 楪木牒

鮎貝房之進(1931)은 (3)의 한자를 모두 字形 상 한국 고유성을 가지는 것으로 파악하여 속자로 규정하였다. 그러나 『韓國漢字語辭典』(1996)은 (3)의 것을 모두 국의자로 규정하였고, 김종훈(1983)은 (3가)를 국자로, (3나)를 國音字로, (3다)를 국의자로 규정하였다.

이러한 차이는 鮎貝房之進(1931), 김종훈(1983), 『韓國漢字語辭典』(1996) 등에서 적용한 자형 고유성의 판단 기준이 다른 것에서 발생한 것이다. 즉 鮎貝房之進(1931)이 중국 역대 자서나 운서의 수록 여부는 물론, 자형 발생의 고유성 여부까지도 字形 상 고유성을 판단하는 기준으로 삼고 있음에 반해, 『韓國漢字語辭典』(1996)은 오로지 중국 역대 자서나 운서의 수록 여부만으로 字形 상 고유성을 판단하는 기준으로 삼고 있기 때문이다. 한편 김종훈(1983) 역시 중국 역대 자서나 운서의 수록 여부만으로 字形 상 고유성을 판단하는 기준으로 삼고 있으나 『韓國漢字語辭典』(1996)과는 다르게 (3나)와 같이 우리말을 차자 표기한 것을 별도로 國音字라 규정하고 있다.

예컨대 한국 고유한자 (3다)의 太는 한자 太와 자형 구성 방법이 상이한 것에 근거하여 鮎貝房之進(1931)은 (3다)의 太를 속자로 규정하였다. 즉 鮎貝房之進(1931)은 太[콩]의 '점'획이 '콩'을 상형한 것이라는 종래의 견해에 기반하여, 太[콩]를 상형에 의한 한국 고유한자로 파악한 것이다. 한편 남풍현(1989:98-99)에서는 일본 正倉院에 보존된 신라의 出納帳에 한 번은 '大豆'로 나오고, 한 번은 '大之'로 기입된 것에 착안하여 太[콩]의 '점'획이 '豆'에서 온 것임을 밝혔다. 이것은 한국 고유한자 太의 자형이 '大豆'에서 기원한 것임을 말한 것이다. 그런데 김종훈(1983)과 『韓國漢字語辭典』(1996)은 '콩'을 의미하는 太가 한자 太와 자형이 동일하다는 점에서 太를 국의자로 규정하였다.

또한 (3나)의 卜은 차자 표기에서 '짐[負]'의 의미로 사용되었는데, 鮎貝房之進(1931)은 卜을 負의 俗字로 파악하고, (3나)에 제시된 卜에 대하여 자형 발생의 고유성을 감안하여 이를 俗字로 규정하였다. 그러나 『韓國漢字語辭典』(1996)에서는 (3나)의 卜이 漢字 卜과 자형이 일치한다는 점에서 (3나)의 卜을 국의자로 규정하였다. 또 김종훈(1983)은 (3나)의 卜이 차자 표기에 쓰인 점을 감안하여 國音字로 규정하였다.

지금까지 논의한 내용을 바탕으로 한국 고유한자에 대한 기존 연구에서 적용한 國字 판단 기준과 한국 고유 한자의 인식 체계를 간략하게 표로 제시하면 다음과 같다. 편의 상 아래 표에서 鮎貝房之進(1931)을 A, 홍기문(1957)은 B, 김종훈(1983)을 C, 『韓國漢字語辭典』(1996)을 D로 제시한다.

〈표 3〉 국자 판단 기준과 한국 고유한자 인식 체계

기 준		A	B	C	D
국자 판단 기준	중국 역대 자서나 운서의 수록 여부	○	○	○	○
	자형 상 고유성의 근거		○		
한국 고유 한자 인식 체계	한자와 차자 표기의 두 관점	○			
	한자의 단일 관점		○	○	
	리두자의 단일 관점				○

2. 國字의 세부 유형

『韓國漢字語辭典』의 「일러두기」에서는 國字의 세부 유형이 명시적으로 기술되어 있지 않다. 그런데 『韓國漢字語辭典』의 뜻풀이와 字源에는 세부 유형의 명칭이 제시되어 있다. 즉 『韓國漢字語辭典』의 해당 字源에서 '무엇과 무엇을 결합하여 만든 글자'로 풀이하고 있는 것과 해당 글자의 뜻풀이에서 각각 '구결자, 악보기호, 속자, 약자, 동자' 등의 말로 字形 상의 세부 유형의 특성을 기술하고 있다. 『韓國漢字語辭典』의 뜻풀이와 字源에 기술된 이러한 용어에 따라 『韓國漢字語辭典』에 수록된 201자의 國字를 세부 유형별로 제시하면 다음과 같다. '무엇과 무엇을 결합하여 만든 글자'로 풀이한 것은 '구결 이두 합자'와 '합자'로 나누어 제시한다. 그리고 속자, 약자, 동자 등의 경우에는 오른쪽 ( ) 속에 본자가 되는 한자를 함께 제시한다.

(4) 가. 구결 이두 합자(53자)

고유어 종성 ㄱ 표시 : [illegible], 巪, [illegible]

고유어 종성 ㄴ 표시 : [illegible], 爲/卩

고유어 종성 ㄹ 표시 : 乫, 乬, [illegible], [illegible], [illegible], [illegible], [illegible], [illegible], [illegible], [illegible],

乭, 乧, 乼, 乶, 乻, 乺, 乽, 乷, 乫, 乬,
乮, 乯, 乲, 乴, 乵, 乸, 乹, 乼, 乤

고유어 종성 ㅁ 표시 : 旀

고유어 종성 ㅅ 표시 : 㖍, 廤, 莻, 䢀, 㕦, 𠅗, 㐆, 䒊, 穒, 舩,
                                    涗, 㐡, 蒊, 鼝, 浌, 廲

경음 표기 : 巼, 巶

나. 합자(8자) : 朶, 畓, 柰, 巭, 巼, 巭, 𡘊, 井[菩薩]

다. 속자(30자) : 建[결필자](建), 㤼(怯), 仟(擊), 苦(桔), 坍(壇), 弥(旀), 旀(彌), 夢(夢), 旀(彌), 皈(歸), 覀(覆), 旹(時), 伩(儒), 曺(曹), 柒(漆), 呑(吴), 湏(須), 匜(匜), 𥝱(稱), 㖈(喙), 㗸(銜), 囙(因), 旀(彌), 毷(毷), 与(與), 䏕(玳), 鷺(鷺), 踚(蹲), 軜(軸), 凬(風)

라. 동자(3자) : 尒(尒), 啣(銜), 丁(亇),

마. 약자(4자) : 𠆛(幕), 㒷(暮)[5], 戔(錢), 吅(嚴)

바. 구결자(3자) : 亽, 阝, 卩

사. 악보 기호(9자) : 厶, 乛, 幺, 亻, 勹, 乚, ㇆, 亠, 乂

아. 기타(91자) : 㖇, 侤, 㹞, 欌, 㤿, 垈, 襽, 獤, 㶡, 硋, 辷, 浛, 䭢, 亇, 鱇, 亇, 魟, 䋄, 棯, 䪦, 迷, 檄, 洑, 椺, 㟁, 枇, 䄻, 椛, 㰤, 鞢, 栍, 閪, 縇, 㵎, 䍐, 蟔, 迲, 椋, 浰, 畓, 欕, 箕, 韞, 琓, 䪼, 啫, 檪, 欌, 胖, 硳, 㹠, 岾, 魟, 橸, 㯖, 熥, 鍽, 鐦, 𠡒, 猴, 焞, 遤, 呿, 喆, 憹, 䄻, 椁, 濦, 畯, 橙, 糕, 緋, 纇, 纁, 罡, 聭, 菸, 蒼, 蛯, 諮, 踏, 轀, 鋕, 鐥, 鋢, 鐵, 鑢, 卯, 騎, 鮷, 麬

---

5) 『韓國漢字語辭典』에서 𠆛를 '幕의 약자', 㒷를 '暮의 속자'로 풀이하고 있다. 𠆛이 '幕의 약자'라면, 㒷도 '暮의 약자'일 것이다.

(4가)의 '구결 이두 합자'란 용어는 남풍현(1989)에서 가져온 것임을 앞에서 설명하였다. 鮎貝房之進(1931)은 假借 造字, 홍기문(1957)은 '표음하는 자', 박성종(2005:67)은 '표음 국조자'로 부르고 있다. 이 유형에 속하는 글자의 字形 상 고유성은 의심할 바 없다. 고유어 종성 'ㄴ, ㄹ, ㅅ' 등을 표기하기 위하여 차자 표기에 사용된 '卩, 乙, 叱' 등이 사용되었으나 고유어 종성 'ㄱ, ㅁ'을 표기하기 위하여 한글 자모 'ㄱ, ㅁ'이 사용된 것이 이채롭다. ⿱分叱과 ⿱叱分에서 보는 것처럼 경음을 표기하기 위한 叱이 分의 아래 공간과 위 공간에 표기된 점도 이채롭다.

(4나)의 합자는 두 글자가 하나의 글자를 형성한 것이다. 예컨대 ⿱乃末의 경우 신라의 관직명인 乃末의 두 글자가 합자되어 형성된 자형이다. 鮎貝房之進(1931)과 남풍현(1989)에서 '합자'의 용어를 사용하고 있다. 이 유형에 속하는 글자의 字形 상 고유성은 의심할 바 없다.

(4다)의 속자와 (4라)의 동자는 () 속에 제시한 정자의 이체자이다. 이 유형에 속하는 한자를 『한국한자어사전』(1996)에서는 國字로 규정하였으나 다른 연구에서는 일부 한자의 경우에만 國字로 규정하였다. 즉 畓의 경우 鮎貝房之進(1931), 김종훈(1983) 등도 字形 상 고유성을 인정하여 속자 또는 國字라 규정하였고, 曺의 경우 김종훈(1983)도 국자라 규정하였고, '侤, 垧, 旀, 栗, 伩' 등의 경우에는 鮎貝房之進(1931)에서도 속자로 규정하였을 뿐이다.

(4다)와 (4라)에 속한 글자들을 字形 상 한국 고유성을 가진 것으로 규정한 것은 이 자형들이 중국 역대 자서나 운서에 수록되지 않은 것에 근거한 것으로 생각된다. 그런데 이러한 근거만으로는 (4다)와 (4라)에 속한 글자들이 字形 상 한국 고유성을 가지는 것으로 판단하기에는 충분치 않다. (4다)와 (4라)에 속한 글자들이 중국에서 사용되었을 가능성이 있기 때문이다. 예컨대 (4다)의 為를 들 수 있다. 『한국한자어사전』(1996)에 따르면 為는 『東國正韻』과 『鄕藥救急方』에 사용된 것이

다.[6] 그런데 대만의 『異體字字典』(http:// dict2.variants.moe.edu.tw)에서는 㐃가 「後晉聖字山崆峒巖記」에 사용[7]되었음을 말하고 있다. 따라서 㐃는 字形 상 한국 고유성을 가진 글자가 아닐 가능성도 있다. 결국 (4다)와 (4라)에 속한 자형들은 字形 상 한국 고유성을 가지지 못할 가능성이 높다.

(4마)의 약자 '帍, 㕣, 㦰, 皿' 등은 정자 '幕, 暮, 錢, 皿' 등의 일부를 생획한 것이다. 생획자와 정자의 관계는 중국 문헌에서 현재 발견할 수 없는 것이긴 하지만 앞으로 발견될 가능성도 있다. 한편 (4바)의 구결자 '亽, 阝, 卩' 등도 정자 '羅, 隱, 隱' 등의 일부를 생획한 것이다. 구결자의 경우 자형 상 고유성은 의심할 여지가 없다.

(4사)의 악보 기호 중 'ㅿ, ㄱ, 厶, 亻, 勹, ㄴ, ㅢ, ㆑' 등은 『악학궤범』에서 설명된 것이고, ㄱ은 『林園十六志』, 遊藝志 6, 房中樂譜에서 설명된 것이다. 이들은 중국의 역대 자서나 운서에 수록되지 않았다. 그러나 이 악보 기호가 한국에서 만들어졌다는 증거는 현재 제시되어 있지 않다. 이 악보 기호들 중 일부는 오히려 중국 문헌에서 그 근거를 찾을 수 있다. 이에 대해서는 뒤에서 자세히 논하기로 한다.

(4아)의 한자들은 『韓國漢字語辭典』(1996)에서 중국의 역대 자서나 운서에 수록되지 않았다는 점에서 國字로 처리된 것들이다. 그러나 字形 상 고유성을 입증하지 않고 이들을 國字로 규정하는 것에는 문제가 있다. 후일에 중국 문헌에서 발견될 가능성이 있기 때문이다. 이러한 점을 고려하여 鮎貝房之進(1931)은 字形 상 한국 고유성을 입증하고자 하였다. 이에 대해서는 이건식(2012:191-193)에서 검토되었다. 鮎貝房之進(1931)이 나름대로 자형 형성의 방법을 뚜렷이 제시한 것은 다음

---

6) 『韓國漢字語辭典』, 㐃, "國字. 與의 속자. 『東國正韻』 6, 26 予(又居韻) · 㐃(上同). 『鄕藥救急方』 中, 19 膽, 鄕名㐃老."

7) 『異體字字典』, "≪金石文字辨異. 上聲. 語韻. 与字≫ 引 〈後晉聖字山崆峒巖記〉"

과 같다.

(5) 가. 합자 襨
　　나. 해성 怾, 垈, 栍, 枇, 椺, 胖 欕, 轀, 緋, 鱅, 啫, 棖, 洑, 魟,
　　　　 鯛
　　다. 회의겸 해성 櫼, 閪
　　라. 회의 岾, 榌, 櫷, 迲, 硛, 榝

鮎貝房之進(1931)이 (5)와 같이 제시한 논거는 명백한 것도 있지만 그렇지 않은 것도 있다. 예컨대 (5가)의 襨 자형 형성 방법이 이건식(2012:197-198)에서 형성에 의해 자형이 형성되었을 가능성이 제시되었다. 한편 (5다) 閪의 경우에는 '회의겸 해성'인 근거가 뚜렷하지 않다.

3. 國字의 신규 목록과 누락 목록

(1) 신규 목록

박찬규(2012:27-34)에 따르면 『韓國漢字語辭典』은 227종의 문헌을 조사하여 구결, 이두, 차자어 등을 찾아 수록하였다고 한다. 이와 같이 『韓國漢字語辭典』이 방대한 한국 문헌 자료를 검토하였기 때문에 鮎貝房之進(1931)과 김종훈(1983)에서 논의되지 못한 國字를 새로이 발굴하게 되었다. 그 목록은 다음과 같다. 물론 새로이 발굴하여 국자로 규정한 것 중에는 오류가 있지만 아래에는 모두 제시한다.

(6) 가. 구결 이두 합자(叱乙, 學乙, 文乙, 甚乙, 冬乙, 浮乙, 所乙, 能乙, 土乙, 乭, 乶)
　　나. 구결자(亽, 阝, 卩)

다. 합자(卉, 巭, 巼, 乬)

라. 형성(喔, 碶, 繝, 祴, 呿, 艍, 蜷)

마. 한어(䴙)

바. 이체자 建[결필자], 苫, 弥, 尒, 㫌, 攴, 㝵, 戔, 㭉, 喞, 湏, 叩, 丁, 匜, 籴, 喙, 嘶, 囗, 旀, 毰, 乶, 䩞, 籥, 䟰, 輒, 迚

사. 악보 기호 ㅿ, ㄱ, ㅿ, ㅓ, ㄅ, ㄴ, ㄱ, ㅗ, ㄴ

아. 성씨명(旁), 인명(焞, 榑, 謥, 鋢, 鐿), 지명(宋, 琓, 惱, 丟, 濾), 개념어 및 물명(謎, 啱, 纐, 騝, 畯, 狁, 焲, 熥, 㹻, 橙, 橅, 匩, 瑫, 蹫, 轠, 鍅, 鎧, 鐵, 夡)

(6가) 구결 이두 합자의 字形 상 고유성은 의심할 여지가 없다. (6나)의 구결자와 (6다)의 합자의 경우도 자형 상 한국 고유성이 명백하다.

(6라)의 경우는 字形 상 고유성의 증거를 제시할 필요가 있다. 祴에 대해서는 이미 이건식(2012:196)에서 형성의 방식으로 자형이 형성된 근거를 제시하였다.

(6라)의 繝 자형이 한국에서 발생했을 가능성을 열어 주는 근거가 있다.

(7) 가. 子藩復相, 繝縫調護, 欲使王父子, 慈孝如初 〈高麗史 105, 洪子藩傳〉

나. 彌縫 분규를 중재함. 알선함. 〈漢韓大辭典〉

(7가)의 繝縫調護에서 調護는 '조정하고 보호하다'의 뜻이다. 뒤의 문맥을 고려할 때, 이것의 대상은 왕의 부자 관계가 된다. 繝縫는 調護의 의미를 한정한 것으로 판단된다. 즉 '조정하고 보호하다'를 한정하는 (7나)의 뜻이 적절하다. 이것은 繝縫이 (7나)의 彌縫에서 발달했

을 것임을 암시한다. 따라서 緬은 彌에다 意符 糸를 추가한 형성자가 된다. 彌縫은 한어이나 緬縫은 우리 문헌에서만 발견된다는 점에서 緬는 한국에서 형성된 형성자일 가능성이 높다.

(6라) 蟻의 경우에는 형성의 방식으로 자형이 형성된 근거를 제시할 수 있다.

(8) 가. 小人伏蒙下恤之澤, 將老無蟻, 伏幸何達〈儒胥必知, 告目, 吏輩歲時問安告目〉

나. 將老無恙〈일성록 1822년(순조 22) 7월 17일〉

다. 將老無恙〈公車文(19世紀) 권77, 初廣州留守 李書九 上疏〉

라. 무양-하다01(無恙--), 몸에 병이나 탈이 없다.〈표준국어대사전〉

『韓國漢字語辭典』에서는 (8가)의 蟻의 뜻을 '병, 탈'로 풀이하고 있다. 그런데 (8나)와 (8다)와 같이 將老無恙이 발견되어 주목된다. 將老無恙의 無恙은 (8라)의 의미로 이해된다. 따라서 (8가)의 無蟻과 (8나), (8다)의 無恙은 동일한 의미를 지칭한 것이라 할 수 있다. 이것은 결국 蟻이 恙에다 意符 虫을 첨가하여 형성된 자형임을 말하는 것이다. 蟻은 한국에서 발생된 자형으로 생각된다.

(6마)의 䫤이 한자인 근거가 있다.

(9) 가. 巘拏䫤(名庚切)賀之一十万偈, 復興於身篤〈大華嚴首座圓通兩重大師均如傳幷序〉

나. 答 若舊梵云摩訶毗佛略勃陀健拏驃呵欲底修多羅 此訛略也 若就正者 應云摩訶尾沒[里也](里也反) 沒馱巘拏䫤(名庚反)賀素怛[口覽](二合) 摩訶云大 尾沒[里也]云方廣 沒馱云覺者 巘拏云雜華䫤賀云嚴飾 素怛 素怛囕云契經〈宗密(780~840) 大方廣佛華嚴經普賢行願品別行疏鈔 語譯 卷 1〉[8)]

(9가)의 자료를 근거로 『韓國漢字語辭典』에서 䛅를 國字로 규정했으나 (9나)의 중국 문헌 자료를 고려할 때, 䛅는 한자가 된다. (9가)의 巘拏䛅賀는 gandavyūha를 음역한 것이다(최철 · 안대회, 1986:26). (9나)에서는 巘拏를 한어 雜華로 풀이하였고, 䛅賀를 한어 嚴飾으로 풀이하였다. 이로 보아 䛅는 한자가 된다.

(6바)는 한자의 정자에 대한 이체자이다. 이러한 이체자가 한국 고유의 특성을 담고 있는지를 정밀하게 논의할 필요가 있다. 한국 문헌에 이러한 이체자가 나타난다는 이유만으로 字形 상 한국 고유의 특성을 가지는 것으로 규정하는 것에는 무리가 따른다. 이러한 실례로 앞에서 與의 이체자인 (6바) [illegible]가 중국 문헌에도 사용되었음을 언급하였다.

(6사) 악보 기호는 『韓國漢字語辭典』에서만 國字라 하여 자형 상 한국 고유의 특성을 가지는 것으로 규정했으나 중국에서 기원했을 가능성이 있다. 『韓國漢字語辭典』은 9개의 악보 기호를 國字로 처리했고, 15개의 악보 기호를 國義字로 처리했다. 이들은 대체로 『악학궤범』에 소개된 것이다. 그런데 일부의 악보 기호는 宋代 자료인 『事林廣記』에 나오는 것과 일치한다.

(10) 가. 無名指作夕 〈樂學軌範, 권7, 鄉部樂器圖說, 玄琴〉
　　나. 夕 名指也 〈新編群書類要事林廣記, 권4, 左手字譜〉

(11) 가. 仲宮爲上字, 俗作𠫓 〈樂學軌範, 권1, 十二律配俗呼〉
　　나. 仲呂 巳月 𠫓 〈新編群書類要事林廣記 권9, 樂星圖譜 律呂隔八相生圖〉

(12) 가. 黃鍾全聲, 爲合字, 俗作厶 〈樂學軌範, 권1, 十二律配俗呼〉
　　나. 黃鍾 子月 厶 〈新編群書類要事林廣記, 권9, 樂星圖譜 律呂隔八相生圖〉

---

8) 이 자료는 http://tclotus.net/tcbl/ppmove/read.wajung/f/07/pdf/03.pdf에서 가져온 것이다.

『한한대사전』에서 名指를 약손가락 곧 無名指로 풀이하고 있다. 따라서 (10가) 악보 기호 夕와 (10나)의 夕는 형태도 동일하며 의미도 동일한 것임을 알 수 있다. (11가)의 仲宮은 仲呂宮의 줄임말로 12율 중에서 여섯째 율명을 가리킨다.[9] (11나)에서 仲呂를 巳月로 풀이했다. 巳月은 天干地支에서 여섯 번째 달이다. 따라서 (11가)의 仲宮과 (11나)의 仲呂는 같은 의미를 가진다. 결국 (11가)의 么와 (11나)의 么는 자형도 동일하고 의미도 동일한 것이 된다. (12가) 黃鍾은 12율의 첫째율을 가리킨다.[10] (12가)에서는 黃鍾을 子月로 풀이했다. 따라서 (12가)와 (12나)의 黃鍾은 같은 말이다. 결국 (12가)와 (12나)의 厶는 동일한 기원을 가진 것이다. 결국 『韓國漢字語辭典』에서 夕는 국의 자로 么와 厶는 國字로 했으나 이는 잘못된 것이다.

(6아)의 성씨명의 한자 㝵, 인명의 한자 㷉, 榸, 䛐, 錞, 䥺, 지명의 한자 宊, 琓, 㦣, 乑, 㶕 등은 字形 상 한국 고유의 특성을 가질 가능성이 매우 높다. 그런데 개념어 및 물명에 속한 한자의 경우 字形 상 고유성을 입증하는 근거가 제시될 필요가 있다.

(6아)의 개념어 및 물명에 속한 한자 중 纈과 驣의 경우는 字形 상 고유성을 입증하는 근거를 제시할 수 있다.

먼저 纈를 검토하도록 한다.

(13) 가. 五頭品女……褙・襠, 禁罽繡錦・野草羅・布紡羅・金銀泥纈纈 〈三國史記 33, 色服志〉

나. 纈纈 문양을 도려낸 얇은 판자 두 장 사이에 천을 단단히 물리고 그 도려낸 부분에만 염료나 拔染劑를 칠하여 무늬를 올리는 방법이다. (중략) 纈纈은 당대에 이미 행하여진 방법으

9) 宋芳松(2010:322)의 설명을 참조할 수 있다.
10) 宋芳松(2010:414)의 설명을 참조할 수 있다.

로 신라에서는 褙襠, 短衣, 表裳, 內裳을 제외하고는 대체로 6두품 여자까지 이러한 무늬를 낸 비단으로 옷을 입을 수 있었다.〈정구복 외(2012), 120-121〉

다. 【三纈】 﨟纈(ろうけち)・夾纈(きょうけち)・纐纈(こうけち) の総称 〈大辞林 第三版〉

라. 古時唐三纈即是「蠟纈、絞纈、頰纈」都是植物染〈黃喜玫 2003:第一章緒論〉

纐纈에 대한 (13나)의 설명은 纐纈가 (13다)의 夾纈과 (13라)의 頰纈과 동일한 명칭임을 알려 준다. 따라서 纐纈은 頰纈에서 발달한 것이라 할 수 있다. 결국 纐은 형성에 의하여 자형이 형성된 것임을 알 수 있다. 우리 문헌인 『삼국사기』에서만 纐이 발견된다는 점에서 纐이 字形 상 한국 고유성을 가질 가능성이 높으나 자세치 않다.

다음에는 騐을 검토하도록 한다.

(14) 가. 退一步, 作騐劒勢 〈武藝圖譜通志, 권1, 長槍〉

나. ᄒᆞᆫ 거름 물너가 엄검셰 ᄒᆞ고 〈武藝圖譜通志諺解, 長槍後譜〉

다. 1. 夜叉探海, 2. 四夷賓服中平槍, 3. 指南針勢(上平槍), 4. 十面埋伏下平槍, 5. 青龍獻爪勢, 6. 邊欄勢, 7. 鉄幡竿勢, 8. 跨劍勢, 9. 鋪地錦勢, 10. 朝天勢, 11. 鐵牛耕地勢, 12. 滴水勢, 13. 騎龍勢, 14. 白猿拖刀勢, 15. 琵琶勢, 16. 靈猫捉鼠勢, 17. 泰山壓卵勢, 18. 美人認針勢, 19. 蒼龍擺尾勢, 20. 闖鴻門勢, 21. 伏虎勢, 22. 推山塞海勢, 23. 鷂子撲鵪鶉勢, 24. 太公釣魚勢 〈戚繼光 紀效新書 二十四槍勢〉

라. 跨劍勢 [乃裙攔槍法 大開門戶, 誘他來逐 我中途拏剁 他虛我實搖花槍 我實他虛棚退救] 〈戚繼光 紀效新書 二十四槍勢〉

(14가)가 騐의 유일한 용례이다. (14나)는 騐의 音이 '엄'임을 보여

준다. (14다)의 자료는 䮣이 한국 고유의 것임을 말하여 준다. (14가)의 䮣劒勢가 (14다)의 跨劍勢에 정확하게 대응하고 있기 때문이다. 『무예도보통지』의 長槍 조에 24개의 劍勢가 제시되었는데, 23개의 劍勢 명칭이 (14다)의 劍勢 명칭과 일치하고, 䮣劒勢만은 (14다)에 없다. 이것은 䮣劒勢가 跨劍勢와 일치되는 것임을 말하여 준다.

跨劍勢[11]를 얼른 해석하면 '칼을 걸터 앉는 검세'로 생각할 수 있다. 그런데 金山(2008:148-149)에서 䮣劒勢와 跨劍勢를 설명하면서 이들이 '기마자세'를 취하고 있음을 말하고 있다. 따라서 跨劍勢는 跨(馬之)劍勢의 뜻으로 풀이할 수 있다. 결국 跨馬는 '기마자세'를 말하는 것이므로 䮣의 의미도 '기마자세'인 것으로 추정된다. 奄이 '가리다'의 뜻이므로 䮣의 의미를 '말을 걸터 타는 자세', 즉 '기마자세'로 추정할 수 있다. 이러한 추정에서는 䮣은 회의자가 된다.

(2) 누락 목록

鮎貝房之進(1931)과 김종훈(1983)에서 속자 또는 國字로 제시했으나 『韓國漢字語辭典』(1996)에서 누락된 것은 다음과 같다.

(15) 가. 蓑, 董, 柞, 柀, 樌, 磚, 补, 抓, 边, 下, 褉, 岁, 栦, 秽, 远, 犭由, 犭玉, 少/土, 王/[王王], 正[윗점], 人天, 囕, 碶, 炑, 柰, 絲木絲/金

나. [illegible], [illegible]

다. 蠭, 鑞, 沽, 紆, 穖, 伲, 桅, 闖

---

11) 跨劍勢를 '칼을 걸터 앉는 검세'로 파악했으나 어떤 심사자가 '말을 걸터 타는 자세'로 파악해야 함을 지적해 주었다. 심사자의 견해를 따르며 좋은 지적을 해주신 심사자께 감사드린다.

(15가)는 鮎貝房之進(1931)에서 속자로 규정된 것이고, (15나)와 (15다)는 김종훈(1983)에서 國字로 규정된 것이다. (15나)는 소위 구결 이두 합자로 이들의 字形 상 고유성은 의심할 바 없다. 또 (15가) 夲은 신라 관직명 上大等의 大等이 합자된 것으로 이것의 字形 상 고유성은 의심할 바 없다.

夲를 제외한 (15가)의 글자와 (15다) 글자의 경우에는 字形 상 고유성을 입증할 수 있는 근거의 제시가 필요하다. 단순히 중국 역대 자서나 운서의 수록 여부만을 가지고 字形 상 고유성을 판단하는 것은 오류를 범하기가 쉽다. (15가)의 炑를 속자로 파악하고 (15다)의 絆를 國字로 파악한 것이 이러한 오류의 사례가 된다.

炑이 출현한 문헌 자료는 다음과 같다. 다음 자료는 鮎貝房之進(1931)에서 가져온 것이다.

(16) 比自炑 〈日本 神功記〉

(16)의 比自炑은 『삼국사기』에 나오는 지명 比自火郡을 말하는 것이다. 우리 문헌에서는 이 炑이 발견되지 않아 이 글자를 처음 소개한 鮎貝房之進(1931) 조차도 (炑)로 표시하여 간접적으로 한국 고유한자일 가능성만을 암시하고 있다. 이러한 문제에 대한 검토 없이 김종훈(1983)에서는 炑를 한국 고유한자로 소개하고 있으며, 『異體字字典』(2000)도 炑를 한국 특용한자로 소개하고 있다.

絆는 문헌의 전사 과정에서 오기된 자형이다.

(17) 가. 絆【音牛 麗史 高麗忠烈王時 元賜金方慶絆襖二百】〈李圭景, 東國土俗字辨證說〉

나. 元賜絆襖于合浦軍馱用驛馬百四十三匹 〈高麗史 28卷 世家28 忠烈王1〉

이규경의 「東國土俗字辨證說」에는 (17가)의 𥿊가 絆처럼 보이도록 기사되어 있다. 그런데 絆이 『康熙字典』에 수록되어 있는 것을 고려해 보면 𥿊를 서사한 것으로 믿어진다. 그러나 『고려사』에는 분명 絆로 기입되어 있다. 김종훈(1983)에서만 𥿊를 國字로 소개했는데, 이는 원전을 제대로 확인하지 못한 것이다. 『異體字字典』(2000)도 김종훈(1983)의 견해를 받아 들여 𥿊를 한국 특용한자로 소개하고 있다.

4. 國義字 처리 목록

鮎貝房之進(1931)에서 속자로 규정하였으나 『韓國漢字語辭典』(1996)에서 國義字로 규정한 목록은 다음과 같다.

(18) 가. 迲, 鐥, 茟
나. 杻, 堗, 旀, 洑, 卜, 喬, 栔, 夕, 釗, 媤, 茸, 頉, 苫
다. 椵, 棵, 藿, 娚, 橽, 糖, 迣, 棟, 垌, 柶, 莎, 臁, 椳, 襦, 矣, 㯖, 太, 把, 味, 楦, 樸

김종훈(1983)은 (18가)를 國字로, (18나)를 國音字로, (18다)를 국의자로 규정하였다. 그러나 『韓國漢字語辭典』(1996)에서는 (18)을 모두 국의자로 규정하였다. (18)의 한자들이 모두 중국 역대 자서나 운서에 수록된 것을 근거로 『韓國漢字語辭典』(1996)에서는 (18)의 한자들을 국의자로 규정하였다.

(18나)의 卜이 가지는 字形 상 고유성에 대해서는 이미 앞에서 논의하였다. (18가)의 迲와 (18다)의 '迣, 矣, 太, 味' 등의 경우에는 字形 상 고유성을 입증할 수 있는 근거가 있다.

『漢語大詞典』에 迲을 "漢 시대 「司農劉夫人碑文」에 나오지만 음과

뜻은 미상이다"라고 풀이하고 있는데, 『韓國漢字語辭典』(1996)에서는 迲[즈래]의 자형 형성 방법에 대한 고증 없이 편하게 字意 상 한국 고유성을 가지는 國意字로 판단하였다. 이건식(2013:121-128)에서는 '즈래'를 뜻하는 迲이 辶[邊]을 기반으로 한 會意字임을 밝힌 바 있다. 㖾는 '섭새김질을 함'의 뜻을 가지는데, 이 글자의 字形 상 고유성은 이건식(2011: 343-352)에서 논의된 바 있다.

(18나)의 茸는 한어 松耳에서 意符를 첨기한 형성자로 파악하는 것이 좋을 듯하다. 한편, 堗은 鮎貝房之進(1931)에서 차자 표기 자료에 근거하여 諧聲 造字 즉 형성자로 파악된 바 있다.

『韓國漢字語辭典』(1996)의 國義字 처리는 긍정적 결과도 가져 왔다. 다음의 것들은 鮎貝房之進(1931)에서 字形 상 고유성을 가지는 속자로 규정되었으나 『韓國漢字語辭典』(1996)에서 한자로 규정한 것들이다.

(19) 艍, 紻, 錁, 鏈, 褓, 桨, 鞦, 梓, 艌, 楸, 評, 薫, 椲, 蒿, 鮰

(19) 중에서 한자인 사례로 艌을 들 수 있다. 鮎貝房之進(1931)의 연구 당시에는 艌이 쓰인 용례가 중국의 문헌에서 채집 되지 않았으나 『漢語大詞典』에 이르러서는 艌이 쓰인 사례가 '且宜修飭海舟, 大小相比, 或百或五十聯爲一艌'와 같이 『明史』에서 채집되었다.

5. 國字와 漢字의 관계

앞에서 『韓國漢字語辭典』에서는 國字의 개념을 '구결 이두 합자, 합자, 속자, 동자, 약자, 구결자, 악보 기호, 자서나 운서에 실리지 않은 글자' 등으로 규정하고 있음을 살펴보았다.

'속자, 동자, 약자' 등은 한자임에 틀림 없다. '구결 이두 합자, 합자, 구결자' 등은 우리말을 표기한 것이므로 借字의 범주로 다루어야 한다. 그러나 '구결 이두 합자, 합자' 등은 남풍현(1989:108-109)에 따르면 한문 문맥에 쓰이는 우리말을 표기하기 위하여 만들어진 것이므로 넓은 의미에서는 한자의 범주에서 다룰 수 있다. 특히 畓과 같이 會意에 의한 합자 방식의 國字와 垈와 같이 형성에 의한 國字들은 漢字의 면모를 가지고자 했으므로 한자의 범주에서 다룰 수 있다.

한편 구결자는 우리말의 문법 형태소를 표기하기 위한 것이므로 차자의 범주에 속한다. 하지만 한글과 한자의 양분 체계인 현대의 문자생활을 고려하면 구결자를 한자의 범주로 다룰 수밖에 없음을 남풍현(1989:108-109)은 말하고 있다.

『韓國漢字語辭典』에서 악보 기호를 國字로 규정한 것은 문제가 있다. 이것은 文字가 아니라 부호에 불과한 것이기 때문이다.

『韓國漢字語辭典』에서 字書나 韻書에 실리지 않은 글자를 명백한 근거 없이 國字로 규정한 것도 문제이다. 자형 형성의 원리를 규명하여 國字로 다루어야 할 것이다. 이 글에서 이러한 글자들 몇 개에 대해서 그 고유성을 입증하는 근거를 제시했으나 근거가 없는 글자들의 경우 그 근거를 보완할 필요가 있다.

Ⅲ. 『통합 漢韓大辭典』의 國字 보완

1. 남풍현(1989)에서 논의된 한국 고유한자의 추가

남풍현(1989:98-101)은 다음과 같이 신라 시대와 통일 신라 시대에 合字된 한국 고유한자를 기술하고 있다.

(20) 가. [大/舍](大舍), [小/舍](小舍) [上/干](上干) [一/伐](一伐), [一/尺](一尺), [大/烏](大烏) [小/烏](小烏) [上/人](上人) 〈南山新城碑(591)〉

나. [大/舍](大舍) 〈新羅華嚴經寫經造成記(755)〉

다. 朶(乃末), 巭(功夫) 〈永川菁堤碑貞元銘(798)〉

라. cf. 奈(大等) 柰(大末) 〈興法寺眞空大師塔碑陰記(940)〉

마. 奈(大等) 柰(大末) 〈龍頭寺幢竿記(962)〉

『韓國漢字語辭典』에서는 大舍, 小舍 등과 같이 어휘로 비록 등재하고 있으나 (20)에 제시된 것들은 2개의 글자가 합자되어 1글자를 형성한 것이다. 또 남풍현(1989)에서 기술되었듯이 어떤 글자들은 합자될 때에 글자의 획에 변형이 가해졌으므로 이들을 하나의 글자로 취급해야 할 것이다. 무엇보다도 금석문 자료에서 발견되는 자형이라는 점에서 가치가 있다.

또 남풍현(1989, 2014:583-585)은 생획에 의한 고유한자로 다음과 같은 유형을 제시하고 있다.

(21) 가. 정자의 뒷 부분을 생획한 것

    章(章), 宋(寂), 亻戶(徧), 木幺幺(機), 木卄(權), 亠, 立(音), 矣(疑), 𢦏(惑), 显(顯), 吅(嚴), 屯(頓), 豆(頭), 角(解), 加(迦)

나. 정자의 앞 부분을 생획한 것.

    𠤎(能), 攸(修), 釆(釋), 巠(經), 戠(識), 寸(尊), 彖(緣), 彔(錄), 胃(謂), 失(实, 實), 里(理), 舍(捨), 吉(結), 枼(葉), 全(詮), 勿(物), 辰(震), 帝(諦),

    吾(悟), 票(標), 导(碍), 怱(總), 过, 辻(邊), 还(還)

다. 정자의 중간 부분을 생획한 것

    言月(謂), 枋(榜), 氵火, 汱(滅), 桀(槃), 扌乀(提)

라. 其他

    罒(羅), 口王(国, 國), 众(衆), 朩(等), 刂(行), 亻(衍)

남풍현(1989, 2014:583)은 (21)에 제시된 생획자를 17세기 이후의 승려가 개인의 備忘을 위하여 佛書에 기입한 주석들에서 수집한 것임을 말하고 있다. (21)에 제시된 생획자들은 자형 상 한국 고유성을 가지는 것으로 생각된다.[12)]

2. 한국역사정보통합시스템에서 채집된 구결 이두 합자의 검토

한국역사정보통합시스템 구축 사업은 1999년부터 약 10여 년 간 진행되었는데, 전국 주요 국학 연구기관이 소장한 한적 자료를 디지털화하였다. 이 과정에서 EXT_B까지의 유니코드 영역에 포함되지 않는 신출자 6,000여자를 발굴하였다. 이 신출자는 한국역사정보시스템(http://www.koreanhistory.or.kr)에서 열람할 수 있다.

한국역사정보통합시스템에서 채집된 신출자에 대한 검토는 신상현

12) 그러나 부분적으로는 중국에서 기원한 자형인 경우도 있을 수 있다. 예컨대 众의 경우 『漢韓大辭典』에 실려 있는데, 衆立의 의미로 풀이되어 있다.

(2005)에서 이루어졌다. 신상현(2005)은 인명용 한자를 주로 논의하고 있다. 신상현(2005)은 인명용 한자의 두 가지 유형을 논의하고 있다. 하나는 구결 이두자의 합자 유형이고, 다른 하나는 한자를 변형하여 새로운 한자를 만든 유형이다. 신상현(2005:159)은 후자의 유형으로 1,262자의 글자임을 보고하고 있다. 한편 신상현(2005:159)은 전자의 유형으로 134자를 보고하고 있다.

신상현(2005:159) 이후로 한국역사정보통합시스템에서 신출자를 더 채집하였는데, 구결 이두자의 합자 유형으로 새로이 추가된 글자는 다음과 같다.

〈표 4〉 한국역사정보시스템 정리 구결 이두 합자 신출 목록

상부 구성소	하부 구성소	글자수
近, 里, 磨, 買, 木, 史, 石, 昭, 阿, 曰, 自, 住, 太, 禾	ㄱ(ㄱ)	14
古, 老, 訥, 愁, 自, 早, 主	卩(ㄴ)	7
[牛句], 介, 桀?, 迲, 高, 骨, 鹿, 久, 仇, 求, 吉, 累, 代, 杜, 登, 麻, 於, 勿, 夫, 省, 少, 東, 垂, 是, 身, 阿, 謁, 余, 如, 雲, 月, 玆, 條, 住, 朱, 註, 之, 知, 浦, 乎	乙(ㄹ)	40
瓜, 承	巴(ㅂ)	2
愁, 于, 眞	音(ㅁ)	3
禿, 後	邑(ㅂ)	2
/今[13], /知, 可, 具, 求, 丹, 帶, 刀, 陶, 來, 馬, 某, 沒, 毋, 無, 味, 尾, 米, 个, 富, 扶, 浮, 北, 分, 事, 山, 少, 昭, 束, 吾, 王, 仍, 曹, 主, 住, 朱, 酒, 卽, 只, 秋, 土, 何	叱(ㅅ)	42
합계		110

13) '/' 표시는 아래와 위의 구성소가 뒤바뀐 것을 표시한다.

3. 기타

1) 노명호 외(2000)에서 정리된 이체자

노명호 외(2000)는 한국의 고대와 중세의 고문서 자료를 망라적으로 수집하여 해설을 붙이고 정확한 판독을 제시하고 있다. 판독문의 제시 과정에서 이체자를 정리하고 있다. 다수의 약자, 속자, 동자 등의 이체자를 정리하고 있으나 대다수는 중국 기원의 근거가 발견되는 것들이다. 다만 다음의 이체자는 현재 출처를 알 수 없는 略字이다.

(22) 过 邊의 약자
妻父朴氏过〈尹光琠奴婢別給粘連文書, 1354〉 父过 〈辛氏姉妹奴婢分執文記, 1404〉, 父过 〈張戩處辛氏宣德二年所志 1427〉, 父过傳來 〈金務奴婢許與文記, 1429〉, 矣过奴小斤 〈權明利奴婢許與文記 1414〉, 麻 壹过〈淨兜寺造塔形止記 1019〉

(22)의 过는 한자에서는 過의 속자로 쓰인다.[14] 그런데 한국의 문헌에서 过은 邊의 속자로 쓰이는 점이 특이하다. 过과 邊이 이체 관계에 있음은 남풍현(1989)에서 언급되었으며, 이에 대해서는 이미 앞에서 설명하였다.

2) 노명호 외(2000)에서 정리된 國字

다음은 字形 상 한국 고유성이 파악되는 경우이다.

(23) 가. 石塔 五[言弁] 新造 〈傳密陽小臺里寺址堂塔造成記(1109년)〉

---

14) 『漢韓大辭典』, 过, "과, 過의 속자. ≪改併四聲篇海, 辵部≫ 俗字背篇：过, 與過同, 今列俗. ≪篇海類編, 人事類, 辵部≫ 过, 俗過字.:

나. 三寶 內 鍮[金瓮] 一 入 〈傳密陽小臺里寺址堂塔造成記(1109년)〉

노명호 외(2000:487)에서 (23가)의 [言弁]를 탑 상륜부의 寶輪이나 옥개석 끝의 風鐸으로 추정하고 있다. 이 글자는 이 자료에 유일하게 나온 것으로 더 이상의 사실을 알아 내기가 어렵다. 다만 [言弁]이 風鐸이라면, 論의 이체자일 가능성이 있다. 『漢韓大辭典』에서 論의 뜻으로 "놀이나 운동에 쓰던 기구(氣球)의 일종"을 제시하고 있는데, [言弁]과 論의 연관성을 생각해 볼 수 없다. 그러나 두 글자 사이에 보이는 자형의 차이를 다른 예에서는 볼 수 없어서 현재로서는 미상이다.

(23나) [金瓮]는 노명호 외(2000:486)에서 '쇠로 만든 항아리' 정도로 추정하고 있다. 이러한 해석은 [金瓮]을 회의자로 해석한 것이다. 중국에서 '佛骨舍利金瓮'과 같은 표현을 사용하는 것을 고려하면 [金瓮]을 '쇠로 만든 항아리'로 해석하는 것에 무리가 없다. 특히 (23나)는 鍮[金瓮]이 三寶堂 안에 안치된 것임을 말하고 있다. 이를 고려하면 鍮[金瓮]은 舍利를 보관하기 위하여 '놋쇠로 만든 쇠항아리'가 아닌가 한다. 이러한 추정은 단양의 구인사 삼보당의 기능과 관련하여 신빙성이 높아진다. 단양 구인사의 삼보당이 가진 기능을 구인사 홈페이지(http://www.cheontae.org)에서는 다음과 같이 설명하고 있다.

(24) 삼보당 안에는 상월 원각 대조사님의 존상을 비롯하여 천태종 제2대 종정스님이신 남대충 스님의 진영(眞影)이 모셔져 있어 신도님들이 역대 종정스님께서 남기신 큰 뜻을 마음깊이 새기는 자리이기도 합니다. 〈구인사 홈페이지, 전각안내, 삼보당〉

(24)는 '삼보당'이 불교 三寶의 하나인 僧을 존숭하는 공간임을 말하고 있다. 이것은 三寶堂에 안치된 (23나)의 鍮[金瓮]이 佛 또는 僧

에 관계된 것임을 말하는 것이다. 그리고 이것은 鑰[金瓫]이 佛 또는 僧의 舍利를 모셔 두는 항아리임을 암시한다. 결국 鑰[金瓫]의 [金瓫]은 鑰瓫의 瓫에 意符 金을 첨가하여 형성된 자형임을 추측케 한다. 한국 문헌 자료에서만 발견되는 점에서 자형 상 고유성을 가지는 國字일 가능성이 매우 높다.

3) 신라어 '*깁'을 표기한 한자 緝

신라어 '*깁'을 표기한 한자가 중국 운서나 자서에 실려 있어 주목된다. 다음 자료들은 『康熙字典』에서 가져온 것이다.

(25) 가. 緝 新羅謂絹曰緝 〈集韻 入聲 二十六緝, 極入切〉
나. 緝 訖立切 新羅謂絹曰緝 〈類篇〉
다. 緝 其立切, 音及【五音集韻】新羅謂絹曰緝 〈字彙補〉

(25)에서 '新羅謂絹曰緝'이라 설명한 것이 주목된다. 『訓蒙字會』 中:15a에서 絹의 훈을 '깁'이라 한 것에서 보듯이 후기 중세국어에서 한어 絹에 대응하는 우리말이 '깁'이기 때문이다.

陳彭年이 1008년에 편찬한 『大宋重修廣韻』에는 26,194자가 표제자로 수록되어 있다. 그런데 1037년에 丁度가 편찬한 『集韻』에 이르러 표제자의 대폭적인 추가가 있었다. 즉 『集韻』에는 53,525자가 수록되어 있다. 『大宋重修廣韻』과 비교하면 무려 17,331자의 증가가 있었다. 그런데 사실은 이중으로 제시된 표제자를 제외하더라도 5,125자[15]의 증가가 있었다. 이러한 글자수의 대폭적인 증가는 『集韻』이 다양한 문헌을 조사하여 표제자 수를 확대시킨 것임을 말하여 준다. 이러한 과

15) 이것은 司馬光이 1006년 편찬한 『類篇』의 서문에서 53,525자를 분석하여 文 31,319자, 重音 21,846자, 僅 53,165자, 교 360자 등으로 설명한 것에 근거한 것이다.

정에서 𥿻도 채집된 것으로 생각된다. 이 표기가 신라인에 의한 표기임은 분명하다.

『倭語類解』 하:9a에 '깁 빅 帛'이 있어 𥿻의 자형 형성 방법을 帛[*깁]+及[*급]의 구성으로 파악할 수 있다. 이 경우 帛[*깁]이 의미를 표시하고, 及[*급]은 음을 표시하는데, 이는 形性에 의한 자형 형성 방법이 된다.

후기 중세국어 어형은 '깁'이고, 이것의 선대형인 신라어의 음상이 '及'으로 표기된 사실은 후기 중세국어 '깁'의 신라 시대 음상은 '*긥' 정도였을 가능성을 열어 준다. 이것은 이기문(1961, 1998:86)이 말한 바 고대 국어 단계에는 'ㅣ'가 둘(i, ï)이 있었을 가능성이 있다는 추정을 뒷받침해 주는 것이다. 즉 이기문(1961, 1998:86)이 말한 처용가의 明期[ᄇᆞᆯ긔]의 '긔'와 같은 존재임을 말하는 것이다.

이기문(1991:248)은 우리말 '깁'의 의미와 관련하여 다음과 같은 진술을 하고 있다.

(26) 한국어의 깁(絹)과 同義의 몽고어 단어 kiib이 있다. 이 kiib은 몽고어 단어로서는 그 音相이 특이하여 차용어일 가능성을 보여 주고 있다. 더욱이, 중세한국어의 '깁'이 上聲이었음을 생각하면 이것이 몽고어에서 들어가 長母音으로 반영되었다고 볼 수 있는 것이다.

(26)의 진술에 착안하여 몽고어 자료에서 '깁'의 의미와 관련한 자료를 찾을 수 있다.

(27) 가. (몽) gkiib 包頭 (만) Sufari, Sufa 〈蒙文倒綱〉
나. (몽) gkib(=kiib) 包頭(婦人所用者) (만) Sufari 〈蒙文總彙〉

(27)에 제시된 몽고어 gkiib, gkib, kiib 등은 (26)의 kiib과 관련이 있는 어휘이다. 그런데 (27)은 몽고어 kiib, gkib, kiib 등의 의미를 包頭로 풀이하고 있다. 『譯語類解』上:43b에 包頭 '마리 ᄡᆞ□ 것'으로 풀이하는 것으로 보아 몽고어 kiib, gkib, kiib 등의 중심적 의미는 '물건을 싸다'의 의미임을 확인할 수 있다. 이러한 사실의 확인으로 명사 '깁'과 파생 관계에 있는 동사 '깁다'의 의미 중 하나로 '싸다'의 의미를 가지고 있음을 확인할 수 있다. 결국 누에가 자신의 몸을 '깁'으로 둘러싼 것이 '누에고치'가 아닌가 한다.

이상의 논의를 통하여 우리는 [illegible]의 자형이 한국 고유의 특성을 가진 것임을 이해할 수 있다.

4) 『이체자사전』의 [麥喬] 검토

『이체자사전』에서 유일하게 [麥喬]을 한국 특용한자로 國字로 소개하였다.

(28) 가. [麥喬],「麵者麥末也……有豆麵、[麥喬]麵, 有菉豆麵、胡麻麵。
(與猶堂全書 雅言覺非)
〈이체자사전〉
나. 村店賣[麥喬]麫 村店賣蕎麫 〈陸游(1125~1209) 詩〉

『이체자사전』에서 (28가)를 근거로 [麥喬]를 한국 특용한자로 소개했으나 (28나)와 같은 중국 문헌 자료를 고려할 때, [麥喬]는 한자일 가능성이 높다.[16]

---

16) 『訓蒙字會』의 표제자에는 이체자가 더러 있다. 이 이체자가 자형 그대로 한자 사전류에 실려 있지 않다. 이것으로 인해 『訓蒙字會』의 이체자들이 사전에 실리지 않은 것으로 판단할 가능성이 있다. 예컨대 『훈몽자회』 하: 8a에는 '[illegible] 괴올 뎜'이 실려 있다. 그런데 『訓蒙字會』에 서사된 자형은 [illegible]와는 자형이

Ⅳ. 결 언

이 글은 『韓國漢字語辭典』(1996)의 國字 처리 실태를 검토하고, 『통합 한한대사전』에서 보완해야 할 國字에 대해 논의하였다.

國字 처리 실태의 측면에서 『韓國漢字語辭典』(1996) 등의 國字 판단 기준이 중국 역대 자서나 운서의 수록 여부에 있음을 밝혔고, 鮎貝房之進(1931)의 경우에는 자형 형성 방법의 고유성도 國字 판단 기준으로 삼고 있음을 밝혔다. 아울러 자형 형성 방법의 고유성이 國字 판단의 중요한 기준임을 강조하였다.

『韓國漢字語辭典』(1996)의 國字 세부 유형으로 '구결 이두 합자, 합자, 속자, 동자, 약자, 구결자, 악보기호' 등이 있음을 확인하였고 세부 유형이 제시되지 않은 國字도 다수 있음을 언급하였다. '구결 이두 합자, 합자, 구결자' 등의 경우에는 字形 상 고유성이 확실하며, '속자, 동자, 약자' 등의 경우에는 字形 상 고유성을 더 면밀히 검토해야 함을 언급하였다. 그리고 악보 기호의 일부가 중국에서 기원한 것임을 밝혔다. 세부 유형이 제시되지 않은 國字의 경우 字形 상 고유성을 검토해야 할 것을 언급하였다.

『韓國漢字語辭典』(1996)에서 새로이 國字로 규정한 것이 다수 있음을 밝혔고, 일부의 國字에 대해서는 字形 상 고유성을 가지는 근거를 제시하였으며, 일부의 國字는 한자로 규정해야 할 근거를 제시하였다. 한편 누락한 國字도 다수 있음을 밝혔다.

鮎貝房之進(1931)에서 속자 즉 國字로 규정한 것들의 일부를 『韓國

다르다. 瓷에서는 瓦가 하단 중앙에 서사되어 있으나 『訓蒙字會』에서는 瓦가 하단 우측에 치우쳐 서사되어 있다. 그러나 두 글자의 의미가 같으므로 두 글자는 다른 글자가 아니라 이체자 관계에 있다.

漢字語辭典』(1996)에서 國義字로 규정하여 일부는 부정적인 결과를 초래했으나 일부는 긍정적 결과를 가져왔음을 밝혔다. 字形 상 고유성이 있는 것조차 國義字로 규정한 것은 부정적 결과이며, 國字로 규정한 것을 국의자로 규정한 것은 긍정적 결과임을 언급하였다.

『통합 漢韓大辭典』의 國字 보완 측면에서 새로이 추가되어야 할 國字의 목록을 제시하였다. 남풍현(1989)에서 논의된 합자, 한국역사정보통합시스템에서 채집된 구결 이두 합자, 노명호 외(2000)에서 정리된 이체자와 國字, 신라어 '*긥'을 표기한 한자 䋎 등을 새로이 國字로 규정해야 함을 언급하였다.

이상의 논의를 통해 『통합 漢韓大辭典』에서는 자형 상의 고유성을 입증할 수 있는 것만을 國字로 처리해야 함을 제안하였다. 한편, 우리말을 표기하기 위한 借字는 오늘날 차자 표기 체계가 운용되지 않는 사실을 고려하여 한자에 포함시켜야 함을 제안하였다. 借字는 자형 상 한국 고유성을 지니고 있으므로 國字가 된다. 또 악보 부호는 글자가 아니므로 國字에서 제외할 것을 제안하였다.

이 글에서는 垈와 같이 차자 표기 경험을 가진 것은 國字임에 틀림없음을 밝혔고, 이러한 원리가 國字 판단의 기준이 되어야 함을 주장하였다.

〈참고 문헌〉

1. 資料

『康熙字典』(http://tool.httpcn.com/KangXi)

『高麗史』, 아세아문화사, 1972.

『公車文』, 서울대규장각한국학연구원, http://e-kyujanggak.snu.ac.kr/search/e-kyu.jsp

『大宋增修廣韻』, 陳彭年等 奉勅撰, 字典彙編編委會 編, 國際文化出版公司, 1993.

『武藝圖譜通志』, 홍문각, 1990.

『武藝圖譜通志諺解』, 홍문각, 1990.

戚繼光, 『紀效新書』, 國防軍史研究所, 1998.

宋 陳元[靑見] 撰, 『事林廣記』, 中華書局, 1991.

『三國史記』, 대제각, 1987.

『新字典』, 朝鮮光文會, 1915.

東亞大學校 古典研究室編, 『譯註高麗史』, 東亞大學校出版社, 1966.

李圭景, 『五洲衍文長箋散稿』, 한국고전번역원, http://db.itkc.or.kr.

『倭語類解』, 대제각, 1985.

『類篇』, 司馬光等 奉勅撰, 字典彙編編委會 編, 國際文化出版公司, 1993.

黃胤錫, 『頤齋亂藁』, 한국학중앙연구원, 장서각디지털아카이브, http://yoksa.aks.ac.kr.

『集韻』, 丁度等 奉勅撰, 字典彙編編委會 編, 國際文化出版公司, 1993.

『日省錄』, 서울대규장각한국학연구원, http://e-kyujanggak.snu.ac.kr/search/e-kyu.jsp.

池錫永, 『字典釋要』, 1909.

鄭東愈, 『晝永編』, 국립중앙도서관, 古091-7.

李睟光, 『芝峯類說』, 한국고전번역원, http://db.itkc.or.kr.

『震覽』, 서울대 규장각, 가람古903 J563.

『異體字字典』, 대만, http://dic2.variants.more.edu.tvy.
李德懋, 「盎葉記」, 『靑莊館全書』, 한국고전번역원, http://db.itkc.or.kr.
『표준국어대사전』, 국립국어연구원, http://www.korean.go.kr.
『訓蒙字會』, 단국대학교출판부, 1983. (재판 영인본)

2. 논저

金山, 『『武藝圖譜通志』 長兵武藝 復原의 實際와 批判』, 전북대학교 대학원 박사학위논문, 2009.
金鍾塤, 『韓國固有漢字硏究』, 集文堂, 1983.
南豊鉉, 『借字表記法硏究』, 檀大出版部, 1981.
南豊鉉, 「韓國의 固有漢字」, 『국어생활』 17, 국어연구소, 1989.
南豊鉉, 『吏讀硏究』, 태학사, 2000.
남풍현, 『韓國語와 漢字 · 漢文의 만남』, 도서출판 월인, 2014.
남풍현, 「密陽小台里 五層石塔 造成緣由記의 판독과 해독」, 『구결연구』 33, 구결학회, 2014.
盧明鎬 외(2000), 『韓國古代中世古文書硏究(上)』, 서울대학교출판부.
檀國大東洋學硏究所 編, 『韓國漢字語辭典』, 단국대학교 동양학연구소, 1992~1996.
檀國大東洋學硏究所 編, 『漢韓大辭典』, 단국대학교 동양학연구소, 1999~2008.
柳在泳, 「韓國漢字」, 『국어국문학』 30, 원광대학교 국어국문학과. 1976.
朴盛鍾, 「韓國漢字의 一考察」, 『口訣硏究』 14, 구결학회, 2005.
박찬규, 「韓國漢字語辭典에 수용된 이두 · 구결 · 차자어의 구성과 출전문헌」, 『동양학』 52, 단국대 동양학연구원, 2012.
宋芳松, 『악학궤범용어총람』, 보고사, 2010.
松村明 編, 『大辞林 第三版』, 일본 東京: 三省堂, 2006.
신상현, 「한국 고유한자 조사 연구: 인명용 고유한자를 중심으로」, 『民族文化硏究』 43, 고려대학교 민족문화연구원, 2005.
신상현, 『조선시대 한자 자형 연구』, 고려대학교 박사학위논문, 2008.

栗林均 編,『蒙文総彙—モンゴル語ローマ字転写配列—』, 東東北アジア研究センター叢書 第37号, 東北大学東北アジア研究センター, 2010.
栗林均 · 斯欽巴図 編,『蒙文倒綱』, 東東北アジア研究センター叢書 第52号, 東北大学東北アジア研究センター, 2014.
이건식,「口訣字의 코드체계 定立을 위한 試論」,『구결연구』 1, 구결학회, 1996.
이건식,「한국 고유한자의 발달 - 지명의 후부 요소 표기를 중심으로 -」,『구결연구』 22, 구결학회, 2009.
이건식,「한국 고유 한자 㖾의 시대별 용례와 시원적 의미」,『국문학논집』 21, 단국대학교 국어국문학과, 2011.
이건식,「한국 고유한자 자형 구성 방법 연구 二題 - 기존 연구의 비판적 검토와 形聲으로 만들어진 한국 고유한자의 몇 가지 사례」,『東洋學』 52, 단국대 동양학연구원, 2012.
이건식,「한국 고유한자 구성요소 辶의 의미와 특수성 형성 배경」,『한민족문화연구』 42, 한민족문화학회, 2013.
李基文,『國語史概說 改訂版』, 탑출판사, 1961(1998).
이기문,『국어어휘사 연구』, 동아출판사, 1991.
李忠九,「書永編에 蒐集된 韓國漢字의 分析研究」,『首善論集』 8, 成均館大學校 大學院 學生會, 1983.
鮎貝房之進,『俗字攷』, 雜攷, 東京: 圖書刊行會, 1931.
정구복 외,『개정증보 역주삼국사기 주석편 4』, 한국학중앙연구원출판부, 2012.
諸橋轍次,『大漢和辭典』, 大修館書店, 1985(昭和 六十年).
최동언,『조선식한문연구』, 북한 사회과학원, 2001.
하영삼,「한국 고유한자의 비교적 연구」,『중국어문학』 33, 영남중국어문학회, 1999.
漢語大詞典編輯委員會 編,『漢語大詞典』, 漢語大詞典出版社, 1991~1993.
홍기문,『리두연구』, 과학원출판사, 1957.
黃喜玫,『天然媒染劑應用於植物染可行性之研究』, 臺灣: 樹德科技大學 석사학

위논문, 2003.
홍윤표, 「고전을 이해하기 위한 어휘사전 편찬이 시급하다」, 인문공감칼럼, 2013.01.16.

[*이 글은 단국대학교 동양학연구원 학술지 『동양학』 59집(2015.4.30.)에 수록된 것이다. 이후 동양학연구원 사전학총서 4집 간행의 취지에 부응하여 재수록하였다.]

한자사전 字音 處理의 原則과 實際에 대한 比較

權 仁 瀚*

Ⅰ. 서 론

일상 생활에서 한자사전(=玉篇, 字典)을 찾아보는 일이 자주 일어나게 된다. 그 주된 이유는 바로 문제된 한자의 음이나 뜻이 무엇인지를 알기 위함일 것인 바, 그 중에서도 한자음에 관한 정보를 알고자 함이 절반 이상의 이유를 차지한다고 해도 過言은 아닐 것이다.

그러나 막상 자전들에서 문제된 글자의 한자음을 찾아보면 금방 만족스런 결과를 얻는 일이 대부분이겠으나, 難解字일수록 자전마다 제시된 음에 상당한 차이를 보임으로써 도대체 어느 쪽을 따라야 할 것인지를 판단하기 어려운 경험을 누구나 한 번 쯤은 가지고 있을 것이다. 예를 들어 다음과 같은 글자들을 현행 자전류[1]에서 찾아보면,

---

* 성균관대학교 교수 / ihkwon@skku.edu

1) 본고에서 참조한 국내외 자전류의 약호는 다음과 같다.
〈삼식〉: 張三植 編,『大漢韓辭典』, 進賢書館, 1964/1979.
〈동아〉: 編輯部 編,『東亞 漢韓大辭典』, 東亞出版社, 1982.
〈명문〉: 金赫濟 · 金星元 編,『明文 漢韓大字典』, 明文堂, 1987.
〈민중〉: 編輯部 編,『全面改訂 · 增補版 漢韓大字典』, 民衆書林, 1997.

	〈삼식〉	〈명문〉	〈교학〉	〈단국〉
僤	천, 탄	선, 단, 탄	천, 탄, 단, 선	천, 단, 선, 탄, 전
吮	전, 연	전, 순, 천, 연	연, 전	연, 순, 선
吽	후, 음, 우	음, 우	우, 후, 음	우, 흠(훔), 후

자전들 사이에 일치된 字音 提示를 보기 어려워 과연 어느 음을 내세워야 할지 망설여지는 경우가 생각보다 자주 일어날 수 있기 때문이다.

이러한 점을 염두에 두면서 한국에서 편찬된 자전류를 중심으로 한자음 처리의 원칙과 방법을 비교하면서 앞으로의 자전 편찬(또는 국가적인 차원에서의 한자음 표준화) 과정에서 추구해야 할 바람직한 방향을 모색함에 본고의 목표를 둔다. 이를 위하여 崔世珍 編纂의『韻會玉篇』(1537?)을 비롯하여 근 · 현대기의 대표적인 자전들을 대상으로 한자음 처리의 역사를 간략히 살펴보고(제2장), 현대에 편찬된 국내외의 자전류「凡例」에서 밝힌 한자음 처리의 원칙을 비교하는 한편, 실제 자전들에서의 처리 樣相에 대한 비교도 행할 것이다(제3장).

〈교학〉: 編輯部 編,『教學 大漢韓辭典』, 教學社, 1998.
〈단국〉: 檀國大學校 東洋學硏究所 編,『大漢韓辭典1~15, 索引』, 檀國大學校出版部, 1999~2008.
〈일본〉: 諸橋轍次,『修訂版 大漢和辭典1~12, 索引』, 大修館書店, 1943~1960/1984.
〈대만〉: 編纂委員會 編,『普及本 中文大辭典』, 中國文化大學出版部, 1973/1985.
〈중국〉: 羅竹風 主編,『漢語大詞典1~12, 索引』, 漢語大詞典出版社, 1975~1994/2000.

Ⅱ. 한자음 처리의 史的 展開

국내외에서 편찬된 자전들에서 한자음을 어떻게 처리해왔는지를 通時的인 관점에서 살펴보고자 함이 이 장의 목적이다. 논의의 편의상 '万'字의 사례를 중심으로 국내 자전류와 국외 자전류로 나누어 살피되, 국내 자전류는 다시 前近代 · 近代 · 現代로[2] 세분할 것이다.

1. 국내 자전류

(1) 前近代

『韻會玉篇』
(1537?)

『三韻聲彙補 玉篇』
(1751)

근대 이전 시기에 편찬된 우리의 자전류로는 崔世珍이 中宗 31년(=嘉靖 15년, 1536)에 원고를 완성하여 그 이듬해 12월 이후에 간행한 것으로 보이는[3] 『韻會玉篇』(上 · 下)과 洪啓禧가 영조 27년(1751)에 『三韻聲彙』(上 · 下) 2책과 함께 그 補篇으로 펴낸 『三韻聲彙補 玉篇』 1책이

2) 여기서 '전근대 · 근대 · 현대'로 구분하는 근거는 시대적인 선후만을 기준으로 한 것은 아니다. '전근대' : 韻目字만 제시/ '근대' : 한글 주음+운목자/ '현대' : 한글 주음+운목자+반절 등.

3) 『韻會玉篇』의 편찬연대에 대해서는 1536년으로 보는 설(小倉進平, 김윤경, 최현배, 유창균, 서병국, 전일주 등)과 1537년으로 보는 설(김민수, 안병희 등), 1536년에 원고가 완성되어 1537년 12월 이후에 간행된 것으로 보는 설(박태권, 박형익) 등 의견이 분분하다. 자세한 것은 박형익(2012), p.380 각주 410) 참조.

있다.

두 옥편에서 한자음 처리 양상을 살펴보면, 위에서 보듯이 한자음에 해당되는 한글 注音 없이 해당 글자의 平水韻系 韻目字(願, 職)를 제시하는 것으로 대신하고 있다. 『韻會玉篇』에서는 운목자 '願'만 제시되었으나, 『三韻聲彙補 玉篇』에서는 운목자 '願'과 '職'이 제시됨으로써 정확성을 높이고 있다.

한자의 음과 뜻풀이 없이 해당 운목자만 제시한 것은 本篇에 해당되는 운서들(각각 『韻會』, 『三韻聲彙』)에서 이에 대한 정보를 찾아볼 수 있기 때문이다. 다만 이들은 韻別로 배열됨으로써 한자 검색에 불편한 점이 많았으므로 字劃이나 部首別로 재배열하여 한자 검색에 편의를 제공하는 한편, 審音이나 詩文 창작상의 핵심 정보로서 운목자의 제시가 이루어진 것으로 이해해도 좋을 것이다.

(2) 近代

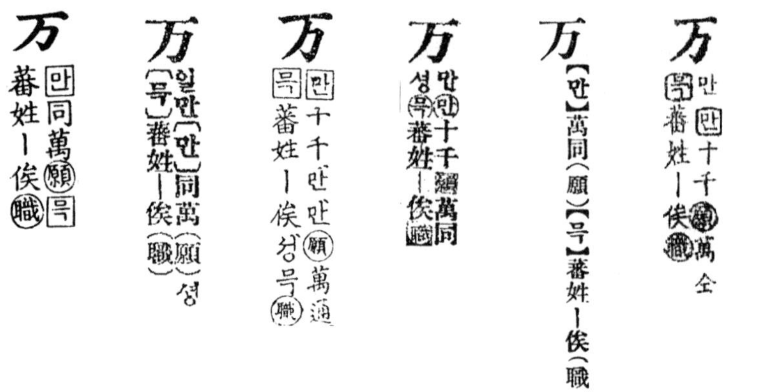

『全韻玉篇』(1796 이후)	『國漢文新玉篇』(1908)	『字典釋要』(1909)	『漢鮮文新玉篇』(1913)	『新字典』(1915)	『字林補註』(1921)

운목자의 제시 외에 한자의 음과 뜻풀이까지 더해진 體裁의 등장은『全韻玉篇』이후의 일이다. 이로써 자전으로서의 근대적 체재가 완성된 것으로 평가해도 좋을 것이다. 다만, 뜻풀이에 있어서 한글로 된 訓까지 등장한 것은『國漢文新玉篇』(1908)에서부터임은 주목할 만하다. 대체로『全韻玉篇』(1796 이후),『新字典』(1915)이 한자로 된 字義의 제시로 訓을 대신한 체재인 반면,『國漢文新玉篇』(1908),『字典釋要』(1909),『漢鮮文新玉篇』(1913),『字林補註』(1921) 등에서는 미세한 차이는 보이지만 한글로 된 음과 훈의 제시가 이루어진 점에서 동일성을 확인할 수 있다. 특별히 주목할 만한 점은『字典釋要』의 경우 한글로 된 訓音의 제시에서 音長 표시(=글자의 우측 어깨점)까지 보이는 이상적인 체재를 채택하고 있다는 점이다.

(3) 現代

① 〈삼식〉(1964/1979)

② 〈동아〉(1982)

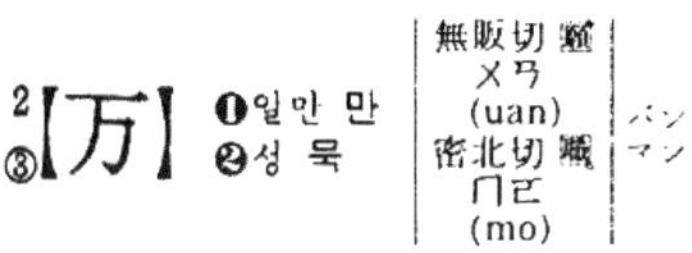

③ 〈명문〉(1987)

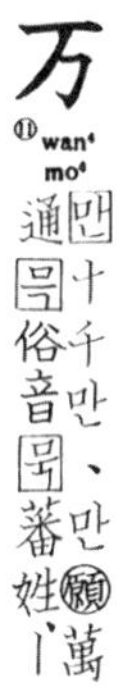

④ 〈민중〉(1997)

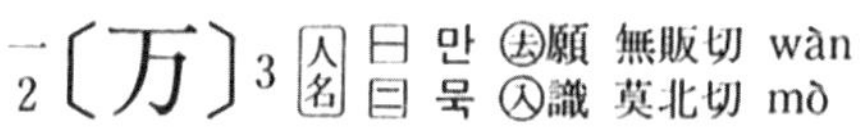

⑤ 〈교학〉(1998)

2 【万】 ㊀ 만 ㊊ 無販切 [願] | ㄨㄢˋ(wàn) バン
③ 00008 ㊁ 묵 ㊊ 密北切 [職] | ㄇㄛˋ(mò), ボク

⑥ 〈단국〉(1999)

2 万 ㊀ 만 願 ㊤ 《廣韻》 無販切 wàn
㊁ 묵 德 ㊅ 《廣韻》 莫北切 mò

비교적 근대 자전류의 체재를 墨守한 〈명문〉[4]을 제외한 현대의 자전들에서는 종전의 운목자 외에 『集韻』 또는 『廣韻』에서의 反切과 함께 중국 또는 일본의 字音 정보까지 보탬으로써 좀더 진전된 한자음 처리 방식을 보이고 있다. 이러한 變貌는 다음 절에서 살필 국외 자전류의 체재에 영향을 받은 것으로 판단된다.

대부분 『集韻』의 反切과 平水韻系 韻目字 제시를 채택한 가운데, 『廣韻』의 反切과 함께 韻母字를 앞세운 새로운 체재의 등장이 〈단국〉(『大漢韓辭典』)에서 시작되었음은 특기할 만하다. 이는 시기적으로 보아 중국의 『漢語大詞典』의 영향으로 보인다. 이에 앞서 『廣韻』의 反切이 제시된 것은 〈민중〉(『漢韓大字典』)도 있으나, 종전과 같은 韻目字 제시를 墨守함에서는 過渡的인 체재라 할 것이다(다만, 위의 '万'字의 예에서 '入識'은 '入職'의 잘못).

---

4) 〈명문〉이 근대 자전류의 체재를 묵수한 데에는 「凡例」 제1항에서 "이 字典은 ≪康熙字典≫을 주로 하고 ≪全韻玉篇≫의 體例에 따랐으며 ……"라고 언급함에 원인을 찾을 수 있다. 또한 〈명문〉은 그 편찬의 역사가 상당히 오랜 것임에도 원인을 찾을 수 있을 것이다. 공동 편찬자 金星元의 序文에서 "돌이켜 보건대 이 字典은 1952년에 起筆되어 1968년에 이미 本文의 稿를 脫하였으나 出版社의 사정으로 중단되었다가 1977년 10월부터 다시 착수되어 1983년 11월에 완전 탈고를 하니 전후 22년이라는 긴 세월이 소요되었다."라고 한 점을 참조. 따라서 〈명문〉은 최종 출판연도를 기준으로 세 번째로 제시하였으나, 편찬 체재 및 1차 탈고 시기를 기준으로 하면 〈동아〉에 앞선 자전으로 보아야 할 것이다.

이 밖에 漢語 中古音의 聲調를 韻目字를 둘러싼 사각형의 네 모서리의 점으로 표시한 것으로는 〈삼식〉, 〈동아〉, 〈교학〉을, 직접 聲調字(平, 上, 去, 入)를 기입한 것은 〈민중〉, 〈단국〉을 들 수 있다. 그리고 중국음(=華音)의 제시는 모든 자전들에 공통적임에 비하여, 일본음의 제시까지 이루어진 것은 〈동아〉, 〈교학〉의 특징이라 하겠다.

2. 국외 자전류

(1) 〈일본〉(1960/1984)

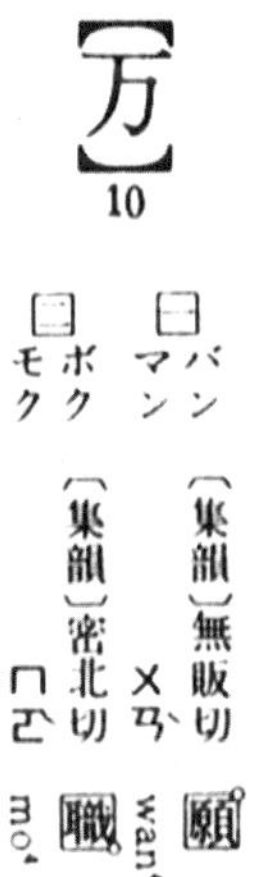

(2) 〈대만〉(1973/1985)

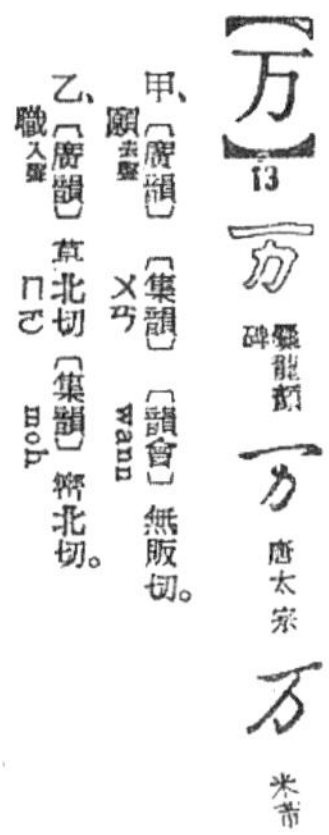

(3) 〈중국〉(1994/2000)

2万[1] [wàn《广韵》無販切，去願，微。] ❶"萬"的古字。十千为万。《韩非子・定法》："託万乘之勁韓。" 万，一本作"萬"。宋洪适《隶续三・汉建平郫县碑》："賈二万五千。" ❷"萬"的简化字。

万[2] [mò《广韵》莫北切，入德，明。] 见"万俟"。

국외 자전류로는 일본, 대만, 중국의 대표적인 자전 1종씩을 들어 살피도록 하겠다.

먼저 한 개인(諸橋轍次)의 刻苦의 노력으로 편찬된 〈일본〉『大漢和辭典』에서는 일본음(吳音〈左〉, 漢音〈右〉)을 제시한 후, 『集韻』의 反切과 함께 注音符號 및 漢語 拼音字母, 韻目字 및 聲點이 제시되는 체재를 보이고 있다. 이는 앞서 암시한 바와 같이 우리의 〈동아〉, 〈단국〉을 제외한 현대 자전류에서의 한자음 제시 방법에 크게 영향을 미친 것으로 판단된다.[5)]

다음으로 〈대만〉『中文大字典』에서는 『廣韻』, 『集韻』, 『韻會』 등의 反切과 함께, 注音符號 및 대만식 로마자 注音, 韻目字 아래에 작은 글씨로 聲調가 제시되는 독특한 체재를 보이고 있다. 〈일본〉의 『大漢和辭典』 간행에 자극을 받은 대만의 국방위원회를 중심으로 中華民國學術院이 실무를 맡아 진행된 범국가적 사업의 所産으로서 중국의 歷代 韻書들에서의 反切 情報를 한 눈에 볼 수 있음이 特長點으로 꼽힐 만하다.

끝으로 〈중국〉『漢語大詞典』에서는 우선 反切 系統이 다른 異音을 별개의 標題字로 내세우면서 각각 [漢語 拼音字母, 『廣韻』 중심의 反切, 中古音 聲調 · 韻母, 聲母]의 정보가 나열되는 방식의 체재를 보이고 있다. 잘 알려진 바와 같이, 〈일본〉 · 〈대만〉의 자전 편찬의 움직임에 위기 의식을 느낀 중국이 1975년부터 國策 事業으로 진행하여 중국의 학문적 요충지라 할 山東 · 安徽 · 浙江 · 江蘇 · 福建 등 5개 省과 上海市가 연합, 域內 43개 대학 · 연구소 및 유관 학자들이 總網羅된 인력을 투입하여 완간한 大詞典으로서의 面貌를 갖춘 것인 바, 聲調 ·

5) 이 결론에 대하여 익명의 심사자로부터 "이미 일제 강점기에 일본에서 편찬된 자전이 우리나라에 들어와 상당히 널리 쓰이고 있었고 일본 한자음과 한국 한자음을 나란히 실은 자전도 있는 만큼, 이런 자전의 체재와 관련된 것일 수도 있다"는 지적을 받았다. 타당한 지적으로 생각되나, 필자가 초점을 맞춘 것은 중국의 注音符號 및 로마자음 제시의 체재에 있으므로 필자의 결론이 사실에서 크게 벗어난 것은 아닌 것으로 판단한 것임을 밝혀둔다.

韻母 · 聲母가 함께 제시됨으로써 中古音의 音系 推定에 유용한 정보를 담고 있음이 特長點으로 꼽힐 만하다. 다만, 〈중국〉에서는 反切 및 中古音 정보가 현대의 共時的인 음을 설명함에 필요한 정도에 그침으로써 특히 〈대만〉에 비하여 古漢音 研究 내지 詳考에 制限的인 면도 지니고 있다 하겠다.

요컨대 한국과 일본, 대만이 대체로 『集韻』 중심의 한자음 처리를 보인 반면, 중국은 『廣韻』 중심의 한자음 처리를 보인 것으로 요약할 수 있을 것이다. 『廣韻』이 宋代의 공시적인 한자음을 기반으로 『切韻』을 확대한 것이라면, 『集韻』은 역사적으로 찾아볼 수 있는 거의 모든 한자음 자료를 모은 韻書이기에 어느 자료를 중심으로 하느냐에 따라 한자음 처리의 방향이 달라질 수 있다. 『廣韻』 중심의 음처리에 비하여 『集韻』 중심의 음처리에서는 필연적으로 현대에 거의 쓰이지 않는 古漢音까지 망라하게 될 수밖에 없는 것이다. 이 경우 과연 어느 一方의 처리 방향이 절대적으로 옳다고 할 수 있을까? 필자의 답은 그렇지 않다는 쪽이다. 중국의 음처리가 공시적인 한자음 중심이므로 깔끔한 측면이 있겠지만, 古典籍을 살핌에 있어서는 현대에 쓰이지 않는 한자음 정보도 중요한 상황이 자주 일어날 것이므로 이를 위해서는 『集韻』 중심의 처리도 나빠 보이지 않기 때문이다. 최근에 중국에서 『漢語大詞典』에 대한 개정 작업이 진행되고 있는 것으로 알려져 있는데, 이는 아마도 이러한 상황을 염두에 둔 것이 아닐까 한다.

Ⅲ. 한자음 처리의 原則과 實際의 比較

이제 한자사전들에서의 한자음 처리의 원칙과 실제를 비교할 차례가 되었다. 논의의 편의상 비교 대상을 현대 한국 자전류 중에서 〈삼식〉(1964/1979), 〈동아〉(1982), 〈명문〉(1987), 〈민중〉(1997), 〈교학〉(1998), 〈단국〉(1999)으로 한정하여 「凡例」에서의 字音 處理 原則을 비교한 후, 몇 가지 사례를 통하여 한자음 처리의 실제를 비교하고자 한다.

1. 「凡例」에서의 음처리 원칙

(1) 〈삼식〉(1964/1979)

一、字音은 國內 各種 字典類의 各樣各色한 混亂한 表記를 檢討하여 그 誤謬를 是正하였으며、已往에 굳어진 字音은 現代 通行의 것을 取하되 그 本音 또는 古音을 字解欄 末尾에 明示하여 參考되게 하였다。 그리고 現行 表記法에 依하였음은 余他 辭典의 경우와 같다。

一、字數에 있어 未曾有의 厖大한 本書인지라 國內字典類에 없는 것은 集韻·廣韻等의 反切에 依據하고 音韻變遷의 史的法則에 좇고 權威들의 意見을 參考하는等 그 字音을 決定함에 愼重을 期했다。 그리고 모든 文字에는 反切을 記載하였으니 音韻研究 特히 그 變遷過程을 研究함에 參考되리라고 믿는 바이다。

一、文字 中에서 頻度와 用例가 많은 것에는 注音符號 및 웨이드式 發音記號法에 依해서 現代 中國語의 發音도 아울러 明示하였다。

一、一字에 二音 以上이 있는 경우에는 ㊀㊁㊂ 等의 記號를 써서 그 區別을 明示하고 字音에 따라 뜻이 다른 때는 ⊖⊜⊝ 等의 記號 아래에 각각 이것을 分說하였다。

一、國字 곧 우리 나라에서만 쓰이는 文字는 [國字]라는 記號로서 表示하고 同一 字形의 文字이면서 우리 나라에서만 쓰이는 音은 [國音] 記號로 이것을 表示하였다。

(2) 〈민중〉(1997)

⑤ 표제자의 음은 현재 널리 쓰이는 음을 표준음으로 내세우고, 그 본음(本音)을 (㊍), 속음(俗音)을 (㊎)으로 표시하였다.
⑥ 운자(韻字) 한자의 음(音)에 바로 이어 그 표제자가 속하는 운목(韻目)을 표시하였다. 그리고, 그 사성(四聲)의 구별은 ㊊㊤㊮㊋으로 각각 나타내었다.
㉠ 평성(平聲)…억양이 없는 평평한 음
㉡ 상성(上聲)…어미가 세고 끝이 올라가는 음
㉢ 거성(去聲)…어두가 세고 끝이 올라가는 음
㉣ 입성(入聲)…짧고 빨리 거두어들이는 음
⑦ 또, 반절(反切)과 병음(拼音)을 표기하여 한자의 중국음을 정확히 알도록 하였다.

人5 〔伯〕 7 [高校] [人名] [一] 백 ㊋陌 博陌切 bó [二] 맥 ㊋陌 莫白切 mò [三] 패 ㊮禡 必駕切 bà

범례에서 비교적 간략한 음처리의 원칙을 보여주는 것으로는 〈삼식〉과 〈민중〉[6]을 들 수 있다. 두 자전에 공통적인 면을 찾아보면, 1) 標準音을 내세우되, 本音이나 俗音, 古音을 倂記한 점, 2) 反切과 韻目字 및 中古音 聲調에 관한 정보를 보여준 점, 3) 중국음(=華音)을 제시한 점, 4) 複數音을 [一], [二], [三]……으로 구분[一]하여 제시한 점 등이다.

두 자전에 차이점도 없지 않으니 1) 反切을 제시함에 있어서 〈삼식〉이 주로 『集韻』에 의거함에 비해 〈민중〉은 『廣韻』에 의거한 점, 2) 중국음을 제시함에 있어서 〈삼식〉이 注音符號와 함께 漢語 拼音字母(웨이드식 발음부호법)를 보여줌에 비하여 〈민중〉은 漢語 拼音字母만 보

6) 〈민중〉은 출판 연도상으로는 상당히 후대에 편찬된 자전이나, 이렇게 범례에서의 처리가 간략하게 된 배경에는 1966년에 간행된 初版의 범례를 크게 수정하지 않은 채 제시함으로써 그렇게 되지 않았나 생각된다. 따라서 연도상으로는 맞지 않지만, 논의의 편의상 〈삼식〉과 함께 서술한 것임을 밝혀둔다.

여준 점, 그리고 중국음의 성조를 〈삼식〉에서는 숫자(陰平 : 1, 陽平 : 2, 上聲 : 3, 去聲 : 4)로 표기하였으나, 〈민중〉은 母音字 위에 구분 기호(陰平 : ¯, 陽平 : ˊ, 上聲 : ˇ, 去聲 : ˋ)로 표시한 점, 3) 〈삼식〉에서 우리나라에서만 쓰이는 [國音]에 대한 언급이 있다는 점 등이다.

〈삼식〉의 범례 마지막 조항에서 성조 표시의 小圈點이 비어 있으나, 실제로는 平聲-左下(□), 上聲-左上(□), 去聲-右上(□), 入聲-右下(□)임도 보완해야 할 점인 바, 두 자전 모두 범례에서 실제 예시를 통한 음처리에 대한 자세한 설명에는 부족한 점이 없지 않다.

(3) 〈명문〉(1987)

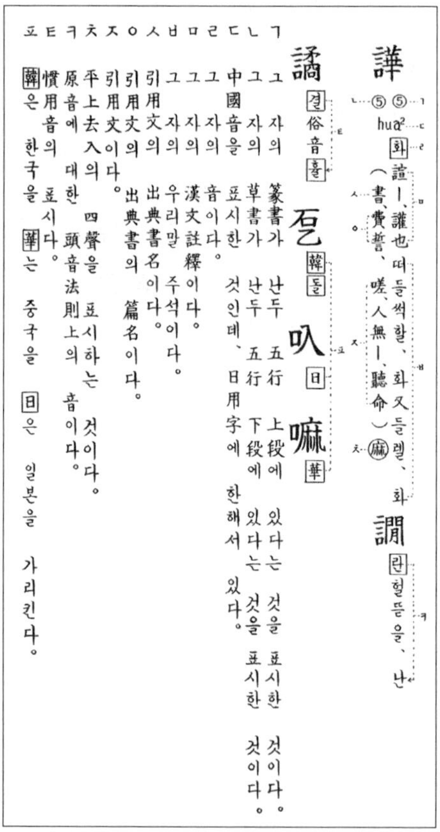
譁 ⑤ ⑤ hua² 화 諠ㅣ、讙也 떠들썩할、화 又 들렐、화 (書、費誓、嗟、人無ㅣ、聽命) 麻
譎 결 俗音 휼
乭 韓 돌
叺 日
嘛 華
讕 란 헐뜯을、난

ㄱ 그 자의 篆書가 난두 五行 上段에 있다는 것을 표시한 것이다。
ㄴ 그 자의 草書가 난두 五行 下段에 있다는 것을 표시한 것이다。
ㄷ 中國音을 표시한 것인데、日用字에 한해서 있다。
ㄹ 그 자의 音이다。
ㅁ 그 자의 漢文註釋이다。
ㅂ 그 자의 우리말 주석이다。
ㅅ 引用文의 出典書名이다。
ㅇ 引用文의 出典書의 篇名이다。
ㅈ 引用文이다。
ㅊ 平上去入의 四聲을 표시하는 것이다。
ㅋ 原音에 대한 頭音法則上의 音이다。
ㅌ 慣用音의 표시다。
ㅍ 韓은 한국을 華는 중국을 日은 일본을 가리킨다。

字音 處理의 원칙에 대한 범례에서의 설명에 체계성을 보이기 시작한 것은 1980년대 이후에 간행된 자전들에서다. 대체로 〈동아〉(1982)에서부터 시작된 것으로 판단되는데, 내용상 간략한 처리는 〈명문〉(1987)의 범례이므로 순서를 바꾸어 서술하고자 한다.

〈명문〉에서는 「譁」·「讕」·「譎」·「乭」·「叺」·「嘛」字의 예시를 통하여 華音 표시에 관한 사항(ㄷ), 한국한자음 제시에 관한 사항(ㄹ), 韻目字 제시에 관한 사항(ㅊ), 두음법칙에 따른 한자음의 變異에 관한 사항(ㅋ), 慣用音 처리에 관한 사항(ㅌ), 國字 · 日字 · 華字의 처리에 관한 사항(ㅍ)으로 나누어 字音 處理의 大綱을 밝히고 있다. 두음법칙에 따른 字音 變異를 고려하는 등 이전 자전들보다 많은 進展을 이루었다고 할 수 있으나, 아직은 그 설명에 구체성이 떨어진다고 보아야 할 것이다.

(4) 〈동아〉(1982)

2. 字音은 국내 字典類에 나와 있는 字는 물론 참작했거니와, 모든 표제자를 集韻 · 廣韻 등이 보이는 反切을 면밀히 追跡하여 신중히 다루었다. 誤用되어 굳어진, 곧 慣用된 音은 그대로 採錄하되 本音도 아울러 밝혔다.
3. 사용례가 많은 표제자에는 注音符號와 로마자(문교부 편수 자료)로써 현대 중국어(北京官語) 발음을 밝혔다.
6. 四聲 및 韻字는 다음과 같이 표시하였다.
□로 韻字를 보이고, □의 네 모에 '○'를 표하여 四聲을 표시하였다.
□=平聲, □=上聲, □=去聲, □=入聲
7. 日本音도 간략하게 표시하였다. 표기법은 현대 카나즈카이(假名遣)에 의거하였다. ' , '로 이어진 것은 두 음이 竝用됨을 나타낸다.
8. 解說

가. 字音

㉠ ㉡ ㉢ ㉣ ㉤ ㉥ ㉦

4 ⑫【鈗】 병기 윤·예 | 庾準切 [illegible] 兪芮切 [illegible] | イン エイ

㉠ : 부수를 제외한 획수와 총획수
㉡ : 표제자
㉢ : 글자의 이름이라고도 할 수 있는 대표훈
㉣ : 음 '윤 · 예'는 같은 뜻에서 두 음이 쓰이는 同意異音字임을 나타낸다.
㉤ : 反切
㉥ : 韻과 四聲
㉦ : 日本音

㉧ ㉨

6 ⑬【該】 그 해 ㊍개 11 ⑮【暴】 ❶사나울 포 ㊍폭 ❷…… ❸……

㉧ : 慣用音 표시. 慣用音만이 쓰이는 경우
㉨ : 本音과 慣用音이 竝用됨의 표시

㉩ ㉪

4 ⑨【沓】 國논 답 11 ⑯【縛】 ❶묶을 박 ❷줄 부 ❸國얽을 박

㉩ : 우리 나라에서 만든 國字임을 표시한다.
㉪ : ❸國은 우리 나라에서만 쓰이는 뜻갈래임을 나타낸다.

㉫ ㉬

3 ④【中】 ❶가운데 중 ❷맞을 중 | 陟隆切 東 陟仲切 送 | チュウ

㉫ : 韻을 달리함을 따라 뜻갈래가 달라지는 경우
㉬ : ❶과 ❷의 音이 同一한 경우

〈동아〉의 범례에서의 설명은 앞서도 말한 바와 같이 상당히 구체적이면서도 체계적인 면모를 보이고 있다.

먼저 대원칙으로서 국내 자전류 및 중국 운서들에서의 反切을 참조하여 표준음 설정에 신중을 기하고, 관용음은 그대로 채록하되 本音도 아울러 밝힌다는 점(2), 주음부호 및 漢語 拼音 字母에 의한 중국음을 제시한다는 점(3), □ 속에 韻目字를 보이고, □의 네 모서리에 小圈點으로 四聲을 표시한다는 점(6), 현대 일본어 표기법에 의거 일본음도 표시한다는 점(7) 등을 천명하고 있다.

다음으로 字音 提示의 세부 사항은 "8. 解說의 가. 字音項"에서 例示와 함께 자세히 보이고 있다. 즉, 「鈗」字의 예시로써 同意異音字의 처

리법을, 「該」字의 예시로써 관용음만 쓰이는 경우의 처리법을, 「暴」字의 예시로써 본음과 관용음이 竝用되는 때의 처리법을, 「畓」字의 예시로써 國音의 처리법을, 「中」字의 예시로써 韻을 달리함에 따라 뜻갈래가 달라지는 경우의 처리법을 보이는 등 상세히 안내하고 있는 것이다.

이 밖에 어휘 즉, 用例에 관한 범례에서도 1) 잠깐 호흡을 끊는 듯한 요령으로 떼어 읽어야 할 자리를 표시하는 예들(先見之明 : 선견지✓명, 漁父之利 : 어부지✓리, 自中之亂 : 자중지✓난 등), 2) 한 어휘가 음을 따라 그 뜻이 달라지는 예(法樂 ❶법악 ❷법락), 3) 한 어휘에 음이 둘 이상 있는 예(推敲 추고 · 퇴고), 4) 음이 특수하게 변하여 쓰이는 예(受諾 수낙〉수락, 道場 ❶도장, ❷도장〉도량) 등 한자음에 관련된 설명을 덧붙이고 있다. 특히, 4)는 「한글맞춤법」의 속음 규정의 예시를 포함하여 다양한 俗音例에 대한 처리법을 자전류의 범례를 통하여 처음으로 구체화했다는 점에서 높이 평가할 만하다. 이에 따라 자전류 한자음 처리의 원칙에 관한 大綱이 바로 이 〈동아〉에서 완성을 보았다고 해도 과언이 아닐 듯하다. 이후에 나온 자전들에서도 이와 大同小異한 범례를 제시하고 있기 때문이다.

(5) 〈교학〉(1998)

1. 字音은 우리音, 反切, 漢音과 日本音의 세 부분으로 이루어진다.
2. 우리音은 고딕體 한글로 표시하였다.
   ① 한 字에 두 音 이상이 있거나, 音은 같더라도 韻統을 달리하는 경우에는 [一][二][三]……의 기호를 써서 구별하였다.

〈例〉 19 ㉔【矖】 16644 [一]시 (集)所綺切[紙] ㄒㄧˇ(xi),シ [二]리 (集)鄰知切[支] ㄌㄧˊ(li),リ

[一]볼 시(視也). 바라보다. [後漢書 60·馬融傳] 目矖鼎俎 耳聽康衢. [二]사람이름 리(人名). 離(32026)와 통용. [集韻]

8 ⑬【睚】 16338 [一]애 (集)牛解切[蟹] ㄧㄚˊ(yá) [二]애 (集)宜佳切[佳] ガイ·ゲ

小篆 草書 同字 形聲

[一][二] ① 눈가장자리 애(目際). 눈언저리. [說文新附] ② 노려볼 애(恨視).

   ② 우리의 字音에는 本音을 제쳐두고 慣用音으로 읽히는 경우가 많은데, 이 경우에도 本音은 死音化되어 慣用音만으로 읽히는 경우와, 本音과 慣用音이 混用되고 있는 경우가 있는데, 이들을 다음과 같이 제시하였다.

〈例〉 6 ⑧【卓】 02042 탁 (本音)착 (集)竹角切[覺] ㄓㄨㄛ(zhuo) タク

小篆 草書 古字 桌 棹 會意 古字 同字

① 높을 탁(高也). ㉠ 높이 서다. 또는 높이 세우다. [王禹偁·詩] 城上卓旌旗. ㉡ 뛰어나다. [論語·子罕] 如有所立卓爾. ② 멀 탁(遠也). 높고 멀다. [楚辭·九思 逢尤] 世旣卓兮遠眇

11 ⑮【暴】 09954 [一]포 (慣音)폭 (集)薄報切[號] ㄅㄠˋ(bào) ホウ·ボウ [二]폭 (集)步木切[屋] ㄆㄨˋ(pù) ホク·ボク [三]박 (集)北角切[覺] ㄅㄛˊ(bó),ハク

小篆 草書 古字 麐 本字 㬥 會意

[一]이 운통(韻統)의 자음(字音)은 '폭'으로 관용화되어 가는 과정에 있다. ① 사나울 포·폭(凶惡). ㉠ 흉악하다. 잔혹(殘酷)하다. [易·繫辭上] 上慢下暴 盜思伐之矣. ㉡ 난폭하다.

   ③ 中國·日本에서는 인정하지 않은 字音으로서, 經書의 集注에 따라 諺解音으로 굳어진 자음은 오른편과 같이 다루었다.

〈例〉 2 ④【介】 00250 [一]개 (集)居拜切[卦] ㄐㄧㄝˋ(jiè) カイ [二]알 [孟子集註] 音戞

甲骨 小篆 草書 會意

[一] ① 낄 개(間也). 사이에 끼이다. [左傳·襄 9] 天禍鄭國 使介居二大國

[二]갑자기 알(倏然之頃). [孟子·盡心下] 山徑之蹊間 介然用之而成路.

3. 反切欄에서는 그 反切을 引用한 出典, 反切, 四聲에 따른 韻目을 제시하였다.
   ① 反切은 廣韻과 集韻을 중심으로 하되, 우리音과 맞아떨어지는 쪽을 택하였으며, 이들 외에도 여러 韻書와 字典 들을 두루 참고하여 명시하였다.
   ② 韻統은 四聲에 따라 구분하여, 平聲은 □, 上聲은 □, 去聲은 □, 入聲은 □으로 나타내고, 그 안에 平水韻에 따른 韻目을 제시하였다.
   ③ 玉篇·正字通·字彙 등 字典에서 인용한 것은 原典대로 反切만 제시하고, 四聲에 따른 韻目은 제시하지 아니하였다. 따라서, 韻目을 알고자 하는 讀者는 反切을 통해 각자가 추정하여야 한다.

〈例〉 8 ⑱【騍】 34301 과 (正)苦臥切 ㄎㄜˋ(kè) カ

암말 과(牝馬). 인신하여, 가축의 암컷. [王禹偁·記馬] 不幸而騍.

〔推定法〕 反切 '苦臥切'에 따라 韻統은 '臥'자와 같고, '臥'자는 '去聲 箇'의 韻目에 딸리므로, 이 자도 '去聲 箇'의 韻目에 속한다.

2. 어휘의 讀音은 頭音法則에 따라 표기하고, 그 標題語의 띄어쓰기는 5字 이상일 때에만 띄어쓰기를 하였다.
3. 어휘의 讀音이 우리말의 특수성에 따라 漢字音에서 벗어나게 읽히는 것은 국어로서의 독음을 달았다.

〈例〉 【困難】(곤란←곤난) ……

【佐飯】(자반←좌반) ……

【先烈】(선열←선렬) ……

(6) 〈단국〉(1999)

(1) 標題字의 注釋은 아래의 [보기 1, 2, 3]과 같은 體制로 구성하였다.
1) 畫數, 標題字, 古字體 例示(甲文, 金文, 小篆)
2) 反切에 의한 音 분류, 한글 讀音, 韻, 四聲, 韻書, 反切, 현대 中國音의 로마자 표기
3) 字源이 되는 說文과 後人의 注疏 轉載
4) 字義 注釋

(2) 畫數는 標題字 앞에 아라비아 숫자로 표기하였다.
(3) 字音의 표기는 韓國音은 한글로, 中國音은 로마字로 표기하였다.
(4) 字音은 四聲별 206韻目의 갈래에 따라 ㊀㊁㊂……으로 나누어 구별하였다.
(5) 四聲에서의 平聲은 ㊥, 上聲은 ㊤, 去聲은 ㊦, 入聲은 ㊧으로 표시하였다.
(6) 韓國音은 標準音과 慣用音으로 나누고, 그 音의 判定은 다음 문헌을 참고하였다.
1) 字典釋要(池錫永)·新字典(崔南善)과 經書諺解本의 表記音
2) 奎章全韻, 全韻玉篇과 旣刊의 각종 字典·辭典
3) 韓國音으로 표기된 적이 없는 漢字는 反切에 의거하여 그 音을 推定하여 표기하였다.
단, [보기 2]의 ㊃㊄처럼 中國音과 反切은 있으나 굳이 韓國音으로 분류하여 표기할 필요가 없는 것은 한글로 音을 表記하지 않았다.

(7) 音 또는 뜻을 알 수 없는 한자는 [보기 3]과 같이 처리하였다.
* 本字 ; 閒 / 冰 / 竝 / 雞
* 俗字 ; 間 / 氷 / 並 / 鷄

(10) 韻目에 따른 音의 갈래는 ㊀㊁㊂……으로 구별하여 가르고, 그 개별적인 뜻은 ❶❷❸……으로 나누어 주석하였으며, ❶❷❸의 하위 분류는 ①②③……, ①②③의 하위 분류는 ㉮㉯㉰……로 갈라서 주석하였다.

[보기 1]

[7]保 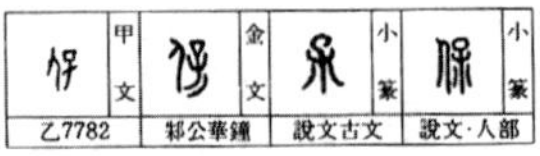

보 皓 ㊤ 《廣韻》 博抱切 bǎo

[보기 2]

[11]樂 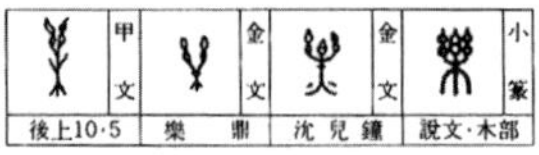

㊀ 악 覺 ㊧ 《廣韻》 五角切 yuè
㊁ 락 鐸 ㊧ 《廣韻》 盧各切 lè
㊂ 요 效 ㊦ 《廣韻》 五敎切 yào
㊃ 覺 ㊧ 《集韻》 力角切 luò
㊄ 笑 ㊦ 《集韻》 力照切 liáo

[보기 3]

[8]餻 음 미상

옛 조청. 《字彙補》

[18]臞 음 미상

뜻 미상.

(5) 하나의 語彙에 讀音이 둘 이상인 경우에는 ①②로 구별하여 讀音을 달되 보편적으로 많이 쓰이는 音을 앞세웠다.
(☞) 【一合 ①일합 ②일흡】
(6) 어휘의 讀音 및 字母 順은 '국어 어문 규정'에 따랐다.

〈교학〉과 〈단국〉은 앞에서 말한 바와 같이 〈동아〉의 범례의 큰 틀을 유지하되, 몇 가지 사항들을 추가 내지 수정하면서 한자음 처리의 원칙에 대한 완성을 이룬 것으로 보아도 좋을 것이다.

먼저 〈교학〉에서는 經書의 集注에 따라 諺解音으로 굳어진 자음에 대한 처리법(「介」字의 예시 참조), 『廣韻』·『集韻』 이외의 『玉篇』·『正字通』·『字彙』 등에서 인용한 反切의 제시 및 그 韻目에 대한 推定法(「騤」字의 예시 참조)을 추가하고 있다. 이 밖에 Ⅱ. 어휘의 해설에서 어휘의 讀音을 頭音法則에 따라 표기한다는 점, 어휘의 讀音이 우리말의 특수성에 따라 漢字音에서 크게 벗어나게 읽히는 것은 국어로서의 독음을 단 점 등을 추가하되, 〈동아〉에서 '之'字를 포함한 成語들(先見之明, 漁父之利, 自中之亂 등)에서 떼어 읽어야 할 자리를 표시한 예들에 대한 것은 현실 발음과의 乖離를 고려하여 삭제하고 있다.

다음으로 〈단국〉에서는 [보기 2] 「樂」字의 예시(㊃, ㊄)를 통하여 중국음과 反切은 있으나, 이에 해당되는 한국의 용례가 없어 굳이 한국음으로 분류하여 표기할 필요가 없는 경우, [보기 3]의 예시를 통하여 音(또는 뜻) 未詳의 글자들에 대한 처리법을 추가하고 있다. 이 밖에 語彙의 배열란에서 하나의 어휘에 讀音이 둘 이상인 경우 1 2로 구별하여 讀音을 달되 보편적으로 많이 쓰이는 음을 앞세운다는 점, 어휘의 讀音 및 字母 順은 '국어 어문 규정'을 따른다는 점도 추가하고 있다.

이상에서 드러난 현대 한국 자전류 「凡例」에서의 字音 處理의 경향들을 정리해보면 다음과 같다.

① 標題字의 한자음은 **"韓國漢字音, 韻目字 · 聲調 · 反切〈根據 韻書〉, 中國音, (日本音)"의 체재**로 제시

② 한국한자음은 **한글로 된 標準音 제시**에 힘쓰는 한편, **本音 · 慣用音**

(·古音) 등을 **網羅함**이 일반적

③ 韻目字를 포함한 **한자음의 根據는『集韻』의 反切에 의존함이 일반적, 최근에는『廣韻』및『玉篇』·『正字通』·『字彙』, 經書 集注音 등으로 확대**되는 경향

④ 일상에 많이 쓰이는 글자에 한정하여 **中國音은 注音符號 and/or 漢語拼音字母에 따른 로마자로 표기**하고, **日本音은 가타가나를 이용하여 漢音과 吳音을 倂記함이 일반적**

⑤ **複數 漢字音은 根據 反切에 依據** ㊀㊁㊂…**으로 구별하여 제시**

⑥ **頭音法則 및 어휘적 특수성에 따른 俗音의 처리는 語彙 用例에 제시함이 일반적**

⑦ **訓音에서의 音長 등의 정보는 提示되지 않음이 일반적**

2. 한자음 처리의 실제

이제 현대 한국 자전류에서의 한자음 처리 실태를 구체적으로 살펴보고자 한다. 논의의 편의상 〈단국〉 제1권에 수록된 한자들을 대상으로 하되, 字典들 사이의 異同이 두드러지는 예들을 중심으로 類型別로 考察하고자 한다.[7] 字典間의 차이가 두드러지는 예들에 대해서는『漢語大詞典』과 臺灣 教育部 ≪異體字字典≫(http://140.111.1.40/main.htm)을 중심으로 音處理의 문제점도 검토할 것이다.

7) 이렇게 고찰 범위가 축소된 데는 단국대학교 동양학연구소에서 권1에 해당되는 파일이 제공되었을 뿐만 아니라, 광범위한 자전 전체를 모두 다 살펴볼 수 없는 상황에서는 권1 수록자들로써도 논의의 핵심을 전달함에 큰 무리가 없을 것이라는 판단에 따른다. 그리고 6개 자전의 한자음에 대한 기초 조사는 국립국어원에서 제공한 "대법원 인명용 한자" 2,593자에 대한 기초 조사 자료에 크게 의존하였음과 필자가 개설한 2014학년도 2학기 성균관대학교 대학원 국어국문학과의 "한국한자음 특수연구" 수강생들의 발표 자료도 참조하였음을 밝혀 감사의 뜻을 전한다.

(1) 자전들에서 同一 漢字音을 보이는 경우

	〈삼식〉	〈동아〉	〈명문〉	〈민중〉	〈교학〉	〈단국〉
「丟」	주	주	주	주	주	주
「佻」	조, 요	조, 요	조, 요	조, 요	조, 요	조, 요
「墣」	복, 박	복, 박	박, 복	복, 박	박, 복	복, 박

(1)에 속하는 글자들은 單數音 또는 複數音字 중에서 6개 사전에 동일한 音處理를 보이는 유형이다. 「丟」字는 單數音字의 대표적인 예이며, 「佻」字는 複數音字의 대표적인 예이다. 여기에 「墣」字는 音은 같으면서 자전에 따라서 순서의 제시에 차이를 보이는 複數音字의 예로 추가될 수 있다. 각각에 해당되는 글자들을 "대법원 인명용 한자" 파일에서 찾아서 제시해보면 다음과 같다.

「丟」字 類型 : 丫(아) 乬(걸) 乼(줄) 乶(박) 仞(인) 仳(비) 仵(오) 伀(종)
佸(고) 佋(소) 佹(궤)
侔(모) 侚(순) 侜(주) 佽(차) 佪(회) 俅(구) 俘(부) 侲(진)
倥(공) 倔(굴) 倏(숙)
偓(악) 偎(외) 偠(요) 偊(우) 傔(겸) 傒(혜) 傽(장) 僄(표)
僛(기) 僬(초) 僵(강)
儂(농) 僾(애) 儜(녕) 儓(대) 儛(무) 儢(려) 儤(포) 儳(참) 등
「佻」字 類型 : 俶(숙, 척) 倩(천, 청) 衈(휼, 솔) 孛(패, 발) 唫(금, 음) 喁(옹, 우) 喤(황, 횡) 圂(혼, 환) 坻(지, 저) 埏(연, 선) 幬(주, 도) 愬(소, 색) 烜(훤, 훼) 獫(험, 렴) 筩(통, 용) 繅(소, 조)
翮(핵, 력) 蘄(기, 근) 등
「墣」字 類型 : 娭(애, 희∥희, 애〈명문〉〈민중〉) 宊(돌, 가∥가, 돌〈삼식〉)
忸(뉵, 뉴∥뉴, 뉵〈삼식〉) 등

「丢」·「佻」字 類型에 속하는 예들은 字音 處理에 특별한 문제점을 찾을 수 없는 예들이다. 반면에 「墣」字 類型에 속하는 예들에서 밑줄 친 쪽이 『漢語大詞典』의 처리와 비교해서 字音 順序에 차이를 보이는 것들이다. 소수의 예들이어서 일반화하기는 어렵겠으나, 비교적 초기에 편찬된 자전인 〈삼식〉·〈명문〉·〈민중〉 등에서 좀더 많은 音順의 차이를 보이는 듯하다. 이는 최근에 올수록 국내외의 자전들을 참조하면서 字音 處理에 있어서 통일성을 기함으로써 상당 부분 문제점이 改善된 것으로 정리해도 좋을 것이다.

(2) 일부 자전들 사이에 한자음의 차이를 보이는 경우

	〈삼식〉	〈동아〉	〈명문〉	〈민중〉	〈교학〉	〈단국〉
「佗」	타	타	타	타	타, 이	타, 이
「亹」	미, 문	미, 문	미, 문	미, 문	미, 문	미, 문, 흔

(2)에 속하는 글자들은 複數音字 중에서 자전들 사이에 한자음 처리에 차이를 보이는 유형이다. 「佗」字는 대부분의 자전들에서 單數音字로 되었으나, 최근에 나온 〈교학〉, 〈단국〉에서 『集韻』의 余支切을 근거로 '이'의 음을 추가한 예이다. 「亹」字는 〈단국〉에서 『集韻』에서의 許慎切[8]을 근거로 '흔'의 음을 추가한 예이다. 역시 각 유형에 해당되는 글자들을 "대법원 인명용 한자" 파일에서 찾아서 제시해보면 다음과 같다.

「佗」字 類型 : 丰(봉∥봉, 풍〈동아〉〈교학〉〈단국〉) 丱(관∥관, 광〈동아〉〈교학〉〈단국〉) 仆(부∥복, 부〈교학〉~부, 복〈단국〉) 俛(면, 부∥면〈삼식〉~부, 면〈민중〉〈단국〉) 侻(탈∥탈, 태〈교

8) 이는 「舋」字와 同字로 쓰일 때의 용법을 반영한 것이다. 「舋」字의 反切로 『漢語大詞典』에서는 許覲切을 제시하고 있다.

* 舋①[xìnㄒㄧㄣˋ][≪廣韻≫許覲切, 去震, 曉。]

학〉〈단국〉) 偪(핍∥핍, 복〈동아〉〈교학〉〈단국〉) 儔(주∥주, 도〈명문〉〈단국〉) 儱(롱∥롱, 룡〈민중〉〈단국〉) 등

「亹」字 類型 : 亟(극, 기∥극, 기, 혁〈삼식〉) 倘(당, 상∥창, 당〈명문〉) 倢(첩∥첩, 삽〈동아〉) 偢(초∥추, 초〈단국〉) 傢(가∥상, 가〈단국〉) 傞(사∥사, 차〈단국〉) 僂(루∥루, 류〈교학〉) 傿(언∥언, 은〈단국〉) 僮(동∥동, 장, 총〈단국〉) 僦(추∥추, 죄〈민중〉) 儋(담∥담, 섬〈단국〉) 儵(숙∥숙, 조, 유〈단국〉) 儻(당∥당, 창〈단국〉) 滄(창∥창, 청〈명문〉) 刳(고∥고, 구〈단국〉) 剉(좌∥좌, 좌〈명문〉) 剞(기∥기, 의〈동아〉) 劓(의∥의, 예〈명문〉) 등

「佗」字 類型을 보이는 글자들은 『漢語大詞典』과 비교할 때, 밑줄친 단수음으로 처리된 자전들이 문제점을 안고 있다. 복수음으로 처리된 자전으로는 〈동아〉·〈교학〉·〈단국〉이 공통적으로 포함된 경우가 많은데, 이는 그만큼 최근에 나온 자전들일수록 字音 處理에 進展이 있었음을 말하는 것이 될 것이다.

「亹」字 類型을 보이는 글자들 중에서 밑줄친 字音들이 포함된 자전들은 『漢語大詞典』에 근거를 볼 수 없는 것이어서 문제가 된다. 즉, 倘(창)〈명문〉, 倢(삽)〈동아〉, 傿(은)〈단국〉, 僮(총)〈단국〉, 僦(죄)〈민중〉, 儋(섬)〈단국〉, 儻(창)〈단국〉, 滄(청)〈명문〉, 刳(구)〈단국〉, 剉(좌)〈명문〉, 剞(의)〈동아〉, 劓(예)〈명문〉 등이다.

이들을 臺灣 教育部의 ≪異體字字典≫과 비교해보면 다음과 같다.

倘(창)〈명문〉은 「徜」字와의 통용을 반영한 음이나, 「徜」字의 『集韻』 反切 齒兩切을 기계적으로 반영한 결과인 듯. 「徜」字의 한국한자음은 '상'이 일반적이기 때문. 倢(삽)〈동아〉는 어떠한 자전들에서도 해당음의 근거를 찾기 어려움. 傿(은)〈단국〉은 『集韻』의 反切 於靳切을 반영

한 음으로 문제가 없는 듯. 僮(총)〈단국〉도 『集韻』의 反切 丑用切을 반영한 음으로 문제가 없는 듯. 㑶(최)〈민중〉도 어떠한 자전들에서도 해당음의 근거를 찾기 어려움. 儋(섬)〈단국〉도 『集韻』의 反切 時豔切을 반영한 음으로 문제가 없는 듯. 儻(창)〈단국〉도 『集韻』의 反切 齒兩切을 반영한 음으로 문제가 없는 듯. 滄(청)〈명문〉도 『集韻』의 反切 初耕切을 반영한 음으로 문제가 없는 듯. 剨(구)〈단국〉도 『集韻』의 反切 墟侯切을 반영한 俗音으로 문제가 없는 듯. 剉(좌)〈명문〉은 『集韻』의 反切 寸臥切을 반영한 正音으로 보이나, 현실음 '좌'와 독립될 지는 의문. 剞(의)〈동아〉도 어떠한 자전들에서도 해당음의 근거를 찾기 어려움. 劓(예)〈명문〉도 『集韻』의 反切 牛戒切을 반영한 俗音으로 문제가 없는 듯. 이상에서 보면 「亶」字 類型 중에서 해당음의 근거가 박약한 問題字로는 倘(창)〈명문〉, 倢(삽)〈동아〉, 㑶(최)〈민중〉, 剉(좌)〈명문〉, 剞(의)〈동아〉 등으로 좁힐 수 있는 바, 역시 비교적 초기에 나온 자전들에 집중되어 있음을 볼 수 있다. 이 또한 최근에 편찬 · 간행된 자전일수록 字音 處理에 進展이 있었음을 말하는 근거가 될 수 있을 것이다.

(3) 자전들 사이의 한자음의 차이가 큰 경우

	〈삼식〉	〈동아〉	〈명문〉	〈민중〉	〈교학〉	〈단국〉
「偄」	난, 연	--	난	난, 나, 연	난, 나, 연	연, 난, 나, 유
「儃」	천, 탄	천, 탄	선, 단, 탄	천, 단, 선	천, 탄, 단, 선	천, 단, 선, 탄, 전
「吮」	전, 연	연	전, 순, 천, 연	연	연, 전	연, 순, 선
「吽」	후, 음, 우	우, 후, 흠	음, 우	우, 음, 훔	우, 후, 흠	우, 흠(훔), 후
「呿」	거, 가	거	거, 가, 겁, 업	거	가, 거	거, 가, 겁
「咥」	희, 질	희, 절	희, 지, 치, 질, 절	희, 질	희, 질, 절	질, 절, 희, 지
「嘐」	교, 효	효, 교	효, 교, 포, 로, 료, 표, 류	교, 효	교, 효	효, 교, 로, 표, 무

(3)에 속하는 글자들은 3개 이상의 자전들에서 字音 處理에 차이를 보이는 것의 일부이다. 이들 중에서 臺灣 教育部의 ≪異體字字典≫과 비교하여 문제가 없어 보이는 것은 밑줄친 자전 또는 음들이다(제시된 字音의 순서 무시). 비록 일부의 예들이지만 이들의 예를 통해서도 가장 최근에 편찬 완료된 〈단국〉의 字音 處理가 『廣韻』이나 『集韻』의 反切 등의 근거를 가장 충실히 반영하여 이루어졌음을 알 수 있다.

이 밖에 일부 자전들에서 缺字를 보이는 유형(「丂」, 「噺」, 「条」, 「籾」 등)이 더 있으나, 한자음의 차이가 크지 않을 뿐만 아니라 표제자 선정과도 관련된 글자들이라 여기에서는 논의하지 않는다.

Ⅳ. 한자음 처리의 方向 摸索 - 結論을 대신하여

지금까지의 논의를 통하여 한국에서 최근에 편찬된 자전일수록 한자음 처리의 원칙이나 실제에 있어서 상당한 進展이 이루어졌음을 확인한 바 있다. 비록 개인 또는 민간 출판사를 중심으로 한 흐름이지만, 이는 국민들의 漢字生活을 위한 매우 바람직한 礎石을 놓은 업적으로 평가하여 遜色이 없음이 분명하다.

그러나 이러한 작업이 좀더 빛을 발하기 위해서는 국가적 차원에서의 한자 표준화 정책으로 이어져서 『標準字典』(가칭)의 편찬으로 결실을 맺어야 할 것이다. 이를 위해서는 한자의 3요소인 字音 · 字形 · 字義에 관련된 제반 연구를 국가적으로 뒷받침할 필요가 절실한 것으로 판단된다. 국립국어원을 비롯한 언어정책 기관들에서 이에 관한 관심을 촉구하면서 자전류 한자음 처리의 방향을 정리해보는 것으로 이 글의 결론으로 삼고자 한다.

⑴ 標題字의 한자음은 **"韓國漢字音, 韻目字 · 聲調 · 反切〈根據 韻書〉, 中國音, 日本音"의 체재**로 제시함이 바람직할 것이다.

⑵ 한국한자음은 **標準音 제시**에 힘쓰는 한편, **本音 · 慣用音(· 古音) 등을 網羅함으로써 漢字生活을 위한 準據뿐만 아니라, 漢字音 硏究의 參考 資料로서의 기능**도 겸하는 것이 바람직할 것이다.

⑶ 韻目字를 포함한 **한자음의 根據는 『集韻』의 反切뿐만 아니라, 『廣韻』 및 『玉篇』 · 『正字通』 · 『字彙』, 經書 集注音 등으로 확대함**이 바람직하다. 또한 지금까지의 자전들에서는 **"韻目字+聲調"** 정보 제시에 그치고 있으나, 한자음 연구의 참고 기능을 겸하기 위해서는 기존의 운목자 정보 외에 『漢語大詞典』에서의 **"聲調 · 韻母+聲母"** 정보 제시의 체재나 拙著(2009)에서 시도한 **"攝 · 開合 · 等 · 聲調 · 韻母 · 聲母"**의 체재로 전환시킬 필요가 있을 것이다.[9]

(예) 「五」: 姥 上 ≪廣韻≫ 疑古切〈단국〉 ⇒ ≪廣韻≫ 疑古切, 上姥, 疑〈『漢語大詞典』〉 또는 遇中一上姥疑〈拙著 2009〉(※ '中'은 開合에서의 중립을 뜻함.)

⑷ 일상에 많이 쓰이는 자를 중심으로 **中國音은 漢語 拼音字母에 따른 로마자로 표기하고, 日本音은 가타가나를 이용하여 漢音과 吳音을 倂記함**이 바람직하다. 注音符號는 현실적으로 거의 쓰이지 않음을 고려하면 채택하지 않아도 좋을 듯하다.

⑸ **複數 漢字音은 根據 反切에 依據 ㊀㊁㊂…으로 구별하여 제시함**이 바람직하다.

⑹ **頭音法則 및 어휘적 특수성에 따른 俗音의 처리는 語彙 用例에 제시**

---

9) 이러한 정보 제시가 일반인에는 불필요한 것일 수도 있다. 만약 출판사의 여력이 있다면, 일반인용과 전문가용으로 나누어 낼 수도 있을 것이다.

하는 것으로 충분할 것이다.

(7) 지금까지의 자전들에서는 **訓音에서의 音長 정보는 提示하지 않음이 일반적이나, 字音에서의 音長 정보는 제시함**이 바람직하다. 이를 위해서는 한국어문회 등과 협력하여 지금까지 구축된 한자들의 음장 정보를 공유하면서 標準化를 꾀하는 것이 좋을 것이다.

〈참고 문헌〉

姜信沆, 『韓漢音韻史 硏究』, 태학사, 2003.

권인한, 「한국 한자음의 표준안 연구」, 『새국어생활』 9: 1, 국립국어연구원, 1999.

권인한, 『中世 韓國漢字音의 分析的 硏究: 資料篇』, 박문사, 2009.

박형익, 『한국 자전의 역사』, 역락, 2012.

李敦柱, 『漢字音韻學의 理解』, 탑출판사, 1995.

이재돈 · 권인한, 「漢字音 標準案 硏究」, 『國際 文字 코드 提案 漢字의 標準化에 대한 硏究』(하권), 문화관광부, 1998.

이재돈 · 권인한, 「국제문자코드 한자의 한자음 표준화 연구」, 『국제문자코드 한자의 표준화 연구』, 문화관광부, 1999.

정경일, 『한국운서의 이해』(대우학술총서 541), 아카넷, 2002.

森博達, 「日本における漢字辭典の歷史」, 『東洋學』 46, 단국대 동양학연구원, 2009.

[*이 글은 단국대학교 동양학연구원 학술지 『동양학』 59집(2015.4.30.)에 수록된 것이다. 이후 동양학연구원 사전학총서 4집 간행의 취지에 부응하여 재수록하였다.]

『漢韓大辭典』의 뜻풀이에 대하여

朴 鎭 浩*

본고는 『漢韓大辭典』의 뜻풀이를 몇 가지 측면에서 검토하여 개선 방향을 제안하고자 한다.1) 사전이 담고 있는 다양한 정보들 가운데에서도 뜻풀이는 가장 핵심적인 정보라 할 수 있다. 우리가 사전을 이용할 때, 어떤 표현의 의미를 알아보고 싶어서 사전을 찾는 경우가 가장 많다. 사전에서 뜻풀이가 갖는 이러한 중요성에 비해, 한자사전의 뜻풀이에 대해서는 깊이 있는 연구가 많이 이루어지지 못한 편이다. 실제 사전 편찬 과정에서도 뜻풀이를 이렇게 하라는 상세한 지침을 마련하여 이 지침에 따라 일관성 있게 뜻풀이를 했는지 의심스러운 부분이 있다. 본고는 뜻풀이를 보다 일관성 있게 효과적으로 하는 데 도움이 되고자 한다.

---

* 서울대학교 부교수 / synpjh@snu.ac.kr

1) 이 논문은 2014년 10월 17일 개최된 제6회 동양학연구원 사전학 학술회의 - 동아시아의 사전학(Ⅵ) "한자사전 편찬 방법론 연구"에서 발표한 것을 바탕으로 하였다. 『漢韓大辭典』을 편찬하신 분들께 감사 드린다.

Ⅰ. 품사 구별, 사전항목의 위계구조

중국에서는 전통적으로 품사의 구별에 별로 주의를 기울이지 않는 편이었으며, 이러한 경향은 현대까지도 지속되었다. 고대 중국어에는 품사의 구별이 아예 없었다고 주장하는 학자들도 있었다. 하나의 단어가 명사로도 쓰이고 동사로도 쓰이는 등, 품사를 넘나들며 쓰이는 현상이 상당히 광범위하게 관찰되므로 중국어의 품사 체계가 상당히 유연한 편에 속한다는 것은 사실이다. 그러나 하나의 단어가 융통성 있게 둘 이상의 품사로 넘나들며 쓰인다는 것과 품사 구별이 아예 없다는 것은 매우 다른 이야기이다. 전자는 중국어의 특징을 잘 드러내는 사려 깊은 말이나, 후자는 지나친 말이다. 점차 학자들은 중국어의 품사상의 융통성을 인정하면서도, 중국어의 어휘와 문법을 기술할 때도 역시 품사에 바탕을 두어야 한다는 데 인식을 같이하게 되었다.

중국어학계의 이러한 인식의 발전과 경향에 비해, 사전 편찬의 실제 현황은 여전히 구태를 벗지 못하고 있는 편이다. 다른 언어의 사전들이 각 표제항에 대해 가장 먼저 품사를 제시하고 있는 것과는 달리, 대부분의 한자사전들은 품사 정보를 제공하는 데 인색하다. '중국어에 품사 구별이 아예 없다' 또는 '중국어에 대한 記述에서 품사는 그리 신경 쓰지 않아도 된다'는 확고한 신념을 가지고 있다면 모르겠지만, 그런 게 아니라면 한자사전에서도 품사 정보를 가장 기초적이고 중요한 정보로서 다루어야 한다.

뒤의 논의와도 관련되기 때문에 '於'자를 가지고 이야기를 구체화해 보겠다. 『한한대사전』에서 '於'자에 대한 사전항목의 구조는 〈자료 1〉과 같이 되어 있다.(漢數字는 입력의 편의상 아라비아 숫자로 바꿈.)

〈자료 1〉『漢韓大辭典』의 '於'자 항목
❶ 있다, 존재하다
❷ 가다
❸ 하다, 되다, 만들다
❹ 뒤따르다, 친근하다
❺ 의지하다
❻ 살다
❼ 후대하다, 환대하다
❽ 전 于로도 쓴다.
① …에. …에서. 지점이나 처소를 나타낸다.
② …에게. 대상을 나타낸다.
③ …에. …로. …을 향하여. 방향을 나타낸다.
④ …으로써. …에 따라. …을 가지고. 방식이나 대상을 나타낸다.
⑤ …를(을) 위하여. 목적을 나타낸다.
⑥ …에 의해. 피동을 나타낸다.
⑦ …에 관하여. …에 대하여. 동작의 대상을 나타낸다.
⑧ …로. …까지. 동작이 귀착할 대상을 나타낸다.
⑨ …에서부터. …부터. 기점을 나타낸다.
⑩ …대로. …에 따라. 동작이 발생하는 근거를 나타낸다.
⑪ …에서. …에게서. 원인을 나타낸다.
⑫ …보다.
⑬ 와. 과. 비교하는 대상이나 상대가 되는 대상을 나타낸다.
⑭ …처럼.
❾ 접
① 와. 과.
② …하고도. 그래서.
③ …면서. …지만
❿ 조
① 실제의 뜻이 없는 어조사. 또는 어조나 기세를 나타낸다.
② …이. …가. 之와 같다.
⓫ 땅 이름. 또는 邑 이름. 옛 터는 河南省 西峽縣의 동쪽에 있다.
⓬ 姓
2 오
❶ 새 이름. 까마귀.
❷ 감 아!
3 이 : 산 이름에 쓰는 글자.

명사, 동사, 형용사의 경우 품사를 아예 제시하지 않고 있는 것도 문제이지만, 더 큰 문제는 여러 용법들이 이루는 위계질서가 논리적이지 못하다는 것이다. [1]의 ❶~❼은 동사 용법이고 ⓫~⓬는 명사(특히 고유명사) 용법인데, 14개의 전치사 용법이 ❽로 묶여 있고 접속사 용법이 ❾로, 조사 용법이 ❿으로 제시되어 있는 것과는 달리, 동사 용법들을 하나로 묶어 주는 요소가 없고 명사 용법들을 하나로 묶어 주는 요소가 없는 것이다. 사실 '於'자의 가장 흔한 용법은 전치사 용법인데, 사용자는 ❽에서 전치사 용법을 찾기까지 ❶부터 ❼까지를 헤매야 한다. 전치사 용법보다 동사 용법이 역사적으로 먼저 있었고, 전치사 용법은 동사 용법으로부터 나온 것일 테니, 동사 용법을 전치사 용법 앞에 배치하는 것은 그 나름대로 일리가 있다. 그러나 전치사 용법들을 하나로 묶어 주었듯이 동사 용법도 하나로 묶어 주어야 한다. 그래야, 동사 용법에 관심이 없는 독자는 ❶로 묶여진 동사 용법들을 가볍게 넘기고 곧장 ❷에 제시된 전치사 용법으로 갈 수 있는 것이다. 즉 사전항목의 위계구조를 〈자료 2〉와 같이 하면 좋을 것이다.

〈자료 2〉『漢韓大辭典』의 '於'자 항목 수정안

❶ [동]
- ① 있다, 존재하다
- ② 가다
- ③ 하다, 되다, 만들다
- ④ 뒤따르다, 친근하다
- ⑤ 의지하다
- ⑥ 살다
- ⑦ 후대하다, 환대하다

❷ [전] 于로도 쓴다.
- ① …에. …에서. 지점이나 처소를 나타낸다.
- ② …에게. 대상을 나타낸다.
- ③ …에. …로. …을 향하여. 방향을 나타낸다.
- ④ …으로써. …에 따라. …을 가지고. 방식이나 대상을 나타낸다.

⑤ …를(을) 위하여. 목적을 나타낸다.
⑥ …에 의해. 피동을 나타낸다.
⑦ …에 관하여. …에 대하여. 동작의 대상을 나타낸다.
⑧ …로. …까지. 동작이 귀착할 대상을 나타낸다.
⑨ …에서부터. …부터. 기점을 나타낸다.
⑩ …대로. …에 따라. 동작이 발생하는 근거를 나타낸다.
⑪ …에서. …에게서. 원인을 나타낸다.
⑫ …보다.
⑬ 와. 과. 비교하는 대상이나 상대가 되는 대상을 나타낸다.
⑭ …처럼.
❸ 접
① 와. 과.
② …하고도. 그래서.
③ …면서. …지만
❹ 조
① 실제의 뜻이 없는 어조사. 또는 어조나 기세를 나타낸다.
② …이. …가. 之와 같다.
❺ 명 [고유]
① 땅 이름. 또는 邑 이름. 옛 터는 河南省 西峽縣의 동쪽에 있다.
② 姓
2 오
❶ 명 새 이름. 까마귀.
❷ 감 아!
3 이 명 산 이름에 쓰는 글자.

이왕 '於'자의 사전항목을 제시했으니, ❾(수정안에서는 ❸)에 제시된 접속사 용법들 중 ①을 살펴보자. 이 용법의 예문으로 제시된 것은 『전국책』의 "今趙之與秦也, 猶齊之於魯也.", 『漢書』 「杜周傳 附杜欽」의 "況將軍之於主上, 主上之與將軍哉."인데, 이 용법의 '於'를 접속사로 보는 것은 곤란하다고 생각된다. 王力의 『漢語史稿』에서도 이 구문을 다루고 있는데, 이 구문은 기본적으로 주부와 술부 사이에 '之'를 삽입함으로써 명사화된 절이다. 그런데 술부에는 동사나 형용사가 오는 것이 보통이지만 특수하게 전치사 '於'나 '與'가 올 수도 있다. 전치사구는 술부를 구성할 수 없다는 입장을 취한다면 이때의 '於'는 동사로 보아야 할 것이다. 그런 처리도 논리적으로는 일리가 있으나, '於'의 동사 용법(수정 전 ❶~❼, 수정 후 ❶의 ①~⑦)과는 의미가 다르고 전치사 용법과 의미상 통하므로 전치사 용법 중의 한 특수한 용법으로 보는 것이 합리적이다. 위의 ❽(수정된 항목의 ❷)의 전치사 용법들 속에 특수한 하나의 용법으로 넣어 두는 것이 좋을 것이다. 접속사로 보는 것은 근거가 별로 없다고 생각된다.

Ⅱ. 용법들의 배열 순서

앞에서도 잠깐 언급했지만 여러 용법들을 배열/제시하는 순서에 더 궁리가 필요하다. 일반적으로 사전에서 용법들을 배열할 때 사용하는 기준에는 역사적 기준, 빈도 기준, 논리적/의미적 기준이 있다. 역사적 기준은 각 용법을 시간적/역사적 출현 순서에 따라 배열하는 것이다. Oxford English Dictionary(OED) 등 한 언어의 역사 전체를 포괄하는 대사전에서는 역사적 기준을 많이 사용한다. 빈도 기준은 사용 빈도가 높은 용법을 먼저 제시하는 것이다. Longman Dictionary of Contemporary English(LDOCE), Collins Cobuild English Dictionary(Cobuild) 등 한 언어의 어느 한 시기(대개 현대)를 철저하게 공시적으로 기술하는 사전, 그리고 외국인 학습자를 위한 사전에서는 점차 빈도 기준을 채택하는 사전이 늘고 있다. 그러나 우리가 흔히 접하는 가장 많은 사전에서는 논리적/의미적 기준을 채택하고 있다. 표제항의 가장 기본적 의미/용법을 맨 앞에 제시하고, 이 기본 의미/용법으로부터 다른 의미/

용법들이 파생되어 나온 관계를 논리적으로 분석하여, 의미상 서로 가까운 용법들을 가까이 배치하는 것이다. 논리적/의미적 기준이 결과적으로 역사적 기준과 일치하는 경우도 많을 것이다. 어느 하나의 기준만 사용하는 게 아니라, 둘 이상의 기준을 섞어서 쓸 수도 있다. 어쨌든 중요한 것은, 용법 배열의 일관된 기준을 설정하고, 각 표제항에 대해 이 기준을 적용하려고 노력하는 것이다.

위의 '於'자의 전치사 용법들에 초점을 맞추어 살펴보면, 배열에 있어 어떤 기준을 적용했는지 알기 어렵고, 쉽게 납득이 가지 않는 면이 많다. 논리적/의미적으로 각 용법의 파생 관계를 나름대로 추측해 보면 다음과 같다.

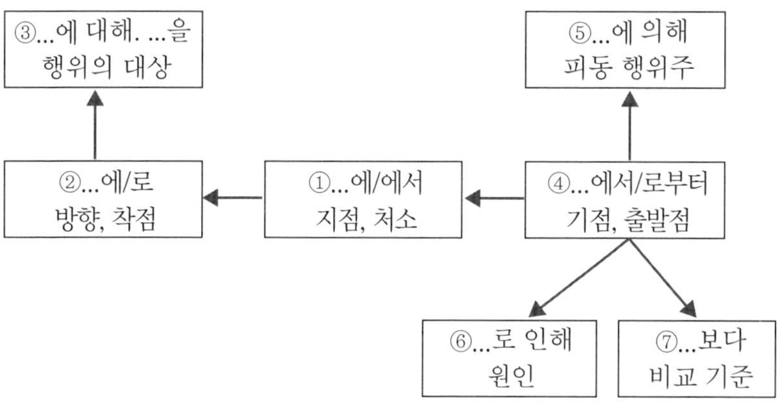

'於'의 여러 용법 중, 정태적으로 어떤 사물이 어느 장소/위치에 있음을 나타내는 ①번 용법이 가장 기본적일 것이다. 靜的인 상태와 動的인 이동/운동/위치변화 중 전자가 후자보다 인지적/논리적으로 더 기본적이기 때문이다. 전자로부터 후자로의 확장은 매우 자연스럽다. 따라서 ①로부터 ②가 나왔을 것이다. ②는 물리적/공간적인 이동에서의 목표점/착점인데, 이로부터 추상적 이동으로 의미가 흔히 확장될 수 있다. 주체가 객체에게 어떤 행위를 할 때 에너지가 주체로부터 객

체로 전이되므로, 행위는 주체로부터 객체로의 추상적 이동으로 볼 수 있다. 그래서 출발점을 나타내는 전치사 '從'이 주체를 나타내는 용법으로 확장될 수 있는 것이고, 위의 ②로부터 ③으로의 확장도 일어날 수 있는 것이다. ③의 용법은 어떤 학자는 불교 한문의 특징으로 들기도 한다. 佛典에 특히 자주 등장하는 용법이기는 하나, 佛典에 한정된 것은 아니다.

한편, 어떤 물체가 靜的으로 지점/처소에 있다가, 이 물체가 다른 위치로 이동하는 일이 흔히 일어날 수 있으므로, 靜的인 지점/위치는 물리적/공간적 이동의 출발점으로 재해석될 수 있다. 그래서 ①로부터 ④로의 확장도 매우 자연스럽다. 또한 물리적/공간적 이동의 출발점이 행위의 주체로 해석될 수 있으므로 ④가 ⑤로 확장될 수 있고, 사건과 사건 사이의 인과관계의 측면에서 원인으로 해석될 수 있으므로 ④가 ⑥으로 확장될 수 있다. 또한 어떤 두 존재를 비교하여 그 중 하나가 다른 것보다 더 어떠어떠하다는 차등비교를 행할 때 출발점을 나타내는 요소를 비교기준의 용법으로 확장하여 쓰는 일도 세계 여러 언어에서 흔히 볼 수 있다. 그래서 ④가 ⑦로 확장되는 것이다.

위와 같은 용법들 사이의 입체적 관계를 사전에서 충실하게 반영하기는 쉽지 않겠지만, 적어도 가까운 용법들이 서로 가까이 배치되어, 이 용법들을 하나하나 순차적으로 읽어 나아가는 독자가 하나의 용법으로부터 그 다음 용법으로 넘어갈 때 이 둘 사이의 의미적/논리적 관계를 쉽게 납득하고 파악할 수 있도록 배려해야 한다. 이런 배열이 잘 되어 있으면 교육적으로 큰 효과를 거둘 수 있다. 독자는 사전에 나열된 용법들을 한 번 죽 읽는 것만으로도 표제항의 여러 용법들 사이의 관계를 파악할 수 있고, 그럴 경우 각 용법들이 쉽게 기억된다. 요즘은 사전에서 삽화 등의 시각적 자료를 활용하는 일도 많이 있고, 인터넷 사전에서는 그것이 더 용이하다. 따라서 위에 제시한 것과 같은, 용법들 사이의 입체적 관계를 보여 주는 그림을 사전에 포함하는 것도 적극적으로 고려해 볼 만하다.

Ⅲ. 용법들의 구별

하나의 한자가 여러 뜻을 가질 때, 이 뜻들이 서로 구별될 수 있도록 뜻풀이에 신경을 써야 한다. 뜻풀이가 애매모호하거나, 각 용법에 사용된 말이 서로 비슷비슷해서, 각 용법이 어떻게 다른 것인지 독자들이 어리둥절해 하는 경우가 많이 있다. 위의 '於'자의 여러 전치사 용법들을 보면, '……에', '……에게', '……에서' 등의 말이 여러 용법에 반복해서 나타나고 있어, 이런 뜻풀이말만 봐서는 각 용법의 뜻이 어떻게 다른 건지 금방 알기 어렵다. 그래서 그 뒤에 '지점'이니 '착점'이니 '대상'이니 하는 말들을 보충해 주었을 것이다. 그런데 이렇게 보충해 넣은 말도 너무 단순하고 애매모호하다. '대상'이라는 말은 ②, ④, ⑦, ⑧에 네 번이나 등장한다. 뜻풀이말이나 이를 보충하기 위해 사용되는 메타언어를 좀 더 정밀하게 다듬을 필요가 있다. ⑥에서는 그냥 '피동을 나타낸다'고 했는데, 이래 가지고는 피동 구문에 사용되는 동사 '被', '爲' 등과 구별이 되지 않는다. '於'는 피동 구문 속에 사용될 때 행위주 앞에 놓이는 전치사이다. 따라서 최소한 '피동 행위주'라고 해야 할 것이다.

요컨대, 하나의 한자가 지닌 복수의 의미/용법들을 이해하기 쉬우면서도 정확하게 구별하여 뜻풀이를 하려는 노력이 한층 더 요구된다.

Ⅳ. 破讀, 聲調

한국인은 영어를 배울 때 강세를 소홀히 하기 쉽다. 그런데 영어 발음에서 강세는 매우 중요해서, 각 단어의 강세 위치를 정확히 지켜서 발음하면 그 외의 음절은 대충 발음해도 원어민이 쉽게 알아듣지만, 거꾸로 강세의 위치가 틀려 버리면 각 음절을 아무리 정확히 발음해도 원어민이 못 알아듣는 일이 많다. 중국어의 경우는 성조가 중요하다. 한국어에는 성조가 없기 때문에 한국인은 성조에 신경을 덜 쓰는 경향이 있지만, 성조를 틀리게 발음하면 중국인들은 못 알아듣기 십상이다. 이것은 현대 중국어뿐 아니라 고전 중국어도 마찬가지이다. 한문 전적의 주석에서 '이 글자는 去聲이다' 하는 식의 성조 관련 주석이 많은 것도 그 때문이다. 하나의 한자가 둘 이상의 성조를 갖는 경우, 즉 破讀字의 경우 성조에 따른 구별이 매우 중요하다. 의미/용법의 구별은 그 다음 문제이다. 따라서 『한한대사전』에서도 破讀字에 대해 가장 우선적으로 성조에 따라 ①, ② 등으로 구별해 놓은 것은 온당한 처사이다.

그런데 성조의 차이는 의미/용법의 차이와 관련되어 있다. 즉 하나의 한자가 평성일 때는 A라는 품사로서 이러이러한 뜻으로 쓰이지만, 거성일 때는 B라는 품사로서 저러저러한 뜻으로 쓰이는 식이다. 이러한 파독자의 유형에 대해 일본 학자 太田辰夫가 정리해 놓은 것을 인용하면 다음과 같다.

〈표 1〉 명사-동사 破讀字(太田辰夫 1958/1981: 70-71)

古代語			現代語	
(聲母)	名	動	名	動
針	平	去	針 (陰)	없음
釘	平	去	釘子 (陰)	釘 (陰 · 去)
衣	平	去	衣裳 (陰)	없음
冠	平	去	冠子 (陰)	없음
王 (喩)	平	去	王 (陰)	없음
膏	平	去	膏藥 (陰)	膏 (去)
雨	上	去	雨 (上)	없음
種	上	去	種子 (上)	種 (去)
枕	上	去	枕頭 (上)	枕 (上)
下 (匣)	上	去	下頭, 底下 (去)	下 (去)
飯	去	上	飯 (去)	없음
處	去	上	[處] (去)	[處] (上)
樹 (禪)	去	上	樹 (去)	[樹] (去)
卷	去	上	卷子 (去)	捲 (上)
數	去	上	數兒 (去)	數 (上)
騎 (羣)	去	平	없음	騎 (陽)
乘 (牀)	去	平	없음	[乘] (陽)
藏 (從)	去	平	없음	藏 (陽)
從 (從)	去	平	없음	[從] (陽)
磨 (明)	去	平	磨 (去)	磨 (陽)
傳 (澄)	去	平	[傳] (去)	傳 (陽)
彈 (定)	去	平	彈子 (去)	彈 (陽)
量 (來)	去	平	[量] (去)	量 (陽)

기본적으로 사물을 가리키는 명사인데 이로부터 이 사물을 가지고 하는 행위를 나타내는 동사 용법이 파생된 경우도 있고, 기본적으로 행위를 나타내는 동사인데 이로부터 이 행위와 관련된 사물을 가리키는 명사 용법이 파생된 경우도 있다. 어느 쪽이든, 파생 용법일 때 去聲의 성조를 갖는 경향이 있다.

〈표 2〉 형용사-동사 破讀字(太田辰夫 1958/1981: 71-72)

古代語			現代語	
(聲母)	形	動	形	動
强 (羣)	平	上	强 (陽)	[强] (上)
難 (泥)	平	去	難 (陽)	難 (去)
輕	平	去	輕 (陰)	없음
好	上	去	好 (上)	[好] (去)
近 (羣)	上	去	近 (去)	없음
遠	上	去	遠 (上)	없음
大	去	去	大 (去)	없음
正	去	去	正 (去)	없음
重	去	去	重 (去)	없음

하나의 한자가 형용사, 동사로 쓰이는 경우는 대개 형용사가 기본 용법이고 동사가 파생 용법이다. 형용사로부터 동사가 파생되는 경우를 王力은 다시 致動과 意動으로 구분하였다. 치동은 '어떠어떠하게 만들다'의 뜻을 나타내고 의동은 '어떠어떠하다고 여기다'의 뜻을 나타낸다. 의동일 때는 본래 형용사일 때 지니던 성조에 변화가 없다. 반면에 치동일 때는 대개 거성으로 바뀐다.

『한한대사전』에서 '遠'자의 경우 상성일 때의 형용사 용법과 거성일 때의 동사 용법을 나누어 잘 제시해 놓았다. 반면에 '近'자의 경우 거성과 상성이 ①과 ②로 맨 앞에 제시되어 있지만, 이 둘을 ①②로 병치하고서, 그 뒤에 17개의 용법이 성조와의 관계가 명시되지 않은 채 제시되어 있다. 물론 '近'은 聲母가 濁聲母인 羣母여서 나중에 濁上變去의 음운변화를 겪어서 상성이 거성으로 변하였다. 그래서 현대 중국어에서는 제4성(거성)만 남아 있게 되었다. 그러나 고대 중국어에서는 상성과 거성의 두 성조를 가지고 있었고, 상성일 때는 형용사로, 거성일 때는 동사로 구분되어 사용되었던 것이다. '近'자 외에도 표제항 한자가 두 개의 성조를 가질 때, 이것을 맨 앞에 ①②로 제시할 뿐, 의미/용법들을 성조에 따라 분리하여 기술하지 않은 경우가 많이 있는데, 이렇게 해서는 성조와 의미 사이의 관계가 드러나지 않으므로 개선할 필요가 있다.

Ⅴ. 어기사의 의미/기능에 대한 설명

한문의 여러 語助辭/語氣辭/虛辭/助字들의 의미를 적절히 기술하는 것, 그리고 비슷비슷한 것들의 의미가 서로 구분되게 기술하는 것은 결코 쉬운 일이 아니다. 그런 사실을 감안하더라도 기존 한자사전에서의 이들 어조사에 대한 뜻풀이는 매우 불만스러운 것 또한 사실이다.

1. '焉'

'焉'자에는 "어찌"를 意味하는 疑問詞 用法과, '忽焉(=忽然)'처럼 描寫

性 副詞를 만드는 用法도 있지만, 여기서는 기능상 전치사 '於'와 대명사(之, 此, 是)가 합쳐진 것에 해당하는 용법에 주목해서 논의하고자 한다. '焉'의 용법 중 文法 및 意味의 側面에서 前置詞와 指示代名詞의 結合인 '於之'와 等價인 용법이 있다는 사실은 George A. Kennedy가 1940年부터 一連의 論文을 発表한 바 있고(Kennedy 1964 收錄), Pulleyblank에 의해 더 본격적으로 논의되어 널리 알려지게 되었다(Pulleyblank 1995). 그런데 전치사 '於' 자체가 매우 다양한 의미/용법을 지니다 보니, '焉'도 덩달아 다양한 의미/용법을 지니게 된다. 전치사 '於'가 "~에/에게", "~로", "~로부터", "~보다", "~에 의해(피동문의 행위자)" 등 다양한 의미를 나타내므로, '焉'도 이와 평행하게 "이곳에, 이곳으로", "이 사람에게", "이로부터", "이보다", "이 사람에 의해" 등의 다양한 의미를 나타낼 수 있다.[2)]

(1) c. 文王之囿, 方七十里, 芻蕘者往焉, 雉兔者往焉 (孟子 1하/2)
y. 文王의 동산은 둘레가 70里인데, 꼴 베고 나무하는 사람들이 그곳으로 가며, 꿩 잡고 토끼 잡는 사람들도 그곳으로 가서 …
p. … the gatherers of hay and firewood went there …
k. 文王의 囿ㅣ 方이 七十里에 芻蕘ᄒᆞᄂᆞᆫ 者ㅣ 往ᄒᆞ며 雉兔ᄒᆞᄂᆞᆫ 者ㅣ 往ᄒᆞ야 〈孟子諺解 2:7a〉

(2) c. 昔者 大王居邠, 狄人侵之, 去, 之岐山之下, 居焉 (孟子 1하/14)
y. 이전에 大王이 邠에 거주했다. 狄 사람들이 그곳을 侵略하자

2) 以下 例文에서 c는 漢文 原文, y는 Pulleyblank (1995)에 대한 梁世旭의 번역본에 제시된 韓國語 翻訳(일부 수정), p는 Pulleyblank의 英語 翻訳(일부 수정), k는 中世 韓國의 諺解, kc는 中世 韓國의 한글 口訣文, j는 日本의 訓点本을 提示한 것이다.

떠나 岐山의 아래로 가서 그곳에 居住했다.

p. In former times King Tài dwelt in Bīn. The Dí invaded it and he left and went to beneath Mount Qí and dwelt there.

k. 녜 大王이 邠애 居ᄒᆞ실ᄊᆡ 狄人이 侵ᄒᆞ거늘 去ᄒᆞ시고 岐山ㅅ 下애 之ᄒᆞ샤 居ᄒᆞ시니 〈孟子諺解 2:37a〉

(3) c. 邦有道 貧且賤焉 恥也. 邦無道 富且貴焉 恥也 (論語 8/13)

y. 나라에 道가 있을 때에는 그곳(=道가 있는 나라)에서 가난하고 賤한 것이 羞恥이다. 나라에 道가 없을 때에는 그곳(=道가 없는 나라)에서 富裕하고 貴한 것이 羞恥이다.

p. When a country has the Way, to be poor and lowly in it is shameful; when a country does not have the Way, to be rich and noble in it is shameful.

k. 邦이 道ㅣ 이숌애 貧ᄒᆞ고 ᄯᅩ 賤홈이 븟그러우며 邦이 道ㅣ 업슴애 富ᄒᆞ고 ᄯᅩ 貴홈이 븟그러우니라 〈論語諺解 2:34ab〉

j. 邦、道有トキに、貧(マツ)シク且賤(マタイヤ)シキは[焉]恥ナリ。邦、道無トキに、富(ト)ミ、且貴(マタタト)キは[焉]恥ナリ。〈正平版論語集解無跋本 8/13〉

(4) c. 然則一羽之不擧 爲不用力焉, 輿薪之不見 爲不用明焉, 百姓之不見保 爲不用恩焉, 故王之不王 不爲也 非不能也 (孟子 1上/7)

y. 그렇다면 깃털 하나 들지 못하는 것은 그것(=깃털. 또는 깃털을 드는 것)에 힘을 쓰지 않기 때문이며, 수레의 섶을 보지 못하는 것은 그것(=수레의 섶. 또는 그것을 보는 것)에 視力을 쓰지 않기 때문이며, 百姓이 保護받지 못하는 것은 그들(=百姓)에게 恩惠를 베풀지 않기 때문입니다. 그러므로 王께서 王 노릇을 하지 못하는 것은 하지 않는 것이지 할 수 없는 것

이 아닙니다.

p. … the people's not being protected is because of not using benevolence towards them …

k. 그러면 一羽의 擧티 몯ᄒᆞᆷ은 力을 用티 아니ᄒᆞᆷ을 爲ᄒᆞ애며 輿薪의 보디 몯ᄒᆞᆷ은 明을 用티 아니ᄒᆞᆷ을 爲ᄒᆞ애며 百姓의 保ᄒᆞᆷ을 보디 몯ᄒᆞᆷ은 恩을 用티 아니ᄒᆞᆷ을 爲ᄒᆞ애니 故로 王의 王티 몯ᄒᆞ욤은 ᄒᆞ디 아니ᄒᆞᆯ ᄲᅮᆫ이언뎡 能티 몯ᄒᆞᆷ이 아니니이다 〈孟子諺解 1:24a〉

(5) c. 就之而不見所畏焉 (孟子 1상/6)

y. 그에게 나아가서도 그에게서 어떤 두려움(敬畏스러움)도 發見하지 못하였다.

p. Going up to him, I did not see anything to fear(=awesome) in him.

k. 就ᄒᆞ얀 畏ᄒᆞᆫ 바ᄅᆞᆯ 보디 몯ᄒᆞ리러니 〈孟子諺解 1:15b〉

(6) c. 故湯之於伊尹, 學焉而後臣之 (孟子 2하/2)

y. 따라서 湯은 伊尹에 対해, 그에게서 배운 다음에 그를 臣下로 삼았다.

p. Thus Tāng's [behaviour] towards Yīyǐn was to learn from him and afterwards make him his subject.

k. 故로 湯이 伊尹의게 學ᄒᆞᆫ 후에 臣ᄒᆞ신 故로 〈孟子諺解 4:9b〉

(7) c. 晉國 天下莫强焉, 叟之所知也 (孟子 1상/5)

y. 晉나라는 天下에 이(=晉나라)보다 强한 것이 없습니다. (이는) 老人丈께서도 알고 계신 바입니다.

p. … As for Jìn, no state in the world was stronger than it …

k. 晉國이 天下에 이만 强흔 이 업슴은 叟의 아는 배라 〈孟子諺解 1:13a〉

場所句는 일반적으로 동사 뒤에 오지만, 장소구가 주제화(topicalization)되거나 對照 · 强調를 위해 동사 앞으로 이동하는 경우가 있는데, 이 때 前置된 장소구를 '焉'으로 再指示(anaphora)할 수 있다.

(8) c. 寡人之於國也, 盡心焉耳矣 (孟子 1상/3)

y. 寡人은 나라에 대한 [行動]에 있어서, 거기에 마음을 다 쏟을 따름이다.

p. As for my [behaviour] towards my country, I exhaust my mind in it and that's all.

k. 寡人이 國에 心을 盡ᄒᆞ노니 〈孟子諺解 1:6a〉

위의 예문에서 k를 보면 알 수 있듯이, 중세 한국의 諺解 자료에서는 '焉'자를 거의 무시하고 있다. (7k)의 경우에만 '焉'이 '이만'("이만큼"의 의미)으로 번역에 반영되어 있다. 이와 비슷한 예가 조금 더 있다.

(9) kc. 孔子ㅣ 曰 父母ㅣ 生之ᄒᆞ시니 續莫大焉이오 君親臨之ᄒᆞ시니 厚莫重焉이로다

k. 孔子ㅣ ᄀᆞᄅᆞ샤ᄃᆡ 父母ㅣ 나ᄒᆞ시니 니움이 이만 크니 업고 님금이며 어버이로 디ᄂᆞᄅᆞ시니 厚홈이 이만 重ᄒᆞ니 업도다 〈小學諺解 2:32ab〉

j. 孔子ノ曰ク、父母、之ヲ生ム。續ク焉ヨリ大ナルハ莫シ。君親、之ニ臨ム。厚キ焉ヨリ重キハ莫シ。〈内閣文庫本小学句読明倫35〉

(7)과 (9) 둘 다 '莫+形容詞+焉' 構文인데, 이 경우에 한해서 '焉'이 번역에 반영된 것이다. 그러나 이 경우에도 '焉'이 '於之'와 等價라는 인식이 있었는지는 의심스럽다. 比較 構文에서 '於'는 差等比較의 比較基準을 나타내는 표지이다. 반면에 한국어의 '-만'은 同等比較의 比較基準을 나타내는 표지이다. 즉 '於'는 "~보다"라고 번역할 수는 있어도 "~만큼"으로 번역할 수는 없는 것이다. 따라서 (7k), (9k)의 '이만'은 '焉'에 대한 정확한 인식을 바탕으로 한 번역이라기보다, 해당 예문의 문맥을 고려하여 적절히 삽입한 표현일 가능성이 높다. 요컨대 중세 한국에서는 漢文의 '焉'에 대한 인식이 극히 미미했었다고 할 수 있다.

일본의 경우 훈점본에서 '焉'을 'ココニ', 'コレヨリ', 'コレニ', 'コレヲ' 등으로 읽어 '焉=於+之'라는 인식을 보여 주는 사례가 꽤 있다(예 : 9j). 그러나 '焉'자를 이렇게 파악하는 것이 마땅한데도 무시해 버린 경우가 압도적으로 많다. '焉=於+之'라는 인식을 하지 못하더라도 문장의 전체적인 의미를 파악하는 데 큰 지장이 없는 경우도 많지만, 가끔은 '焉'에 대한 무신경이 문장의 의미를 엉뚱하게 파악하게 만드는 일도 있다.

(10) c. 安昌侯・張禹, 本受魯論, 兼講齊說. 善從之. 號曰張侯論. 爲世所貴. 苞氏・周氏章句 出焉. (論語集解, 序)

j. 安昌侯・張禹、本(モト)、魯論を受(ウ)ケテ、兼(カ)ネて齊說(セツ)を講(カウ)ス。善(ヨ)キには從(シタカ)フ[之]。號(ナツ)ケて張侯論と曰(イ)フ。世の爲に貴(タト)ヒ所(ラ)ル。苞氏・周氏、章句、出(イタ)セリ[焉]。〈正平版論語集解無跋本, 序〉

이것은 "苞氏와 周氏의 章句가 이(=張侯論)로부터 나왔다"라는 意味이므로 '苞氏・周氏ノ章句、焉(コレ)ヨリ出(イ)デタリ' 정도로 훈독했어야 마땅한 부분이다. 즉 '苞氏와 周氏의 章句'를 主語로, '出'을 自動詞로 파악해야 마땅하다. 그런데 이 자료에 훈점을 단 사람은 '焉'을 "コレヨリ"라는 뜻으로 파악하지 못했기 때문에, 궁여지책으로 '出'을 他動詞로 파악하고 '章句'를 그 목적어로 파악한 것이다.

그 외에도 '焉'에 대한 이해 부족이 아쉬운 경우는 매우 많다.

(11) c. 定王, 使王孫滿, 勞楚子. 楚子, 問鼎之大小輕重焉

j. 定王、王孫滿を使て、楚子を勞せしむ。楚子、鼎(カナヘ)が[之]大小輕重を問[焉] 〈東北大學藏『史記』「孝文本紀」卷10 (1073年) 10オ-2〉

(11)의 경우 '楚子가 솥의 크기와 무게를 그(=王孫滿)에게 물었다'와 같이 解釈할 만한데도 '焉'을 무시하고 있다.

(12) c. 聖賢以之疊軫, 仁義於焉成俗

j. 聖賢之を以(て)軫(アト)を疊ミ(左:カサネ)、仁義焉(ココ)ニ於(シテ)俗を成(セリ)。〈石山寺藏『大唐西域記』(1163年) 1-5〉

(12c)의 '於焉'은 설명이 좀 필요하다. 본래 '焉' 속에 '於'가 들어 있으므로 그 앞에 '於'를 다시 붙일 필요는 없겠으나, 언중이 '焉' 속에 '於'가 들어 있다는 사실을 차츰 방삭하게 됨에 따라 '於'을 첨가하게 된 듯하다. 이와 비슷한 현상은 많이 있다. 문말 어기사 '已'는 본래 '也'와 '矣'의 合音이나, 그 속에 들어 있는 요소가 무엇인지 망각함에 따라 '也已', '也已矣'와 같은 표기도 나타나게 되었고, '與'는 본래 '也乎'의 合音이나, 그 속에 포함된 요소를 망각하여 '也與'와 같은 표기도 나타나게 되었다(Pulleyblank 1995: 20).

한편, '焉'에 대한 인식을 보여 주는 듯한 예도 있다. 16세기에 退溪 李滉과 四端七情 논쟁을 벌였던 高峰 奇大升이 退溪에게 보낸 편지의 말미가 '近來學者 不察孟子就善一邊剔出指示之意 例以四端七情 別而論之 愚竊病焉'(近來에 學者들이, 孟子가 善 一邊에 나아가 剔出하고 指示한 뜻을 살피지 않고, 예컨대 四端과 七情을 가지고서 따로따로 논하고 있는데, 저는 이를 근심합니다.)과 같이 되어 있다. '焉'의 지시사적 성격을 인식하고 사용한 사례인 듯하다.

현재까지도 '終焉'이라는 말이 사용되고 있는데, 주로 '終焉을 告하다'가 連語처럼 사용되고 있다. 한문의 '告終焉'은 '여기에서 마지막을 告하다'라는 뜻이어서 '告'의 목적어는 '終'이지 '終焉'은 아니다. 현대인들이 漢文의 '焉'에 대한 인식이 없다 보니, '焉'이 무슨 뜻인지도 모르면서 '終焉'을 한 단위처럼 생각하게 된 듯하다. '吾不關焉'(나는 이 일에 관여하지 않겠다)이라는 표현도 四字成語로서 사용되고 있는데 이 때 '焉'이 어떤 역할을 하고 있는지 제대로 알고 있는 사람이 얼마나 될지 의문이다.

『한한대사전』에서는 '焉=於之'에 대한 인식이 보이기는 한다. 그러나 이 인식이 '焉'에 대한 사전항목에서 여기저기 散在해 있으며, 조리 있게 잘 정리되어 있지는 못한 것 같다. ❸[대], ❹[전], ❺[조], ❻[접]으로 4개의 품사로 나뉘어 있는데, 이 중 ❹의 전치사 용법은 '焉' 속에 '於'가 들어 있다는 인식은 있으나 '之'가 들어 있다는 것을 망각하여 '於'처럼 쓰이게 된 사례로 보인다. 즉 ❹[전]을 설정하는 것은 타당한 듯하다. 그러나 나머지 3개는 전치사와 대명사의 결합으로 보아야지, 전치사로만 보거나 대명사로만 보는 것은 정확한 인식이라고 하기 어렵다. ❻의 접속사 용법 역시 '於是'가 접속사 비슷한 기능을 할 수 있으므로 일리가 있다고 할 수 있으나, '焉'에 대한 정확한 인식인지는 의문이다.

'焉'을 사전에서 기술하는 가장 이상적인 방법은 '焉'이 전치사 '於'와 지시대명사(之 또는 此 또는 是)의 결합과 等價라는 사실을 우선 명기하고, 그 다음에 '於'의 의미/용법을 구분한 것과 평행하게 '焉'의 의미/용법들을 제시하는 것이다. '焉' 이외에도 다른 두 글자의 결합과 等價의 역할을 하는 한자들이 꽤 있으므로, 이런 한자들의 처리 방식에 대한 지침을 마련할 필요가 있다.

2. '也'와 '矣'

한국이나 일본에서 나온 여러 한문 문법서의 '也'와 '矣'에 대한 설명은 애매모호한 편이다. 둘 다 판단, 단정을 나타낸다고 막연히 설명되어 있을 뿐, 이 둘의 차이가 무엇인지, 어떤 때 '也'를 쓰고 어떤 때 '矣'를 쓰는지 등이 속 시원히 설명되어 있지 않다. '也'와 '矣'뿐 아니라 어조사 전반에 대한 설명이 대체로 그렇다. 반면에 Pulleyblank(1995)는 어조사의 의미에 대해 상당히 명쾌하게 설명하고 있다. 특히 '也'와 '矣'를 자세히 다루고 있다.

'也'는 기본적으로 명사 술어문에 쓰여 계사 '~이다'와 비슷한 기능을 하나, 동사 술어문에 쓰이는 일도 결코 적지 않다. 동사 술어문에 쓰일 때 '也'와 '矣'의 차이가 무엇인지는 쉽지 않은 문제이다. Pulleyblank는 이에 대해 기본적으로 '矣'는 변화를 나타내고 '也'는 변화가 없음을 나타낸다고 하고 있다. 변화를 나타낸다는 점에서 고대 중국어의 '矣'는 현대 중국어의 '了2'(문말어기사)와 유사하다.[3] 명사 술어문에 '也'가 쓰이는 것도 명사 술어문이 대개 변화하지 않는 靜的인 사실을 나타내기 때문이다.

---

3) 동사 바로 뒤에 붙는 '了'는 '$了_1$'이라 불린다.

(13) c. 苗則槁矣 (맹자 2A/2)
p. The sprouts had dried up.

(14) c. 上下交征利 而國危矣 (맹자 1A/1)
p. Those above and those below will contend with each other for profit and the country will have reached the state of being in danger.

(13)에서는 싹이 마르게 되는 변화를 나타내고, (14)에서는 나라가 위태롭게 되는 변화를 나타낸다. (13)은 이미 일어난 과거의 일이고, (14)는 어떤 조건이 충족되면 일어날 수도 있는 미래의 가능성이다. 현대 중국어도 그렇지만 고대 중국어는 더더욱 시제가 없는 언어(tenseless language)이다. 즉 과거와 현재와 미래를(또는 과거와 非과거를) 문법적으로 꼭 구별하여 표시할 의무가 없는 언어이다. '矣'도 변화가 주된 의미의 초점이지, 그 변화가 과거에 일어났는지 미래에 일어날 것인지는 중요하지 않다. 이는 현대 중국어의 '了$_2$'도 마찬가지이다. 그런 점에서 『한한대사전』에서 '矣'의 어기 조사로서의 첫째 용법을 '① 이미 그렇게 되었음을 나타낸다.'라고 하고 둘째 용법을 '② 앞으로 그렇게 될 것임을 나타낸다.'라고 구별하여 제시한 것은 통찰력 있는 분석이라고는 하기 어렵다. 이들 설명에서는 '변화'라는 뉘앙스가 포함되어 있기는 하나 그보다는 '이미 그렇게 되었다', '앞으로 그렇게 될 것이다'라는 과거와 미래의 의미성분에 더 초점을 두고 있는데, 과거나 미래보다는 변화에 초점을 맞추어야 한다.

'矣'가 변화를 나타낸다면 '也'는 그와 반대로 변화가 없음을 나타낸다. 그래서 相(aspect)과 관련된 부사들 중 '矣'는 '已'와 공기하는 일이 많고 '也'는 '未'와 공기하는 일이 많다. 반면에 '未……矣'나 '已……也'의 결합은 거의 없다.

(15) c. 未有仁而遺其親者也 (맹자 1A/1)

p. There has never yet been a case of one who, being benevolent, abandoned his parents.

한편 '矣'가 객관 세계에서 일어나는 변화가 아니라 화자의 인식/지식상의 변화를 나타내는 경우도 있다.

(16) c. 君子曰, 此亦妄人也已矣 (맹자 4B/28)

p. The gentleman will say, 'I now realize that this is indeed a wild, reckless fellow.'

이 사람이 妄人이 아니었다가 妄人이 되는 변화를 나타내는 것이 아니라, 이 사람이 妄人이라는 사실에 대한 인식이 없었다가 지금 막 새로 인식하게 되었음을 나타낸다. 현대 중국어의 '了$_2$'도 화자가 새로 깨닫게 된 사실을 나타내는 용법이 있다. 예컨대 창밖을 내다보고 비가 내리고 있었음을 비로소 알게 되었을 때 '下雨了'라고 한다.

『한한대사전』에서 '也'와 '矣'에 대한 설명은 이 두 어기사에 대한 이해에 별로 도움이 되지 못하는 듯하다. '긍정', '판단', '종결' 등의 메타언어가 사용되고 있는데 너무 막연하고 애매해서 이 둘 말고 많은 어기사들도 이렇게 기술될 수 있을 듯하다. 반면 '의문', '명령', '감탄'은 이들을 포함한 문장의 다른 요인에 의해 발생하는 의미이지, '也'와 '矣'의 의미는 아니라고 생각된다.

Pulleyblank는 '也'와 '矣'의 의미 차이를 相(aspect)의 관점에서 설명하고 있는데, '矣'가 변화가 있다는 적극적 의미를 나타내는 데 비해 '也'가 변화 없음이라는 소극적 의미를 나타낸다고 주장한 것은 특기할 만하다. 보통 어떤 속성이 있음을 적극적으로(positively) 나타내는 언어요소는 많지만, 어떤 속성이 없음을 소극적으로(negatively)) 나타내는 언어요소는 범상한 것은 아니다. 변화가 없음을 나타내고자 한다면 그냥 '矣'를 안 쓰면 되는 것이지, 굳이 그런 의미를 나타내는 요소를 따로 둘 필요가 있을까 하는 의심이 들기도 한다. 필자는 Pulleyblank의 이 주장을 전적으로 부정하는 것은 아니고 이 설명이 상당한 통찰력이 있다고 생각하지만(특히 '矣'에 대해), '也'의 본질을 밝히는 데에는 相的 측면뿐 아니라 양태(modality)적 측면도 중요하지 않을까 생각한다. 지금부터 그 생각의 일단을 펼쳐 보려 한다.

현대 한국어의 '-은 것이다' 구문 및 현대 일본어의 'ノダ'文은 표면에 드러나지 않은 배후의 진실에 대한 설명을 나타내는 용법이 있다. 자기가 이미 그 진실을 알고 있으면서 남에게 알려줄 때는 '설명'이라 부를 만하고, 자기 스스로 방금 표면적 사실로부터 추론을 통해 배후의 진실을 알게 되었을 때는 '(추론을 통한) 발견/깨달음'이라고 부를 만하다. '그는 그 사이 계속 야위어만 갔다. 병이 그의 몸을 갉아먹고 있었던 것이다', '철수는 고개를 돌리고 서 있었다. 왜 그러나 했더니, 나에게 눈물을 보이고 싶지 않았던 것이다' 같은 문장을 예로 들 수 있다.

그런데 고대 일본어에서는 '연체형+ナリ'가 그와 동일한 기능을 했었고, 중세 한국어에서도 '-으니라'(=은/관형형어미+이/형식명사+이/계사+다/어미)나 '-은디라'(=은/관형형어미+ᄃᆞ/형식명사+이/계사+다/어미)가 비슷한 기능을 했었던 것으로 보인다. 이들 구문은 명사절+계사라는 공통점을 가지고 있다. 명사절을 만드는 요소, 계사의 겉모습에는 변화가 있었지만 구문의 본질적 구성과 의미는 그대로 계승된 것이다. 현대 중국어의 '是……的' 구문도 이와 형식 · 의미 양면에서 비슷하다. 그렇다면 고대 중국어에서도 이와 비슷한 기능을 하는 명사절+계사 형식의 구성이 있었을 법하다. 그런데 고대 중국어에서는 명시적으로 명사절을 만드는 장치는 없었다. 주부와 술부 사이에 '之'를 집어

넣기도 하나 그 밖에는 아무 형식적 변화 없이 문장이 그대로 명사절로 쓰일 수 있다.[4] 한편 '是'가 계사로서 완전히 정착된 것은 나중의 일이고, 고대 중국어에서는 '也'가 그와 비슷한 기능을 했었다. 그렇다면 동사 술어문의 끝에 '也'가 붙은 문장이 바로 한국어의 '-은 것이다', 일본어의 'ノダ'文, 현대 중국어의 '是……的' 구문과 비슷한 기능을 하지 않았을까 추측해 볼 수 있다.

실제로 그런 예문들을 발견할 수 있다.

(17) c. 哀公 問社於宰我. 宰我對曰 夏后氏 以松, 殷人 以柏, 周人 以栗. 曰 使民戰栗也.
(論語 3/21)

k. 哀公이 宰我에게 社稷 (주위에 심은 나무)에 대해 물었다. 宰我가 對答하기를 "夏后氏는 소나무를 썼고, 殷나라 사람은 잣나무를 썼고, 周나라 사람은 밤나무를 썼습니다." (宰我가 계속) 말하기를 "百姓으로 하여금 두려워 떨게 하려는 것이었습니다." / (哀公이) 말하기를 "百姓으로 하여금 두려워 떨게 하려는 것이었구나!"

j. 曰ハク、民をシて戰栗 (センリツ) ナラシメントナリ[也]。〈正平版論語集解無跋本 3/21〉

(17)은 魯나라의 哀公이, 孔子의 弟子로서 당시 魯나라에서 벼슬을 하고 있던 宰我에게 社稷에 심은 나무에 대해 묻고 宰我가 대답하는 대목이다. 마지막 문장은 주어 없이 동사 '曰'만 있어서, 그 主體를 宰我로 보는 說과 哀公으로 보는 說이 있다. 主體를 宰我로 볼 경우 "周나라에서 社稷에 밤나무를 심은 것은, 百姓들로 하여금 恐怖에 떨게 하려는 것입니다."라는 부연설명으로 볼 수 있고, 主體를 哀公으로 볼

4) 이는 현대 중국어도 마찬가지이다.

때에는 "周나라에서는 社稷에 밤나무를 심었습니다."라는 宰我의 말을 듣고 哀公이 그 背景의 취지/의도를 추측하여 "(밤나무를 심은 것은) 百姓들로 하여금 恐怖에 떨게 하려는 것이었구나!" 하고 맞장구를 치는 것으로 이해할 수 있다. 전자는 '-은 것이다'의 용법 중 '背後의 진실에 대한 설명'에 해당하고, 후자는 '추론을 통한 배후의 진실의 발견'의 용법에 해당한다.

'也'의 이러한 기능은, 거의 '是'가 繫辭 기능을 담당하게 된 후대의 白話 자료에도 나타난다.

(18) c. 王說 : "将軍, 你搭去, 行者敢死了也" 〈朴通事 下/88〉
k. 王이 말하기를 "將軍, 네가 가서 (갈고리로) 건져 보아라. 行者가 아마도 죽은 모양이다."

(18)은 고려시대에 처음 만들어지고 조선시대에 수정된 중국어 회화 교과서 『朴通事』의 한 대목이다. 『西遊記』의 한 대목의 내용이 소개되고 있는데, 玄奘法師와 孫悟空이 車遲國에서 伯眼先生 일당과 신통력 대결을 벌이는 내용이다. 양측에 주어진 세 번째 과제는 '펄펄 끓는 기름 가마에 들어가 목욕하기'인데, 손오공이 기름 가마에 들어간 뒤 아무 기척이 없기에 車遲國 王이 하는 말이 바로 (18)이다. '-은 것이다'의 용법 중, 표면에 드러난 결과/현상을 바탕으로 그 원인이나 배경의 사정을 추리하는 용법에 정확히 들어맞는다.

앞으로 한자사전들이 어기사의 이러한 다양한 의미/용법들을 세심하게 기술하고 반영하기를 희망한다.

Ⅵ. 動詞의 方向性

앞서 말했듯이 중국어는 하나의 단어/한자가 명사-동사, 형용사-동사처럼 둘 이상의 품사로 통용되어 쓰이는 일이 활발하다. 품사 차원보다 한 단계 아래로 내려가서 같은 동사 내에서도 둘 이상의 하위범주로 쓰이는 일이 흔히 있다. 하나의 한자가 자동사 및 타동사로 두루 쓰이는 것이 대표적인 사례이다. 예컨대 '破'가 "부수다, 깨다"를 의미하는 타동사로도 쓰이지만 "부서지다, 깨지다"를 의미하는 자동사로도 쓰일 수 있는 것이다.

또한 하나의 동사로 어떤 행위 및 그 반대 방향의 행위 둘 다 나타내는 일도 꽤 있다. 예컨대 고대 중국어에서 "주다"의 의미와 "받다"의 의미를 '受'라는 하나의 한자로 나타냈다. 그러다가 나중에 의미상의 혼동을 피하기 위해 "주다"의 의미일 때는 '扌'를 더하여 '授'로 나타내게 된 것이다. 따라서 후대로 올수록 '受'가 "주다"를 의미하는 예는 줄어들지만, 上代로 거슬러 올라갈수록 '受'가 "받다"뿐 아니라 "주다"를 의미하는 예도 많이 볼 수 있다. 『한한대사전』에는 '受'의 "받다"의 의미뿐 아니라 "주다"의 의미도 잘 기술되어 있다.

사정은 '借'도 비슷하다. "빌리다, borrow"의 의미와 "빌려주다, lend"의 의미를 고대 중국어에서는 하나의 동사로 나타내었으며, 이것을 역시 '借'라는 하나의 글자로 나타내었다. '借'의 이 두 의미 역시 『한한대사전』에 잘 구분되어 기술되어 있다. 그런데 이 역시 의사소통상 혼동을 야기할 수 있으므로, 나중에는 "빌려주다, lend"의 의미를 나타내기 위해 '借' 뒤에 '與'자를 덧붙이기도 하게 되었다. 한국어에서 "lend"의 의미를 명시적으로 나타내기 위해 '빌리다' 뒤에 '주다'를 덧붙여서 '빌려주다'라고 표현하는 것과 매우 비슷하다. 그런데 이 때 '借'

자 뒤에 덧붙는 '與'는 동사로 볼 수도 있지만, 이로부터 문법화된 전치사로 볼 수도 있다. 현대 중국어로 오면서 전치사 '與' 대신 같은 의미로 전치사 '給'을 쓰게 되었으므로, "빌려주다, lend"의 의미 역시 현대 중국어에서는 '借給'으로 표현하게 되었다. '借與'를 하나의 단위로 보는 게 좋을지 아니면 동사와 전치사의 결합으로 보는 게 좋을지 논란의 여지가 있으나, 이런 애매한 경우에는 사전에 실어 주는 게 사용자들을 위해 유익할 것이다. 『한한대사전』에서 '借與'를 '借'의 부표제항으로 실은 것은 그런 점에서 일리가 있다고 생각된다. 다만, 같은 이유에서 '借與'보다 좀 더 후대에 나오는 '借給'도 실어 줄 만한데, 싣지 않은 것은 아쉽다.

중국어에는 이처럼, 객관적으로는 A와 B 사이에서 일어나는 하나의 행위인데 그것을 A의 관점에서 기술한 의미와 B의 관점에서 기술한 의미가 하나의 동사/한자로 표현되는 일이 많은데, 그 두 의미를 사전에서 구분하여 제시한다면 일관되게 그렇게 해야 할 것이고, 하나의 의미로 제시한다면 일관되게 그렇게 해야 할 것이다. 그러데 『한한대사전』에서 '受'와 '借'에 대해 이 두 의미를 구분하여 제시한 것과는 달리 '典'에 대해서는 그렇게 하지 않은 것은 문제가 있다. 동사 '典'의 의미/용법 중에는 값을 치르고 물건을 매매하되 소유권을 완전히/영구히 이전하는 것이 아니라 일정한 기간이 지나 값을 상환하면 물건을 원소유주에게 돌려주기로 하고 매매하는 행위를 나타내는 용법이 있다. 그런데 이 행위를 물건의 원소유주의 입장에서 기술하자면 '전당잡히다, 저당잡히다'라고 할 수 있겠고, 상대편의 입장에서 묘사하자면 '전당잡다, 저당잡다'라고 할 수 있을 것이다. 그런데 『한한대사전』에서는 '典'의 이 용법을 ❿ 하나로 제시하고 있으며, 그 뜻풀이는 '전당하다. 전당 잡히다. 또는 그 물건'으로 되어 있다. '전당하다'라는 말을 일상생활에서 잘 쓰지 않기 때문에 무슨 뜻인지 짐작하기 어려우나, 만약 "전당잡다"의 뜻으로 이해한다면, 이는 구별해야 할 3개의 의미/용법을 하나로 뭉뚱그려 제시한 셈이다.

또한 '典'의 부표제항으로 '典賣'가 제시되어 있는데, 그 뜻풀이는 '값이 준비되면 다시 사는 조건으로 팖. 절매(絶賣)의 상대어. 活賣'라고 되어 있다. '典'이 두 가지 방향의 행위를 나타낼 수 있으므로, 나중에는 의미상의 혼동을 피하기 위해 "전당잡히다"의 의미일 때는 뒤에 '賣'를 덧붙여 '典賣'라 하고, "전당잡다"의 의미일 때는 뒤에 '買'를 덧붙여 '典買'라 부르기도 했다. 그렇다면 '典賣'와 '典買' 둘 다 실어야 옳을 것이다. 또한 '典賣'와 '典買'가 이렇게 각각 하나의 행위를 나타내는 경우도 있지만 "전당잡히거나 (완전히) 팔다", "전당잡거나 (완전히) 사다"와 같이 2개의 행위의 병칭인 경우도 있다.[5] 따라서 독자들에게 혼란을 최소화하기 위해서는 '典賣'뿐 아니라 '典買'도 등재하고, 이들 각각이 지닌 2개의 의미를 다 제시해야 할 것이다. 『한한대사전』이 이런 측면에 있어서 일관성이 결여되어 있는 것은 아쉬운 일이다. 동사의 방향성과 관련하여 좀 더 철저한 검토를 바란다.

Ⅶ. 漢字와 漢文의 歷史性

어느 언어든 시간이 흐름에 따라 변화한다. 중국은 땅덩이가 크다 보니 지역 간의 차이도 매우 크다. 우리는 편의상 '漢文'이라고 통칭하지만, 사실 그 속에는 매우 이질적인 (문자)언어 체계들이 포함되어 있

5) 『大明律』「典賣田宅」조가 그 사례이다.

다. 그 속에 포함된 것들의 이질성, 특히 역사성을 중시한다면, 한자사전에서도 '이 한자는 어느 시대에만 쓰였다'라든지, '이 한자의 여러 의미/용법 중 이 의미/용법은 언제부터 언제까지 쓰였다'라든지 하는 정보가 매우 요긴하다. 그러나 한자사전들은 이런 정보가 매우 빈약하다.

필자는 한국에서의 한문 교육의 가장 큰 병폐가 沒歷史性이라고 생각한다. 한문 교육이 先秦시대의 텍스트에 치우쳐 있어서, 후대의 자료들은 상대적으로 소홀히 다루어지고 있다. 한문이 시대에 따라 차이가 있다는 사실에 주의를 기울이는 사람이 별로 많지 않다. 中國語史 전문가들은 중국어의 역사적 변천을 고려하여 크게 두 시기로 구분한다면 唐代를 경계로 하여 그 이전을 고대한어라 하고 그 이후를 근대한어라 흔히 부른다. 한국에서의 한문 교육과 연구는 거의 고대한어를 대상으로 하고 있고 근대한어는 제대로 다루어지지 않고 있다. 한문을 꽤 한다는 사람들도 마찬가지이다. 이들 대다수는 고전 한문만 알고 현대 중국어는 잘 모른다. 현대 중국어를 알면, 이로부터 시기상 비교적 가까운 明·淸代의 중국어 자료를 이해하는 데 크게 도움이 되는데, 고대한어만 알고 현대 중국어를 몰라서 明·淸代 자료를 잘못 해석하는 일이 많은 것은 통탄스러운 일이다.

한문을 先秦時代의 고정된 형태로만 이해하고 그 이후의 생생한 변화상에는 별로 주의를 기울이지 않는 태도는 이미 옛날부터 지속되어 왔던 듯하다. 그래서 조선시대에 禪宗 계열의 佛典을 언해한 것을 보면, 禪宗 語錄에 자주 등장하는 白話的 요소를 제대로 이해하지 못해 엉뚱하게 번역해 놓은 것을 간혹 보게 된다. 옛날 우리 조상들도 선진시대의 고대한어만 열심히 공부하고, 자기가 살던 동시대의 살아 있는 중국어에는 무관심했던 것이다.

『朱子語類』 같은 문헌도 백화를 몰라서는 제대로 해석할 수 없는 자료인데, 조선시대 주자학자들이 그렇게 떠받들던 朱子의 이 중요한 저작을 당시 사람들이 제대로 이해할 수 있었는지 의문이다. 『語錄解』 등의 책을 편찬하여 백화체 문헌을 이해하려고 노력하기는 했으나, 『어록해』 같은 어휘 사전만 가지고 해결될 문제가 아니다. 허사류를 포함한 白話의 문법 전반에 대한 학습이 필요하기 때문이다. 오늘날의 한자사전에 『논어』를 이해하는 데 도움이 될 만한 정보는 많이 있지만 『주자어류』를 이해하는 데 도움이 될 만한 정보가 어느 정도 있는지 의문이다. 예컨대 '了'자의 경우 音이 'liǎo'인 의미/용법들에 비해 音이 'le'인 백화적 용법들은 지극히 간략하게만 처리되어 있다. 이뿐 아니라 많은 한자에 대해 제시된 예문 중 근대한어 문헌에서 뽑은 것은 상대적으로 적은 편이다.

이것은 근대한어만의 문제는 아니다. 거꾸로 古代, 上代로 거슬러 올라가면, 甲骨文을 통해 엿볼 수 있는 殷나라의 언어와 周나라 및 그 이후의 언어는 매우 다른 것으로 학자들이 추정하고 있다. 또한 같은 선진시대에서도 『尙書』가 보여 주는 언어상은 그 이후의 모습과 사뭇 다르다. 따라서 어떤 한자가, 또는 어떤 한자의 어떤 의미/용법이 『상서』에만 보이고 그 이후 문헌에서는 안 보인다면, 이러한 사실을 사전에서 명시해 줄 필요가 있다. 물론 제시된 예문이 『상서』의 예문밖에 없으면 독자들이 미루어 짐작할 수는 있겠지만, 미루어 짐작하게 하는 것보다는 명시적으로 진술하는 것이 나을 것이다.

한국의 이러한 경향과 한자사전에서 근대한어가 소홀히 다루어지는 현상은 닭과 달걀의 관계에 있다. 전자의 경향이 한자사전에 반영되었다고 볼 수도 있고, 한자사전이 이러한 경향에 일정 정도 책임이 있다고 볼 수도 있다. 요컨대, 각 한자가 지닌 역사성을 충분히 반영하여 시대상 한정된 용법에 대해서는 그러한 사실을 명기해 줄 필요가 있으며, 고대한어뿐 아니라 근대한어의 변화상도 사전 속에 풍부하게 담아

내야 한다. 『한한대사전』이 앞으로 수정 · 보완될 때 이 부분에 노력을 기울인다면, 한국의 한문 교육의 편향성과 고질적 병폐를 해소하는 데 크게 기여할 수 있을 것이다.

〈참고 문헌〉

이병근 · 박진호, 「결합설명 사전의 어휘 기술 방법론」, 『인문논총』 43, 서울: 서울대학교 인문학연구소, 2000.

王力, 『漢語史稿』, 北京: 科學出版社, 1957.

太田辰夫, 『中國語歷史文法』, 京都: 朋友書店, 1981(1958년판은 江南書院).

Apresjan, Juri, *Systematic Lexicography*, Oxford University Press, 2000.

Atkins, B. T. Sue and Michael Rundell, *The Oxford Guide to Practical Lexicography,* Oxford University Press, 2008.

Benson, Morton, Evelyn Benson and Robert Ilson, *Lexicographic Description of English,* John Benjamins Publishing Company, 1986.

Bolinger, Dwight, "Defining the indefinable", In R. Ilson (ed.), *Dictionaries, Lexicography and Language Learning,* Oxford: Pergamon Press, 1985.

Hanks, Patrick, "Definitions and Explanations", In J. M. Sinclair (ed.), *Looking up: An account of the COBUILD Project,* Collins ELT, 1987.

Ilson, Robert (ed.), *A Spectrum of Lexicography: Papers from AILA Brussels 1984,* John Benjamins Publishing Company, 1987.

Kennedy, G., *Selected works of George A. Kennedy,* edited by Tien-yi Li, New Haven: Far Eastern Publications, Yale University, 1964.

Landau, Sidney I., *Dictionaries: The Art and Craft of Lexicography,* Cambridge University Press, 1984/1989/1991/2001.

Mel'čuk, Igor, *Semantics: From Meaning to Text,* Volume 2, John Benjamins Publishing Company, 2013.

Pulleyblank, E. G., *Outline of Classical Chinese Grammar,* Vancouver: The University of British Columbia Press, 1995. [梁世旭 譯, 『古典 中國語 文法 講義』, 서울: 圖書出版 궁리]

Svensén, Bo, *A Handbook of Lexicography: The Theory and Practice of Dictionary-Making,* Cambridge University Press, 2009.

Weinreich, Uriel, "Lexicographic Definition in Descriptive Semantics", In Fred W. Householder and Sol Saporta (eds.), *Problems in Lexicography,* Bloomington, 1962.

Wierzbicka, Anna, "Back to Definitions: Cognition, Semantics, and Lexicography", *Lexicographica* 8, 1992.

Zgusta, Ladislav et al., *Manual of Lexicography,* Mouton, 1971.

[*이 글은 단국대학교 동양학연구원 학술지 『동양학』 59집 (2015.4.30.)에 수록된 것이다. 이후 동양학연구원 사전학총서 4집 간행의 취지에 부응하여 재수록하였다.]

한자사전의 용례 선정 원칙과 실제

- '乾'자 표제어휘 용례를 중심으로 -

윤 승 준*

Ⅰ. 머리말

2008년 『漢韓大辭典』이 완간됨으로써 중국과 일본, 대만과 한국 등 동아시아 한자문명권에 속하는 주요 국가들은 자국어로 된 대형 한자사전을 모두 갖추게 되었다. 『大漢和辭典』, 『中文大辭典』, 『漢語大詞典』, 『漢韓大辭典』 등 이들 대형 한자사전은 漢字의 形과 音, 義에 대한 풀이는 물론, 관련 語彙들에 대한 풀이와 용례를 풍부하게 제시함으로써, 오랜 세월에 걸쳐 형성되고 전승되어 온 한자문명권 공동의 문화유산은 물론 자국의 독자적인 문화유산에 대하여 언어의 장벽을 넘어 자유롭게 접근할 수 있는 길을 열어 주었다.

이와 같은 대형 사전의 편찬 작업은 오랜 시간과 많은 인력, 재원을 필요로 하는 것이기 때문에 사전 자체의 완간만으로도 커다란 의미를 갖는다고 할 수 있지만, 그 결과에 대해서는 냉정하게 검토할 필요가 있으며, 사전 편찬의 경험과 지식, 기술 등은 공동의 지적 자산으로 활용할 필요가 있다. 그런 점에서 이들 대형 한자사전의 체제 및 功過에

* 단국대학교 교수 / yoonsj@dankook.ac.kr

대한 학술적 검토가 다각적으로 진행되어 온 것은 당연한 일이었다.[1] 그러나 기존의 연구는 대부분 특정 한자사전 하나에 대한 집중적 검토에 치중한 것들이어서 상호 비교를 통한 한자사전 편찬 방법론에 대한 구체적인 논의로까지 나아가지는 못했다.

본고는 일본의 『大漢和辭典』과 대만의 『中文大辭典』, 중국의 『漢語大詞典』, 그리고 한국의 『漢韓大辭典』을 대상으로 동아시아 한자사전의 用例 선정 원칙과 실제를 비교 검토하고자 한다.[2] 그러나 주어진 여건과 연구자 개인의 한계로 인하여 이들 사전의 용례를 모두 검토할 수는 없었다. 다만 이 글에서는 이들 사전의 凡例와 일러두기, 跋 또는 編後記 등 관련 자료를 통하여 용례 선정의 원칙을 검토하고, 각 사전의 '乾'자 항목 표제어휘를 중심으로 용례 선정의 실제를 비교 검토하고자 한다.

---

1) 한국언어학회 2003년 여름 학술대회에서 발표된 愼鏞權의 「중국의 『漢語大詞典』에 대하여」와 姜仁善의 「일본의 한어사전 『大漢和辭典』」을 비롯하여, 2008년 이후 檀國大學校 東洋學硏究院에서 개최하여 온 '辭典學學術會議'에서 발표된 일련의 논문들은 매우 소중한 선행 업적들이라고 할 수 있다.

2) '用例'는 사전에 따라 '出典과 用例'(『大漢和辭典』), '典例'(『中文大辭典』), '例證'(『漢語大詞典』), '출전과 예문'(『漢韓大辭典』) 등의 이름 아래 다루어졌는데, 특히 표제자 및 표제어휘의 풀이 과정에서 긴요하게 활용되었다.

Ⅱ. 용례의 선정 원칙

1. 『大漢和辭典』의 용례 선정 원칙

『大漢和辭典』은, 東洋文化의 寶庫를 열기 위해서는 漢字와 漢語에 대한 연구가 불가피하다는 사실을 인정하면서도, 기존의 한자사전은 수록하고 있는 문자나 어휘의 수가 적고, 문자나 어휘 어느 한 쪽으로 치우쳐 있어 학계의 기대에 부응하지 못하고 있었기 때문에 이같은 현실을 타개하기 위하여 기획되었다. 이와 같은 의도에 걸맞게 『大漢和辭典』은 기존의 한자사전이 가지고 있던 한계를 넘어 문자와 어휘를 풍부하게 채록하였고, 字形과 字音, 字義의 해설은 물론 어휘에 대한 풀이와 출전 및 용례까지도 상세하게 제시한 최초의 대형 한자사전이었다.

특히 어휘의 경우에는 出典과 用例를 함께 수록하였는데,[3)]『大漢和辭典』의 「凡例」에서는 출전과 용례의 수록 방식을 다음과 같이 제시하고 있다.

> 一. 出典 · 用例는 和 · 漢의 原典에서 正確히 이를 引用하고, 또한 書名 외에 篇名, 項目, 題名 또는 卷數를 자세하게 밝혀 실었다.
> 一. 原典을 引用하는 順序는 字書 · 經書를 앞에 싣고, 나머지는 書冊 또는 作者의 時代順으로 하였다.
> 一. 引用文에는 句讀點과 返點을 표시하고, 중간에 省略하는 部分이 있으면 '云云'이라고 표시하고 앞뒤를 연결하였다.

---

3) 그러나 現代 中國語와 新造語는 특별한 경우 외에는 引例를 생략하였다. cf. 『大漢和辭典』 1, 3쪽.

一. 引用文에 適當한 注釋이 있는 것은 함께 실어서 解釋의 根據를 明確히 하였다.[4)]

「범례」에서 확인할 수 있는 것처럼, 『大漢和辭典』은 수록 어휘를 해설하면서 그 '정확성'과 '객관성'을 확보하기 위하여 어휘의 출전과 용례를 일본과 중국의 원전에서 찾아 인용하고, 그 편명과 항목, 제명, 권수까지 제시하였으며, 인용문에 대한 주석이 있는 경우에는 그것까지 함께 수록하였다. 출전과 용례를 이처럼 정확하고 분명하면서도 상세하게 제시했기 때문에, 諸橋轍次 스스로도 출전과 용례에 대해서는 비교적 주도면밀하고 정확하게 하고자 하였다고 자부할 수 있었다.[5)]

그러나 일본과 중국의 원전에 등장하는 수많은 용례들 가운데 어떤 것을 선정하여 사전에 수록하였는지, 그 선정 기준에 대해서는 명시적으로 밝혀 놓고 있지 않다. 다만 어휘는 그 출전 및 인용례를 함께 수록하였다는 점에서, 어휘 채록의 범위를 참고하면 용례 선정의 범위 또는 기준을 추정할 수 있지 않을까 한다. 『大漢和辭典』은 어휘 채록의 범위를 다음과 같이 밝히고 있다.

一. 어휘는 보통의 成語, 故事熟語, 格言俚言, 詩文 成句 및 인명, 지명, 서명, 관직명, 연호, 동식물명 등을 주로 하였지만, 그 밖에 법률, 경제, 기타 학술어 및 보통의 現代時文, 중국어도 실었으며, 佛教語, 邦語는 보통의 것들을 채록하였다.
상기 어휘를 채록한 자료는 經史子集에 걸쳐 古典을 중심으로 하였고, 그 밖에 古今圖書集成, 淵鑑類函, 佩文韻府, 騈字類編, 그리고 辭源, 續辭源, 辭通, 辭海, 國語辭典 등 저명한 각종 辭書類를 대부분 참고하였으며, 공문서, 연구서, 신문, 잡지류에서

4) 「凡例」, 『大漢和辭典』 1(수정판 제1쇄, 昭和 59년), 4쪽.
5) 「跋」, 『大漢和辭典』 12, 3(跋)쪽.

도 선택하였다.[6)]

위와 같은 「凡例」의 기록에 따르면, 經史子集을 망라한 古典이 어휘 채록의 주 대상이었으며, 『佩文韻府』와 『淵鑑類函』을 비롯한 類書, 그리고 『辭源』과 『辭海』 등의 辭書와 기타 관련 자료들도 참고하여 어휘 채록에 이용하였음을 알 수 있다. 그러나 諸橋轍次가 스스로 밝히고 있듯이,[7)] 宋·元 이래의 詞曲과 小說, 『太平御覽』, 『冊府元龜』, 『古今圖書集成』 등의 類書, 『新撰字經』이나 『和名類聚抄』 등의 古辭書, 그리고 貞享 연간의 후리가나(振り假名) 五經이나 元祿 연간의 『文選旁訓』 등에서는 면밀하게 채록하지 못했다. 어휘 채록의 범주가 이와 같았기 때문에 용례 역시 동일한 범위 안에서 선정되었으리라고 짐작할 수 있다.

한편 「凡例」에 따르면, 『大漢和辭典』은 이렇게 선정된 어휘의 용례 가운데 字書와 經書에 수록된 것을 상대적으로 중시하고, 시기적으로 앞선 자료를 우선시하는 기준을 가지고 있었던 것으로 보인다. 字書와 經書에서 채록한 용례를 다른 어떤 것보다 앞에 수록하고, 다른 것들은 서책이나 작자의 시대에 따라 순서대로 수록한다는 원칙이 이와 같은 기준을 말해 준다고 하겠다.

구체적인 사례를 통해 『大漢和辭典』의 용례 수록 방식을 보이면 다음과 같다.

【乾坤】 81 ケンコン ㊀ 易の二つの卦の名. 八卦(2-1450:112)を見よ. [易, 繫辭 上] 天尊地卑, 乾坤定矣. ㊁ 天と地. [易, 說卦] 乾爲天, 坤爲地. [班固, 東都賦] 俯仰乎乾坤. [韓愈, 喜雪詩] 浩蕩乾坤合. ㊂ 陰と陽 [易, 繫辭 下] 乾坤其易之門邪, 乾, 陽物也, 坤, 陰物也. ㊃ 日と

6) 『大漢和辭典』 1, 1쪽.
7) 『大漢和辭典』 12, 3(跋)쪽.

月. [杜甫, 登岳陽樓詩] 吳楚東南坼, 乾坤日夜浮. [唐詩選箋注] 水經注曰, 湖中廣圓五百餘里, 日月若出沒于其中, 言天地共盡于望中, 故曰乾坤浮. ㊄ 男と女. [易, 繫辭 上] 乾道爲男, 坤道爲女. ㊅ いぬる(西北)とひつじさる(西南). [易, 說卦] 乾, 西北之卦也. [易乾鑿度] 故坤位在西南.[8)]

【乾沒】 248 カンボツ ㊀ 僥倖にして利益を獲るこ. 一說に, 一六勝負をすることで利を得るを乾といひ, 失ふを沒といふ. 日知錄, 卷三十二に見ゆ. [史記, 酷吏, 張湯傳] (湯)始爲小吏乾沒. [注] 集解曰, 徐廣曰, 隨勢沈浮也, 駰案, 服虔曰, 射成敗也, 如淳曰, 得利爲乾, 失利爲沒, 正義曰, 此二說非也, 按, 乾沒謂無潤及之而取他人也, 又云, 陽浮慕爲乾, 心內不合爲沒也. [魏志, 傅嘏傳] 豈敢傾根竭本, 寄命洪流, 以徼乾沒乎. [抱朴子, 安貧] 忘髮膚之明戒, 尋乾沒於難冀. [通俗編, 貨財, 乾沒] 按, 諸所云, 大抵皆徼幸取利之義, 而世俗又以掩人財物爲乾沒, 其言則自唐以後始. ㊁ 他人の依託物を橫取すること. 橫領すること. [五代史, 李崧傳] 李嶼僕葛延遇, 爲嶼商賈, 多乾沒其貲, 嶼笞責之. [宋史, 河渠志] 每興一役, 乾沒無數. [揮塵後錄] 某家有逢辰錄, 爲錢仲昭, 假去乾沒.[9)]

'乾坤'과 '乾沒'의 용례로 제시된 것을 보면, 어휘의 출전을 書名만이 아니라 篇名과 項目, 題名까지 밝혀 제시하고 있으며, 동일한 뜻 갈래에서는 經書에서의 용례를 먼저 제시하고 여타 다른 문헌에 등장하는 용례는 서책 또는 작자의 시대 순으로 수록하고 있음을 확인할 수 있다. '乾坤'의 뜻 갈래 ㊂에서 보듯 그 용례를 '易→班固→韓愈'의 순으로 제시한 것이나, '乾沒'의 뜻 갈래 ㊀에서 보는 것처럼 '史記→魏志→抱朴子→通俗編'의 용례 순으로 제시한 것 등이 그것이다. 또한 句讀點과 返點[10)]을 표시하여 例文의 이해를 돕고 있을 뿐 아니라, '乾坤'의

8) 『大漢和辭典』 1, 398쪽.
9) 『大漢和辭典』 1, 402쪽.

뜻 갈래 ㊃에서처럼 『唐詩選箋注』의 주석을 함께 제시하여 뜻풀이와 용례의 정확성 및 신뢰성을 제고하고 있다.

2. 『中文大辭典』의 용례 선정 원칙

『中文大辭典』은 민족유산의 정리와 민족정신의 앙양을 목적으로 하였기 때문에, 문헌 고증을 위한 工具로서보다는 수천 년 동안 축적해 온 위대한 저작들 가운데 그 精華를 集成하였다는 점에 의의를 둔 한자사전이다. 『中文大辭典』은 '言必徵信'의 정신에 따라 글자나 어휘의 출처와 예문에 대하여 그 근원을 분명히 밝혀 제시하였다. 다만, 통상 인용하는 書目의 경우에는 약칭을 병용하였다.[11]

용례와 관련해서는 「凡例」 중 '어휘[辭彙] 설명' 부문과 '典例 도표' 부문에서 각기 다음과 같이 그 수록 방식을 설명하고 있다.

辭彙說明

一. 어휘 해설은 어휘의 출처와 뜻을 명확히 하는 데 주력하여 이용자가 가지고 있던 궁금증을 말끔하게 해소할 수 있도록 하였다.

一. 어휘 해설은 직접 해석을 앞에 두고, 그 다음에 轉義 또는 應用을 순차적으로 실었으며, 아울러 동의어 등을 설명하였는데, 각기 출전과 예문을 함께 실었으며, 기존에 발간된 각종 사전의 해석 가운데 적절한 것은 그대로 채용하였다.

一. 모든 어휘의 예문은 經史子集에 의거하되 그 시대의 전후에 따라 순서대로 배열하였으며, 먼저 적당한 어구로 해석하고, 다시 예문을 인용하였다.

一. 인명, 관명, 연호, 지명, 서명은 그 핵심을 들고 출처를 명시하였다.

---

10) 표기상의 난점으로 인하여 返點의 표기는 생략하였다.(이하 동일함)

11) '編輯要旨', 「凡例」, 『中文大辭典』 1, 6쪽.

典例圖表

一. 출전과 예문은 모두 書名과 篇名, 項目, 題目 혹은 卷數 등을 명시하였으며, 그 순서는 字書와 經書를 앞에 두고, 나머지는 서적 혹은 작자의 시대를 살펴서 그 선후를 정하였다.

一. 도표는 각 해당 명사의 뒤에 붙였으며, 文物과 史蹟, 輿圖, 動植物 등의 도표는 三禮圖, 禮記圖, 名物圖, 金石索, 西淸古鑑正續, 三古圖, 古今圖書集成收錄圖, 大淸會典圖, 協紀辨方書 …(중략)… 文史圖會 등을 위주로 하였으며, 기타 관련 도서의 도표와 보물 사진을 참고하여 채용하였다.[12]

위에 인용한 「범례」에서 보듯, 『中文大辭典』은 『大漢和辭典』의 용례 수록 방식을 그대로 준용하고 있다고 볼 수 있다. 어휘의 출처와 뜻을 명확히 하기 위하여 출전과 예문을 함께 수록한 것이나, 서명만이 아니라 편명과 항목, 제목, 권수를 명시한 점, 字書와 經書를 다른 서책보다 앞에 두고, 나머지는 서책 혹은 작자의 시대 순에 따라 수록한 점 등 이들은 모두 『大漢和辭典』에서 용례 수록의 기본 방식으로 삼았던 것이다.

『中文大辭典』은 용례 선정의 기준 또한 『大漢和辭典』처럼 명시적으로 밝혀 놓지 않았다. 물론 經史子集을 망라하여 자료를 채록하였고, 類書와 叢書, 輯佚書, 字書, 辭書 및 字典과 辭典 등에서도 채록하였다고 하고 있어[13] 용례 역시 이와 같은 범주 안에서 선정되었을 것으로 추정할 수 있다. 그러나 四部叢刊이나 四部備要, 叢書集成 등의 叢書類와 『玉函山房輯佚書』나 『黃氏逸書』와 같은 輯佚書에서도 어휘 및 용례를 채록하였다고 밝히고 있는 점은 『大漢和辭典』과 다른 차이점이라고 할 수 있다. 그럼에도 불구하고 『中文大辭典』의 용례 선정 원

12) 「凡例」, 『中文大辭典』 1, 7~8쪽.

13) 「編後記」, 『中文大辭典』 10.

칙이나 수록 방식은 전반적으로 『大漢和辭典』의 원칙과 방식을 따르고 있다고 할 수 있다.

'乾乾'을 통해 『中文大辭典』의 용례 선정 원칙과 수록 방식의 실제를 보기로 한다.

> 【乾乾】 114 ㊀ 健健自强, 勉力不有止息也. [易, 乾] 九三, 君子終日乾乾. [正義] 言每恒終竟此日, 健健自强, 勉力不有止息. [廣雅, 釋訓] 乾乾, 健也. [漢書, 王莽傳 上] 終日乾乾, 夕愓若厲. [注] 師古曰, 乾乾自强之意. [呂覽, 士容] 乾乾乎取舍不悅, 而心甚素樸. [注] 乾乾, 進不倦也. [太玄, 彊] 陽氣統剛, 乾乾萬物, 莫不彊梁. [文選, 韋曜, 博奕論] 聖朝乾乾, 務在得人. [注] 周易曰, 君子終日乾乾, 翰注, 乾乾, 動心也. ㊁ 敬也. [文選, 東京賦] 勤屢省, 懋乾乾. [綜注] 乾乾, 敬也. [善注] 周易曰, 君子終日乾乾.[14]

『中文大辭典』에서는 '乾乾'의 뜻 갈래를 ㊀ '꿋꿋하게 스스로 힘써 그침이 없음[健健自强, 勉力不有止息也]'과 ㊁ '공경함[敬也]' 둘로 나누고, ㊀항의 용례 6가지와 ㊁항의 용례 1가지를 각각 제시하고 있다. ㊀항의 경우에는 『易』과 『廣雅』의 용례를 먼저 제시하고, 이어서 『漢書』와 『呂覽』, 『太玄經』과 『文選』에서의 용례를 차례로 제시하였다. 이와 같이 순서를 정한 것은 經書와 字書의 용례를 앞에 둔다는 원칙과 여타의 경우에는 서책이나 저자의 시대 순으로 제시한다는 원칙에 따른 것이다.

한편 『中文大辭典』은 『大漢和辭典』과 달리 薛綜의 注를 근거로 '乾乾'의 뜻 갈래 ㊁항을 독립시켰다. 한자사전의 용례는 이처럼 뜻 갈래 설정의 중요한 근거로 활용될 수 있다. 그런데 『中文大辭典』은 그 뒤에 다시 李善의 注를 추가함으로써 뜻 갈래 독립의 타당성에 대한 의

14) 『中文大辭典』 1, 541쪽.

문을 자초하고 말았다. 『中文大辭典』은 민족유산의 정화를 집성하고 민족정신을 앙양하고자 하는 목적을 달성하는 데 부합하는 것이라면 이처럼 논란의 소지가 있는 뜻풀이와 용례까지도 적극 수용하였다.

3. 『漢語大詞典』의 용례 선정 원칙

"古今兼收 源流幷重"이라는 편집 방침을 토대로 어휘의 역사적 발전 과정을 중시한 『漢語大詞典』은 辭書로서의 科學性과 知識性, 穩定性을 갖추고자 하였다. 그에 따라 문헌 예증이 없는 僻字나 死字는 표제자[單字]에서 제외하였으며, 용례는 古今의 著作 原書에서 직접 채록하여 정확하고 믿을만한 1차 자료들로만 구성하였다.[15] 그 결과 『漢語大詞典』은 사전 편찬의 오랜 관습으로 통용되어 왔던, 旣刊 사전의 베끼기, 오류 답습의 병폐에서 벗어날 수 있었을 뿐 아니라 답습되어 오던 착오를 바로잡고 누락된 부분을 보충할 수도 있었다.[16]

『漢語大詞典』은 용례의 수록 방식을 다음과 같이 제시하고 있다.

> ① 例證 : 작자 및 朝代와 서명, 편명은 簡化字를 사용하였으나, 다른 뜻을 가지고 있는 경우에는 繁體字를 그대로 두었다. …(중략)… 古代 書籍에서 引用한 例證은 일률적으로 繁體字를 사용하였으며, 現代書籍(1912년 이후)에서 引用한 例證은 일반적으로 簡化字를 사용하였다. 그러나 현대인들이 사용한 古體 詩文이나 古籍의 文字를 考證한 경우에는 繁體字를 그대로 두었다.

15) 「前言」, 『漢語大詞典』 1, 1쪽.

16) 金健人은, '戰掣'와 '儒職'의 용례와 관련하여 『大漢和辭典』과 『中文大辭典』의 오류를 지적하면서 『漢語大詞典』은 1차 자료를 직접 확인하는 과정을 거쳤기 때문에 기간 사전의 오류를 답습하지 않고 착오를 바로잡을 수 있었다고 지적한 바 있다. cf. 金健人, 「『漢語大詞典』의 편찬과정과 내용상의 특징」, 『동아시아 한자사전과 『한한대사전』』, 단국대학교 동양학연구원, 2013, 407~408쪽.

② 古代 例證 가운데 異體字는 잘못된 글자를 訂正한 경우를 제외하고는 모두 原書 版本에 의하였으며 일률적으로 正體字로 바로잡지 않았다.

③ 본 사전의 例證은 시대와 작자, 서명, 篇名 혹은 卷次와 章節을 표시하였으며, 아울러 시대를 살펴서 순서대로 배열하였다. 소량이기는 하나 현대에 통용되는 어휘를 예증할 때에는 단지 그 예문만을 제시하였다.[17)]

①과 ②는 용례의 字形과 字體에 대한 편찬 기준을 제시한 것이고, ③은 용례의 서술 내용에 대한 기준을 제시한 것이다.『漢語大詞典』은 古今의 용례를 폭넓게 수록하였기 때문에, 예증을 위하여 가져온 인용문에는 簡化字와 繁體字, 異體字와 正體字가 뒤섞여 있어 字形이나 字體의 통일성을 기하기 어려웠을 것이다.『漢語大詞典』은 이를 하나의 字形이나 字體로 통일시키지 않고 그대로 둠으로써, 漢語의 역사적 발전 과정을 가감 없이 보여주는 방식을 택하였다. 특별한 잘못이 없는 한 字形이나 字體를 원문 그대로 두었다는 ①, ②의 수록 방식은 그같은 편집 방침의 결과였던 것이다. 그리고 ①과 ③에서 보듯,『漢語大詞典』의 용례 수록 방식에서 또 하나 주목할 점은 작자의 시대를 살펴 朝代를 명시한 사실이다.『大漢和辭典』이나『中文大辭典』의 경우에는, 經書나 字書에서의 용례를 앞에 두고 나머지 용례는 서책이나 작자의 시대 순으로 배열하는 방식을 취했는데,『漢語大詞典』은 이러한 방식을 준용하면서도 좀 더 구체적으로 작자의 朝代를 일일이 명시함으로써 이용자의 편의를 도모한 것이다.

金健人은『漢語大詞典』의 내용상의 특징을 '原初材料, 內在聯系', '內容全面, 資料豊富', '釋義精確, 義項齊備', '書證豊富, 印證可靠' 등 4

17)「凡例」,『漢語大詞典』1, 8~10쪽.

가지로 거론하면서, 용례 선정 원칙과 관련하여 '始見書例'라고 하여, 최초 문헌의 문장을 예문으로 취했다는 점에 주목하였다.[18] 물론 이 원칙이 철저하게 지켜진 것은 아니며, 어휘의 뜻풀이와 용례가 일치하지 않은 경우나 표점상의 오류, 서명이나 편명 또는 작자의 오류, 본문과 주석의 착오, 인용문의 오탈자 등 『漢語大詞典』의 용례와 관련한 문제점들이 지적된 바 있지만,[19] 이것은 문자 그대로 九牛一毛일 뿐이어서 『漢語大詞典』이 이룩한 성과에 견준다면 옥에 티에 불과할 뿐이다. 『漢語大詞典』은 古今을 아울러 수용하고 源流를 함께 중시한다는 편집 방침에 따라 용례 역시 옛 문헌에서만 선정한 것이 아니라 現代漢語에서도 선정 제시하였다.[20]

구체적인 사례를 통해 『漢語大詞典』의 용례 선정 원칙과 수록 방식을 확인해 보기로 한다.

> 【乾剛】谓天道刚健. 亦用以称帝王的刚健决断. 语出≪易 · 杂卦≫ : "≪乾≫剛≪坤≫柔." ≪汉书 · 谷永传≫ : "陛下誠深察愚臣之言 …… 奮乾剛之威, 平天覆之施." ≪後汉书 · 杨震传≫ : "唯陛下奮乾剛之德, 棄驕奢之臣, 以掩訞言之口." 引申指君主的威权. 宋 李纲 ≪上渊圣皇帝实封言事奏状≫ : "伏望陛下運以乾剛, 照以離明, 為宗社生靈大計, 斷而行之." 明 唐顺之 ≪廷试策一道≫ : "臣願陛下離照旁通, 乾剛獨斷, 政績顯著." 中国近代史资料丛刊 ≪辛亥革命 · 武昌起義清方檔案≫ : "伏

---

18) 金健人, 앞의 글, 411쪽.

19) cf. 毛遠明, 「『漢語大詞典』 書證中的幾個問題」, 『中國語文』 2000年 第1期, 85~90쪽; 愼鏞權, 「중국의 『漢語大詞典』에 대하여」, 『한국언어학회 2003년 여름 학술대회 발표자료집』, 25쪽.

20) 愼鏞權은 『漢語大詞典』의 용례 수록 방침과 관련하여, 『漢語大詞典』은 일반적으로 각 뜻풀이 항에 3개의 용례를 제시하였는데, 시간의 선후 관계에 따라 첫 번째 용례는 가능한 한 가장 이른 시기의 것으로 하고, 마지막 용례는 가능한 한 가장 늦은 시기의 것으로 하여 어휘의 기원과 변화 양상을 보여주도록 하였다고 한 바 있다. 愼鏞權, 앞의 글, 21쪽.

願迅振乾剛, 即傳嚴旨, 將此二人立正典刑."[21]

【乾符】旧指帝王受命於天的吉祥徵兆. ≪晋书 · 慕容俊载记≫ : "寡君今已握乾符, 類上帝, 四海懸諸掌, 大業集於身." 唐 韩愈 ≪贺册尊号表≫ : "陛下仰稽乾符, 俯順人志." 清 姚鼐 ≪朱石君中丞视赈淮上途中见示长句次韵≫之二 : "山川極盛在一朝, 鍾離帝起乾符握."[22]

위의 예에서 보듯, 『漢語大詞典』은 經書와 史書, 文集은 물론 中國近代史資料叢刊에 이르기까지 古今의 다양한 전적과 자료에서 용례를 폭넓게 선정, 제시하고 있다. 또한 先秦의 전적이나 二十五史, 叢集類, 字書, 韻書 외에 漢代 이후의 저작을 인용할 때에는 朝代를 명시하였으며,[23] 구두점을 찍고 서책이나 편명, 인명의 표시를 명확히 하여 이용자의 편의를 도모하고 있다. 『漢語大詞典』은 '정확성'과 '신뢰성'에 초점을 맞추었던 『大漢和辭典』이나 『中文大辭典』의 원칙과 방식을 준용하면서도 방대한 문헌 섭렵에 기초하여 기원에서부터 오늘에 이르기까지 기나긴 시간을 지나오면서 漢語가 어떠한 역사적 변화 과정을 겪었는지를 구체적으로 보여주었는데, 이를 가능하게 할 수 있었던 것은 풍부한 용례의 선정과 다채로운 수록 덕분이었다.

4. 『漢韓大辭典』의 용례 선정 원칙

『漢韓大辭典』은 우리의 문화나 동양문화 전반을 제대로 이해하기 위해서는 한문으로 된 문헌을 올바르게 해독하기 위한 길잡이가 되어

---

21) 『漢語大詞典』 1, 790쪽.

22) 『漢語大詞典』 1, 791쪽.

23) 이에 대해서는 愼鏞權이 『漢語大詞典』의 용례 수록 방침의 하나로 소개한 바 있다. cf. 愼鏞權, 앞의 글, 21쪽.

줄 사전이 필요하다는 인식에서 기획되었다.[24] 때문에『漢韓大辭典』은 우리 문화를 이해하고 계승하는 길잡이 역할을 하며, 국학 및 동양학 연구의 필수적 도구를 제공하는 데 목적을 두었다. 특히 우리나라 이용자의 편의를 도모하는 데 역점을 두어, 문자 및 어휘의 배열을 한글음의 가나다순으로 하였고, 풀이말은 일반 독자들이 누구나 쉽게 이해할 수 있도록 일상 언어를 적절하게 구사하였으며, 전거를 밝히기 위해 가능한 한 예문을 풍부하게 실었다.[25]

『漢韓大辭典』은 우리 조상들이 고유하게 만들어 써 온 이른바 國字 및 한국 고유 한자 어휘를 수집 정리하여 엮은『韓國漢字語辭典』4책과 한자 문화권 공통의 한자 및 어휘를 수집 정리한『漢韓大辭典』16책(색인 1책 포함), 전 20책으로 이루어진 대형 한자사전이다. 旣刊의 韻書와 字書, 辭典 등의 문자와 한자어를 수합 정리하고, 한자문화권에서 사용되며 한자의 제자원리에 의해 만들어진 문자는 빠짐없이 수록하였는데, 그 근거 자료는 중국의 고문헌과 우리 선조들의 한문 문헌에서 채록하였다.[26]『漢韓大辭典』의 용례 선정 원칙과 수록 방식은 다음과 같다.

---

24) 「序文」 및 「일러두기」,『韓國漢字語辭典』1, 단국대학교 동양학연구소, 1992.

25) 단국대학교 한한대사전편찬실,「『漢韓大辭典』약해」,『漢韓大辭典 刊行記』, 단국대학교 동양학연구소, 2008, 11쪽.

26) 앞의 글, 13쪽. 특히『韓國漢字語辭典』은『三國史記』를 비롯한 150여 종, 총 3,500여 책의 우리나라 고문헌에서 직접 채록하였다. 朴燦圭는『韓國漢字語辭典』에 수록된 이두와 구결, 차자어의 출전문헌에 대하여 검토한 바 있는데, 그에 따르면,『韓國漢字語辭典』은 총 227종의 문헌에서 4,475개의 단어, 6,717건의 이두, 구결, 차자어 자료를 채록한 것으로 집계되었다. 朴燦圭,「『韓國漢字語辭典』에 수용된 吏讀 · 口訣 · 借字語의 구성과 출전문헌」,『東洋學』52, 檀國大學校 東洋學研究院, 2012.

5. 출전과 예문

(1) 출전

① 사전의 출전과 예문은 표제어의 이해에 주석문 못지않은 지위를 차지하며, 아울러 색인 역할까지 겸하고 있기 때문에 매우 신중히 다루었다.

② 출전의 선정은 고문헌 중에서도 가장 보편화된 전적으로 하되, 경전류(經傳類)·제자백가류(諸子百家類)·정사류(正史類)·역대 문인(文人)들의 시문 등을 가장 우선 순위에 두었다.

③ 출전의 제시는, 조대(朝代)와 저자명은 출전 약호(≪ ≫) 앞에 제시하고, 서명, 권수, 편명, 제목 등의 순서로 약호 안에 넣어 제시하였다.

④ 출전 중 사서오경(四書五經)·제자백가(諸子百家)·이십오사(二十五史) 등과 같이 일반적으로 널리 알려진 전적은 조대와 저자명을 생략하였다.

⑤ 한 글자나 어휘에 둘 이상의 예문을 수록할 때에는 자서(字書)와 경전(經典)의 출전을 가장 앞에 싣고 나머지는 편찬 시대 순으로 실었다.

⑥ 시(詩)·사(詞)·곡(曲)·투곡(套曲) 등의 문학 작품은 제목에 '詩'나 '詞'자가 없더라도 제목의 끝에 '詩'나 '詞'를 붙여 제시하여 글의 성격을 알 수 있게 하였다.

⑦ 경전·제자서의 주소(注疏)는 해당 예문의 끝에 주소한 사람의 성(姓)이나 이름을 붙여 〈 〉 안에 제시하였다.

(2) 예문

① 예문의 구두에 찍는 표점은 쉼표(,)와 마침표(.)만을 쓰되, 총집류(叢集類)에서 다른 전적의 예문을 인용한 경우는 출전 약호(≪ ≫)

의 밖에 그 인용 원전의 서명이나 편명을 제시하고 쌍점(:)을 썼다.

② 편찬자가 이용자의 편의를 위하여 예문의 원문 앞에 보충한 글자는 [ ]로 묶고, 원문의 뒤에 오탈자를 바로잡거나 참고로 보충한 글자는 해당 글자 다음에 ( )로 묶었다.

③ 인용한 원전의 예문은 속자나 약자로 썼더라도 정자(正字 : 표준자)로 고치지 않았다. 단, 표제어와 출전은 정자나 표준자로 쓰는 것을 원칙으로 하였다.[27)]

기존의 『大漢和辭典』이나 『中文大辭典』, 『漢語大詞典』이 字書와 經書의 용례를 중시해 온 것과 비교하여 『漢韓大辭典』에서는 경전류·제자백가류·正史類·역대 文人의 詩文에 등장하는 용례를 중시했다는 점이 특색이다. 물론 한 글자나 어휘에 둘 이상의 예문을 수록할 때에는 字書와 經傳에서의 용례를 가장 앞에 싣고 나머지는 편찬 시대 순으로 수록하는 원칙을 지킨 점은 여타의 대형 사전들과 공통적이지만, 제자백가류와 정사류, 역대 문인의 시문에 등장하는 용례를 우선시했다고 언명한 것은 다른 사전에서는 찾아볼 수 없었던 선정 원칙이다. 『漢韓大辭典』이 한문으로 된 문헌 해독의 길잡이 역할을 목적으로 하였음을 감안하면, 이는 이용자들의 사전 이용 목적에 부응하기 위한 용례 선정의 원칙이었다고 할 수 있다. 그리고 용례의 수록 방식과 관련하여 『漢韓大辭典』은 詩·詞·曲·套曲 등의 문학 작품의 경우, 제목에 '詩'나 '詞'자가 없더라도 제목의 끝에 '詩'나 '詞'를 붙여 제시하여 글의 성격을 알 수 있게 하였다. 崔泰勳은 이에 대하여 잘 알려지지 않은 작품의 장르를 설명해 준다는 측면에서는 장점이지만, 詩·詞·曲·套曲 외에 여타 장르에는 적용하지 않아 형평에 어긋난다고 지적

27) 단국대학교 한한대사전편찬실, 「『한한대사전』 편찬의 기본 방향과 체재」, 『漢韓大辭典 刊行記』, 단국대학교 동양학연구소, 2008, 18~19쪽.

하면서, 이와 같은 방식을 유지하더라도 『漢語大詞典』처럼 장르명을 꺽쇠 밖에 표기하는 것이 더 나았을 것이라고 한 바 있다.[28] 또한 사전으로서의 정확성을 높이기 위하여 원문에 명백한 오류가 있는 경우에는 이를 바로잡았고, 이용자의 이해를 높이기 위하여 문맥 상 내용의 이해를 위하여 필요한 부분은 보충하였다.

한편 『韓國漢字語辭典』의 출전과 용례 수록 방식은 아래에 보는 것처럼 다른 사전과 크게 다를 바 없다. 다만, 원전의 주는 ( )로 묶어서 표시하고, 동일 어휘의 한 항목에서 동일한 원전의 용례를 두 번 이상 인용할 경우에는 권수·편명 등의 차례에 따른다고 한 점이 다르다면 다른 점이다.[29]

구체적인 예를 통해 『漢韓大辭典』과 『韓國漢字語辭典』의 용례 수록 방식을 보이면 다음과 같다.

① 【乾豆 건두】 제사(祭祀) 때 목두(木豆)에 담은 마른 고기. ≪禮記, 王制≫ 天子諸侯無事, 則歲三田, 一爲乾豆, 二爲賓客, 三爲充君之庖. 〈鄭玄注〉 乾豆, 謂腊之以爲祭祀豆實也. / 漢, 揚雄≪長楊賦≫ 恐不識者, 外之則以爲娛樂之遊, 內之則不以爲乾豆之事.[30]

② 【乾浴 건욕】 취침 전에 두 손으로 온몸을 문지르는 일. ≪雲笈

28) 최태훈, 「『漢韓大辭典』의 出典例文에 나타난 誤謬 硏究」, 『中國學』 38, 大韓中國學會, 2011, 61~62쪽.

29) 『韓國漢字語辭典』에서는 '출전과 용례'의 수록 방식을 다음과 같이 제시한 바 있다. "21. 출전과 용례는 해당 어휘를 채록한 문헌에 의하여 권수·편명·항목·제명(題名) 등을 정확히 밝히고 원전 그대로 옮겨 실었으며, 내용과 의미를 파악하기에 충분하도록 인용하고 구두점을 찍었다. 22. 출전에서의 주(註)는 본문과 함께 인용하여 ( )로 묶어서 표시하였다. 23. 인명·지명·악곡 등은 대부분 출전만을 밝히고 인용 예문은 생략하였다. 24. 원전의 인용 순서는 시대순에 따르고, 동일 어휘의 한 항목에서 동일한 원전의 용례를 두 번 이상 인용할 경우에는 권수·편명 등의 차례에 따랐다." 「일러두기」, 『韓國漢字語辭典』 1, 단국대학교 동양학연구소, 1992.

30) 『漢韓大辭典』 1, 단국대학교 동양학연구소, 1999, 588쪽.

七籤 32≫ 摩手令熱, 摩身體從上至下, 名曰乾浴……夜欲臥時, 常以兩手, 揩摩身體, 名曰乾浴 / 宋, 蘇軾≪次韻子由浴罷詩≫ 理髮千梳淨, 風晞勝湯沐. 閉息萬竅通, 霧散名乾浴.[31)]

③ 【乾價 건가】 ㊀ 중국 사신이 오거나 갈 때에 그 접대의 음식값으로 보내는 돈. ≪牧民心書 7, 禮典, 賓客≫ 大抵多員支供, 誠一大弊. 假令谷山爲問安使, 豊川爲都差員, 則到黃州站, 豊川送乾價於谷山(乾價者, 賓餼之價錢). 到平山站, 谷山送乾價於豊川. 甲邑送於乙邑, 乙邑送於甲邑. ㊁ 일꾼에게 술을 먹일 때, 술을 먹지 못하는 사람에게 술 대신 주는 돈.[32)]

④ 【乾脹 건창】 헛배가 부름. ≪增修無冤錄, 字訓≫ 乾脹, 不飽而脹. ≪增修無冤錄, 下, 壓死, 壓塞口鼻死≫ 凡被人以衣服或濕紙, 搭著口鼻, 死則乾脹.[33)]

①과 ②는『漢韓大辭典』의 사례이고, ③과 ④는『韓國漢字語辭典』의 사례이다. 이들은 각각의 사전에서 제시한 용례 처리 기준을 따르고 있으나,『漢韓大辭典』과『韓國漢字語辭典』의 용례 처리 기준이 일부 달랐기 때문에 불가피하게 통일성을 기하지 못하고 있다. 예컨대『韓國漢字語辭典』에서는『漢韓大辭典』과 달리 朝代 및 작자의 이름을 표시하지 않고 있다. 또한 주석문의 처리에서도『漢韓大辭典』은 해당 예문 끝에 〈 〉로 주석임을 표시하고 그 뒤에 주석문을 가져왔으나,『韓國漢字語辭典』에서는 주석문 자체를 ( )로 묶어 제시하였다.『漢韓大辭典』과『韓國漢字語辭典』의 간행 시기가 비록 다르고 그에 따라 체제상의 변화 또한 불가피했다 하더라도, 향후 두 사전을 통합하여 명실상부한『漢韓大辭典』을 선보일 때에는 이와 같은 용례 처리 기준의 불통일성은 바로잡아야 할 것이다.

---

31)『漢韓大辭典』 1, 단국대학교 동양학연구소, 1999, 591쪽.
32)『韓國漢字語辭典』 1, 단국대학교 동양학연구소, 1992, 175쪽.
33)『韓國漢字語辭典』 1, 단국대학교 동양학연구소, 1992, 177쪽.

Ⅲ. 용례 선정의 실제

이 장에서는 '乾'자 항목에 수록된 표제어휘를 중심으로 『大漢和辭典』과 『中文大辭典』, 『漢語大詞典』, 『漢韓大辭典』의 용례 선정의 실제를 비교하면서 동아시아 한자사전 편찬 방법론에 대하여 살펴보고자 한다. 특히 여기에서는 각 사전에 공통적으로 선정, 수록된 용례들과 사전에 따라 각기 차이를 보이는 용례들을 중심으로 논의하고자 한다.

1. 용례의 보편성

『大漢和辭典』과 『中文大辭典』, 『漢語大詞典』, 『漢韓大辭典』의 용례를 상호 비교해 보면 각 사전의 편찬 방침이나 용례 선정 원칙이 각기 상이하였음에도 불구하고, 같은 용례가 모든 사전에 공통적으로 수록되어 있는 예를 볼 수 있다. 그 원인은 여러 가지를 생각해 볼 수 있으나, 무엇보다도 한문문화의 특수성에 가장 큰 원인이 있지 않을까 한다. 주지하듯이 한문문화권에서는 '用事'를 글쓰기의 기반으로 해 왔다.[34] 때문에 한문으로 된 옛 전적을 읽어내기 위해서는 무엇보다 典故에 밝아야 하는데, 다행히 한문문화권에서 典故로 활용되어 온 것들

34) 한문문화권에서는 공동의 典範으로 자리 잡은 儒家의 경전과 역사서, 제자백가서, 시문집 등 선행 텍스트에 대한 학습과 그에 대한 변형 규칙의 습득이 문학 창작의 주요한 원리가 되었다. 先秦·漢·唐·宋의 문화는 한문문화권 공동의 전범 역할을 하였고, 이를 재생산해야 한다는 관념은 중세 문인들의 공통적 생각이었다. cf. 김성룡, 「전범 학습과 중세의 문학교육」, 『문학교육학』 1, 한국문학교육학회, 1997, 275~282쪽; 윤승준, 「중국 우언의 수용과 재창조－柳宗元을 중심으로－」, 『고전문학연구』 26, 한국고전문학회, 2004, 103~112쪽.

은 시대를 뛰어 넘어 반복해서 거듭 사용되어 왔다. 일종의 문화적 관습으로 정착되어 온 것이다. 따라서 그에 대한 풀이나 예증 역시 스테레오타입으로 고정화될 수밖에 없었다. 네 사전의 용례가 서로 다르지 않고 동일한 출전의 동일한 예문을 제시하는 것은 상당 부분 이러한 특성에서 말미암은 결과라고 할 수 있다. 더욱이 제한된 지면 안에 간명하면서도 정확하게 어휘의 용례를 제시해 주어야 하는 한자사전의 경우, 특별한 사정이 있지 않는 한, 한문문화의 근간을 이루어온 字書와 韻書, 각종 經書類와 諸子百家類, 史書類, 漢代 이전의 문헌들과 같이 典範으로서의 권위를 인정받아 온 문헌의 용례를 무시하고 다른 문헌의 용례를 선정하여 제시하기는 어려웠을 것이다.

이와 같은 점을 전제로 여기에서는 '乾吉'과 '乾笑'의 용례를 중심으로 한자사전 용례의 보편성 문제에 대하여 검토해 보기로 한다. 먼저 '乾吉'에 대한 각 사전의 풀이를 보면 다음과 같다.

사전	乾吉
漢和	㊀ 鳥の名. 其の子を食ふといふ. [烈女傳, 仁智, 晉羊叔姬傳] 南方有鳥, 名曰乾吉, 食其子, 不擇肉, 子常不遂. ㊁ 明, 梁夢龍の字.
中文	㊀ 鳥名, 食其子不擇肉. [烈女, 晉羊叔姬傳] 南方有鳥, 名曰乾吉, 食其子, 不擇肉, 子常不遂. 按, 食其子不擇肉, 謂飼其子不擇肉之種類也, ㊁ 明, 梁夢龍之字.
漢語	鸟名. 汉 刘向 ≪列女传·晋羊淑姬≫ : "南方有鳥, 名曰乾吉, 食其子不擇肉, 子常不遂."
漢韓	㊀ 새[鳥] 이름. / 漢, 劉向≪列女傳, 晉羊淑姬≫ 南方有鳥, 名曰乾吉, 食其子不擇肉, 子常不遂. ㊁ 명(明) 양몽룡(梁夢龍)의 자(字).

네 사전 모두 '乾吉'의 용례를 劉向의 『烈女傳』에서 가져왔다. 차이가 있다면, 『大漢和辭典』과 『中文大辭典』의 句讀와 『漢語大詞典』 및 『漢韓大辭典』의 句讀에 약간의 차이가 있고, 『中文大辭典』에서는 『烈女傳』 原文을 인용한 다음에 "食其子不擇肉"의 뜻을 구체적으로 풀이해 놓았다는 점이다. 『中文大辭典』이 『大漢和辭典』의 句讀를 그대로 따르면서도 『烈女傳』 원문 구절에 대한 풀이를 추가해 놓은 것은 '乾吉'에 대한 『大漢和辭典』의 뜻풀이에 대해 異見을 가지고 있었기 때문으로 보인다.[35] 『中文大辭典』의 이와 같은 異見은 『漢語大詞典』과 『漢韓大辭典』의 句讀에 수용되었다. 그럼에도 불구하고 '乾吉'이라는 새가 등장하는 문헌은 劉向의 『烈女傳』 외에는 찾아보기 어렵다. 때문에 네 사전은 불가피하게 동일한 용례를 가져올 수밖에 없었다고 하겠다.

한편 '乾笑'는 '乾吉'과는 다른 이유에서 동일한 용례를 수록하고 있는 경우이다.

사전	乾笑
漢和	つくり笑. 表面だけの笑. 强ひて笑ふ. 又, 冷笑する. [宋書, 范曄傳] 曄妻罵曄曰 君不爲百歲阿家, 不感天子恩遇, 身死固不足塞罪, 奈何枉殺子孫, 曄乾笑云, 罪至而已. [能改齋漫錄] 世言以笑之不情者爲乾笑, 按, 宋范曄謀逆, 就刑於市, 妻來別罵曄曰, 身固不足塞罪, 奈何枉殺子孫, 曄乾笑而已.
中文	不情之笑也 [宋書, 范曄傳] 曄乾笑云, 罪至而已. [能改齋漫錄] 世言以笑之不情者爲乾笑, 按, 宋, 范曄謀逆, 就刑於市, 妻來別罵曄曰, 身固不足塞罪, 奈何枉殺子孫, 曄乾笑而已.

35) 『大漢和辭典』에서는 '乾吉'의 뜻을 풀이하면서 '새의 이름'이라고 한 뒤에, 다시 '자기 새끼를 잡아먹는다고 한다.'고 함으로써 자기 새끼까지 잡아먹을 정도로 먹이를 가리지 않는 새라고 풀이하였다. 반면 『中文大辭典』에서는 '새 이름. 새끼를 먹여 키우되 먹이의 종류를 가리지 않는다.'라고 풀이하면서 『열녀전』 원문 구절에 대한 해석을 추가함으로써 이견을 분명히 하였다.

漢語	勉强或做作的笑. ≪宋书 · 范晔传≫ : “[妻]罵曄曰 ‘……身死固不足塞罪, 奈何枉殺子孫?’ 曄乾笑云, ‘罪至’ 而已.” 宋 吴曾 ≪能改斋漫录 · 事始二≫ : “世以笑之不情者爲乾笑.” ≪二十年目睹之怪现象≫ 第三一回 : “那人笑道 : ‘我何嘗要請你, 不過拿我這個法子, 騙出你那個法子來罷了.’ 說罷, 一場乾笑.” 张天翼≪儿女们≫ : “嘴里 ‘呃吓’ ‘呃吓’乾笑了几声, 吞吞吐吐说上老半天, 才叫人听明白是怎麽回事.”
漢韓	나오지 않는 웃음을 억지로 꾸며서 웃음. 헛웃음. ≪宋書, 范曄傳≫ [妻]罵曄曰……身死固不足塞罪, 奈何枉殺子孫. 曄乾笑云罪至而已. /宋, 吳曾≪能改齋漫錄, 事始 2≫ 世以笑之不情者爲乾笑.

위의 표에서 보는 것처럼 네 개의 사전은 '乾笑'가 '마음에 없는 억지웃음' 또는 '만들어낸 웃음'의 뜻으로 사용된 예를 모두 『宋書』「范曄傳」에서 인용하고 있으며, 그 뜻풀이를 吳曾의 『能改齋漫錄』에서 가져오고 있다. 물론 『漢語大詞典』의 경우에는 『二十年目睹之怪現象』과 『兒女們』에서도 용례를 가져와 그 역사적 변화 과정을 보여주고 있지만, 근대 이전의 용례로는 다른 것을 들지 않았다. 그만큼 『宋書』와 『能改齋漫錄』이 '乾笑'의 뜻풀이를 위한 용례로서 대표성을 획득하고 있기 때문이다.[36]

그런데 『宋書』와 『能改齋漫錄』에서 가져온 '乾笑'의 용례와 관련하여 네 사전은 인용문의 전후 문맥 처리 과정에서 詳略의 차이를 보이고 있다. 『大漢和辭典』은 『宋書』와 『能改齋漫錄』에서 '乾笑'라는 어휘가 등장하는 문맥과 그 뜻풀이를 구체적으로 제시하여 이해를 도운 반면, 『中文大辭典』의 경우에는 『宋書』에서 '乾笑'라는 어휘의 등장 구절만을 발췌 제시한 뒤, 『能改齋漫錄』에서 상황을 제시하여 상호 보완하였으며, 『漢語大詞典』과 『漢韓大辭典』의 경우에는 『宋書』에서 '乾笑'

36) 『古今圖書集成』을 찾아보면 '乾笑'의 용례로 唐順之의 〈張相公壽詩〉를 비롯한 몇 가지 사례를 찾아볼 수 있으나, 네 사전에서는 모두 『宋書』「范曄傳」만을 제시하고 있다. 그만큼 이른 시기의 용례로서 보편성을 획득하고 있었기 때문일 것이다.

라는 어휘가 등장하는 상황을 축약하여 제시한 뒤 『能改齋漫錄』에서 그 뜻풀이에 해당하는 부분을 제시하고 부연 설명은 피하였다. 물론 『大漢和辭典』은 『宋書』 원문을 그대로 가져오지 않았다는 점에서[37] 중략 표시를 하고 원문을 그대로 가져온 『漢語大詞典』과 『漢韓大辭典』의 정확성을 따라가지 못하고 있다. 그럼에도 불구하고 『漢語大詞典』이나 『漢韓大辭典』에 제시된 예문만으로는 상황의 전후 맥락을 파악하기 어렵다는 점에서 어휘의 뜻을 이해하는 데 한계가 있다.[38]

이처럼 한자사전의 용례 가운데에는 동일한 출전에서 동일한 예문을 가져오는 경우들이 있다. 이는 다른 용례를 찾아볼 수 없기 때문에 불가피한 경우도 있으나, 한문문화권의 특성과 관습으로 인하여 보편성을 획득하고 있는 용례를 선정하여 제시하는 것이 한자사전의 마땅한 소임이었기 때문이기도 하다.

2. 용례의 특수성

용례의 특수성이란 특별한 사정에 의하여, 불가피한 경우에 한하여 한문문화권에서 보편성을 획득하지 못하고 있는 용례를 사전에 수록한 경우를 말한다. '言必徵信'을 사전 편찬의 기본 방침으로 표방함으로써 문헌에서 사용된 용례를 찾아야 했던 한자사전들은, 한문문화권의 전범이 되었던 문헌들에서 용례를 찾을 수 없는 경우, 부득이 특수한 용

---

37) 『宋書』 「范曄傳」에는 "曄妻先下撫其子, 回罵曄曰 君不爲百歲阿家, 不感天子恩遇, 身死固不足塞罪, 奈何枉殺子孫, 曄乾笑云, 罪至而已."라고 되어 있다. 『宋書』 69, 「列傳」 29, 〈劉湛 范曄〉.

38) cf. 鄭載喆은 『漢韓大辭典』의 주석과 예문 특징으로 '정확성'과 '간결성'을 든 바 있다. 물론 예문의 '간결성'은 사전이 추구해야 할 중요한 요소이지만, '간결성'의 추구가 '정확성'을 추구하는 데 방해가 되어서는 안 될 것이다. 鄭載喆, 「『한한대사전』의 편찬 방향과 사전사적 의미」, 『동아시아 한자사전과 『한한대사전』』, 단국대학교출판부, 2013, 315~320쪽.

례라도 실어야 했으며, 보편성을 획득하고 있는 용례를 선정하여 수록했음에도 불구하고 특별한 목적이나 의도에 따라 특수한 용례를 함께 수록하는 경우도 있었다. 특히 자국어가 아닌 중세 보편문자로서 한문을 사용하여 왔던 한국이나 일본의 경우에는 각기 자국의 문화적 풍토 속에서 형성된 독자적인 어휘와 용례들이 있었다. 따라서 자국어가 아닌 중세 보편문자로 한문을 사용하여 온 국가에서 편찬한 한자사전에는 이같은 사정에서 선정, 수록된 용례들을 볼 수 있다.[39] 그런가 하면 자국어가 중세 보편문자였던 국가의 경우에는 자국 문자문화의 우수성과 역사성을 선양하기 위하여 한문문화권에서 보편성을 획득한 용례는 물론 다기한 용례들을 추가한 경우를 볼 수 있다. 『大漢和辭典』, 『中文大辭典』, 『漢語大詞典』, 『漢韓大辭典』 등 한자사전에 수록된 용례들이 사전에 따라 조금씩 차이를 보이는 것은 이와 같은 사정에서 말미암은 것이라고 할 수 있다.

이와 같은 점을 전제로, 여기에서는 '乾乾'과 '乾靈'의 용례를 중심으로 한자사전 용례의 특수성에 대하여 검토하고자 한다. 먼저 '乾乾'에 대한 각 사전의 풀이를 보면 다음과 같다.

사전	乾乾
漢和	進んで止まぬ貌. 努力して怠らぬ貌. 孜孜. 汲汲. [易, 乾] 九三, 君子終日乾乾, 夕惕若, 厲無咎. [呂覽, 士容] 乾乾乎, 取舍不悅. [太玄經, 彊] 陽氣統剛乾乾, 萬物莫不彊梁. [後漢書, 左雄傳] 陛下乾乾勞思, 以濟民爲務.
中文	㊀ 健健自强, 勉力不有止息也. [易, 乾] 九三, 君子終日乾乾. [正義] 言每恒終竟此日, 健健自强, 勉力不有止息. [廣雅, 釋訓] 乾乾, 健也. [漢書, 王莽傳 上] 終日乾乾, 夕惕若厲. [注] 師古曰, 乾乾自强之意. [呂覽, 士容] 乾乾乎取舍不悅, 而心甚素樸. [注] 乾乾, 進不倦也. [太玄, 彊] 陽氣純剛, 乾乾萬物, 莫不彊梁. [文選, 韋曜, 博奕論] 聖朝乾乾, 務在得人. [注] 周易曰, 君子終日乾乾, 翰注, 乾

39) 『大漢和辭典』이나 『漢韓大辭典』(『韓國漢字語辭典』 포함)이 문자와 어휘 및 용례 채록의 범주에 자국의 문헌을 포함함으로써 이와 같은 결과가 나타나게 된 것이다.

	乾, 動心也. ㊁ 敬也. [文選, 東京賦] 勤屢省, 懋乾乾. [綜注] 乾乾, 敬也. [善注] 周易曰, 君子終日乾乾.
漢語	(-gān) 乾枯貌. 元 宫天挺≪范张鸡黍≫第三折 : "面色兒黃乾乾渾消瘦"
	(-qián) ① 自强不息貌. ≪易 · 乾≫ : "君子終日乾乾, 夕惕若厲, 無咎." 孔颖达疏 : "言每恒終竟此日, 健健自強, 勉力不有止息." 宋 司马光≪初见白发慨然感怀≫诗 : "留為鑑中銘, 晨夕思乾乾." 明 方孝孺 ≪静学斋赋≫ : "且潛心於沖漠兮, 夕重之以乾乾." ② 敬慎貌. ≪文选 · 张衡<东都赋>≫ : "勤屢省, 懋乾乾." 薛综注 : "乾乾, 敬也." 三国 魏 曹植 ≪武帝诔≫ : "乾乾庶事, 氣過方叔."
漢韓	㊀ 스스로 힘써 쉬지 않는 모양. ≪易, 乾≫ 九三, 君子終日乾乾. <孔穎達疏> 言每恒終竟此日, 健健自強, 勉力不有止息. ≪廣雅, 釋訓≫ 乾乾, 健也. ≪漢書, 王莽傳 上≫ 終日乾乾, 夕惕若厲. <顏師古注> 乾乾, 自强之意. ≪呂氏春秋, 士容≫ 乾乾乎取舍不悅, 而心甚素樸. <高誘注> 乾乾, 進不倦也. ㊁ 공경하는 모양. ≪文選, 張衡, 東都賦≫ 勤屢省, 懋乾乾. <薛綜注> 乾乾, 敬也. / 三國魏, 曹植, ≪武帝誄≫ 乾乾庶事, 氣過方叔. ㊂ [白] ① 바짝 마른 모양 / 元, 宮天挺 ≪范張鷄黍, 3折≫ 面色兒黃乾乾渾消瘐. ② 씁쌀하고 독한 술. 乾酒. / 朝鮮, 李義鳳 ≪古今釋林 24, 華漢譯語, 釋食≫ 乾乾, 老解, 乾乾酒, 된술.

위에서 보듯 『大漢和辭典』의 용례와 『中文大辭典』의 용례, 그리고 『漢語大詞典』과 『漢韓大辭典』의 용례는 적지 않은 차이를 보이고 있다. 우선 『中文大辭典』에서는 『文選』「東京賦」의 용례를 가져와 뜻 갈래를 추가하였으며, 『大漢和辭典』에서 용례로 거론하지 않았던 『廣雅』와 『漢書』「王莽傳」, 『文選』「博奕論」의 용례를 가져왔다. 또한 『漢語大詞典』에서는 송나라 司馬光의 詩와 명나라 方孝孺의 『靜學齋賦』에서 용례를 추가하였으며, 曹植의 『武帝誄』에서도 용례를 추가하였다. 뿐만 아니라 音價에 따른 뜻 갈래를 별도로 설정하였다. 『漢韓大辭典』에서는 각 사전에서 제시되었던 뜻 갈래와 용례들을 선별적으로 수용하되 출전을 보다 명확하게 제시하였으며, 조선 李義鳳(1733~1801)의 『古今釋林』에서 용례를 추가하였다.[40]

40) 『漢韓大辭典』은 『古今釋林』에서 채록한 '乾乾'의 용례 외에 『芝峯類說』, 『東醫寶鑑』, 『漢淸文鑑』, 『譯語類解』, 『朴通事諺解』, 『老乞大諺解』, 『註解 語錄叢

한자사전에 따라 동일한 어휘의 용례가 서로 다르게 나타나는 예는, 정도의 차이는 있지만, '乾靈'의 경우에도 확인할 수 있는 사실이다.

사전	乾靈
漢和	㊀ 天の神. 又, 陽の精氣. [曹植, 漢二祖優劣論] 世祖體乾靈之休德, 稟貞和之純精. ㊁ あまつかみ. 天神. [日本書紀, 神武紀] 上則答乾靈授國之德, 下則弘皇孫養正之心.
中文	天神也. 又陽之精氣也. [曹植, 漢二祖優劣論] 世祖體乾靈之休德, 稟貞和之純精.
漢語	① 上天. 三国 魏 曹植≪汉二祖优劣论≫:"世祖體乾靈之休德, 稟貞和之純精."≪晋书·苻生载记≫:"願陛下務養元元, 平章百姓……則姦回寢止, 妖祲自消, 乾靈祇祐皇家, 永保無窮之美矣." 唐 许敬宗≪奉和执契静三边应诏≫诗:"乾靈振玉弩, 神略運璇樞." ② 阳刚的精气. 汉 刘祯≪处士国文甫碑≫:"先生執乾靈之貞潔, 稟神祇之正性."
漢韓	㊀ 하늘. / 三國魏, 曹植 ≪漢二祖優劣論≫ 世祖體乾靈之休德, 稟貞和之純精. / 唐, 許敬宗 ≪奉和執契靜三邊應詔詩≫ 乾靈振玉弩, 神略運璇樞. ㊁ 양(陽)의 정기(精氣). / 漢, 劉禎 ≪處士國文甫碑≫ 先生執乾靈之貞潔, 稟神祇之正性.

『大漢和辭典』에서는 '乾靈'의 용례로 曹植의 『漢二祖優劣論』과 『日本書紀』에서의 용례를 선정하였는데, 『中文大辭典』에서는 『漢二祖優劣論』의 용례만을 수록하였으며, 『漢語大詞典』에서는 漢나라 劉禎의 『處士國文甫碑』의 용례를 근거로 뜻 갈래를 추가하였을 뿐 아니라 『漢二祖優劣論』에 『晉書』와 唐나라 許敬宗의 詩 용례를 추가하였

覽』, 『吏讀集覽』 등 8종의 문헌에서 '乾芥', '乾硬', '乾餻', '乾粮', '乾嗽' 등 23개의 용례를 추가하였다. 또한 『韓國漢字語辭典』은 '乾'자 항목에서만 『三國史記』, 『高麗史』, 『朝鮮王朝實錄』, 『三國志』, 『牧民心書』, 『欽欽新書』, 『山林經濟』, 『經世遺表』, 『星湖僿說』, 『新增東國輿地勝覽』, 『大東地志』, 『增補文獻備考』, 『增正交隣志』, 『萬機要覽』, 『松南雜識』, 『六典條例』, 『續大典』, 『秋官志』, 『增修無冤錄』, 『嘉禮都監儀軌』, 『進饌儀軌』, 『華城城役儀軌』, 『農家集成』, 『農政新篇』, 『林園十六志』, 『方藥合編』, 『廣才物譜』, 『度支準折』, 『東國歲時記』, 『東文選』, 『柏巖文集』, 『於于野譚』, 『旬五志』, 『乾鳳寺及乾鳳寺末寺事蹟』, 『古文書集成』 등 35종의 문헌에서 '乾價', '乾葛', '乾耕', '乾南', '乾畓' 등 88개 표제어휘를 선정, 수록하면서 각각의 용례를 제시하였다.

다. 『漢韓大辭典』 역시 이와 같은 추가 보완된 용례를 수용하였다.[41]

이와 같은 용례의 선정 및 수록의 복잡한 양상은 각 사전의 편집 방침을 반영한 결과로 보인다. 특히 『中文大辭典』과 『漢語大詞典』의 편집 방침은 『大漢和辭典』에서 1차 집성한 한문문화권의 용례들을 대폭 확장 · 보완하는 결과를 가져 왔다.[42] 뿐만 아니라 『漢韓大辭典』의 편찬을 통하여 이렇게 확장 · 보완되었던 용례들은 또다시 정비되는 과정을 거치게 되었다. 한문으로 된 문헌의 해독에 필요한 도구를 만든다는 『漢韓大辭典』의 편집 방침에 따르면, 대만이나 중국에서 편찬된 『中文大辭典』과 『漢語大詞典』의 경우에는 필요 이상의 용례들이 장황하게 제시된 嫌이 없지 않기 때문이다. 『漢韓大辭典』에서 근현대 白話를 제외한 것은 그와 같은 방침에 따른 결과였다고 하겠다.

---

41) 『中文大辭典』이나 『漢語大詞典』, 『漢韓大辭典』에서 『日本書紀』의 용례를 수록하지 않은 것은 한자사전 편찬 방침에 준거한 것으로 판단된다. 『中文大辭典』은 '민족유산의 정리'와 '민족정신의 앙양'이라는 방침에 따라 일본의 용례를 선정하지 않은 것으로 이해되며, 『漢語大詞典』에서는 '漢語의 역사적 변화 과정'에 초점을 두었기 때문에 일본의 용례까지는 수록하지 않았다고 하겠다. 한편 『漢韓大辭典』에서 제시한, '우리 문화와 동양문화 전반을 이해하는 데 필요한 길잡이'로서, '한문으로 된 문헌을 올바르게 해독하는 데 필요한 도구'를 만든다는 편집 방침에 따르면, 일본의 용례도 중요하게 거두어졌어야 할 것으로 짐작된다. 그러나 『日本書紀』의 용례가 제외된 것으로 보아 『漢韓大辭典』에서 추구한 동양문화는 주로 중국문화를 지칭하는 것으로 이해된다.

42) 그러나 『中文大辭典』과 『漢語大詞典』은 『大漢和辭典』에 수록된 일본 문헌에서의 용례를 담아내지 않았다. '乾'자 항목의 경우만 보더라도 『大漢和辭典』에 수록되었던 『日本書紀』, 『國史略』, 『日本紀略』, 『本朝世事談綺』, 『和漢三才圖會』, 『宇津保物語』, 『庭訓往來』 등 일본 문헌에서 선정한 용례들이 『中文大辭典』이나 『漢語大詞典』에는 수록되지 않았다.

Ⅳ. 맺음말

한자사전에 수록된 용례는 표제자 또는 표제어휘의 연원과 역사를 보여주는 동시에 표제자 또는 표제어휘의 뜻(또는 뜻 갈래의 의미)이 정확함을 방증하는 기능을 한다. 용례를 '例證'이라고도 일컫는 것은 이와 같은 용례의 정확한 검증 가능성을 전제로 하기 때문이다.

본고에서는 『大漢和辭典』과 『中文大辭典』, 『漢語大詞典』, 『漢韓大辭典』 등 한문문화권의 주요 국가에서 편찬한 대형 한자사전을 대상으로 그 용례의 선정 원칙과 실제를 비교 검토해 보았다. 논의 결과를 정리하면 다음과 같다.

『大漢和辭典』은 기존의 한자사전이 수록하고 있는 어휘나 문자의 수가 절대적으로 부족하고, 또 한 쪽으로 치우쳐 있다는 문제를 해소하기 위하여 문자와 어휘를 풍부하게 채록하여 학계의 기대에 부응할 수 있는 대형 한자사전을 만들고자 하는 방침을 세웠다. 그에 따라 字形과 字音, 字義는 물론 어휘에 대한 풀이와 출전 및 용례까지 자세하게 제시한 자전과 사전을 종합한 한자사전의 첫 사례가 되었다. 특히 『大漢和辭典』은 출전 및 용례를 통하여 사전의 '정확성'과 '객관성'을 담보하는 근거로 삼았으며, 이후에 나온 대형 한자사전의 출전 및 용례 수록 방식의 기준을 마련하였다.

민족유산의 정리와 민족정신의 앙양을 목적으로 한 『中文大辭典』은 고증을 위한 도구로서보다는 민족문화의 정화를 집성하겠다는 편집 방침을 견지하였고, 또 한편으로는 '言必徵信'의 정신에 따라 출전과 예문을 명확히 제시하였다. 특히 『大漢和辭典』에서 미처 채록하지 못했던 四部叢刊이나 四部備要, 叢書集成 등의 叢書類와 여타의 輯佚書 등에서도 어휘와 용례를 채록한 점은 『中文大辭典』이 가지고 있는 장점이라고 할 수 있다.

『漢語大詞典』은 辭書로서의 科學性과 知識性, 穩定性을 갖추고자 하였을 뿐 아니라 '古今兼收 源流并重'이라는 편집 방침을 토대로 漢語의 역사적 발전 과정을 살펴볼 수 있도록 하는 데 역점을 두었다. 특히 1차 자료에서 풍부한 용례를 직접 채록하여 다채롭게 제시하였다는 점에서 『漢語大詞典』은 한자사전 편찬사에 괄목할 만한 진전을 보였다고 할 수 있다. 뿐만 아니라 문헌에 처음 등장하는 용례를 찾아 수록하고자 하였다는 점에서도 『漢語大詞典』의 용례 선정 원칙은 중요한 의의를 갖는다.

『漢韓大辭典』은 한문으로 된 문헌을 올바르게 해독할 수 있도록 하는 도구로서의 한자사전을 만들고자 하는 취지에 따라 한자문화권에서 공통적으로 사용되어 온 한자와 어휘만이 아니라 우리 조상들이 고유하게 만들어 써 온 國字 및 한국 고유 한자 어휘까지도 채록하였다. 『漢韓大辭典』은 國學 및 東洋學 연구에 필요한 한문 해독의 길잡이라고 하는 한자사전의 도구적 기능에 초점을 맞추었기 때문에, 용례 역시 經傳類와 諸子百家類, 正史類, 역대 文人의 詩文 등에 등장하는 용례를 중시하였다. 또한 이용자의 편의를 고려하기 위하여 예문 수록 방식에서도 詩·詞·曲·套曲의 경우에는 해당 장르를 밝혀주었다. 다만 『漢韓大辭典』과 『韓國漢字語辭典』의 용례 수록 방식이 체재상의 일관성을 결여하고 있어, 추후 이에 대한 보완이 필요하다고 하겠다.

'乾'자 항목의 표제어휘에 대한 용례들을 비교 검토해 본 결과, 한자사전에 수록된 용례들은 상호 공통되는 것들이 있는가 하면 적지 않은 출입을 보이며 독자성을 보이는 것들도 있었다. 이와 같은 용례의 보편성과 특수성은 한문문화권의 문화적 관습 및 개별 한자사전의 편찬 방침에 따른 결과로 이해하였다.

각국의 한자사전 용례에 대하여 검토하면서 管見을 덧붙인다면 사전으로서의 생명력은 무엇보다 정확성에 있다는 점, 그리고 간명하면서도 설득력 있는 설명력에 있다는 점은 언제나 잊지 말아야 한다는 점이다. 응당 용례도 이와 같은 사전의 기본 원칙에 부응하는 것이 되어야 할 것이다. 때문에 용례 선정의 원칙과 기준을 분명히 하여야 한다. 그러나 아쉽게도 용례 선정의 원칙 내지 기준은『大漢和辭典』이나『中文大辭典』,『漢語大詞典』,『漢韓大辭典』, 그 어디에서도 명시적으로 밝혀져 있지 않았다. 뿐만 아니라 한문문화권 공동의 지적 자산을 시공을 초월하여 자유롭게 이용할 수 있도록 하자는 것이 한자사전 편찬의 본래 취지임을 유념할 필요도 있어 보인다. 그럴 때 한자사전 편찬의 주체가 누구이든 특정 국가의 이해 관계를 뛰어넘어 어느 한 쪽으로 치우치지 않은, 한문문화권 공동의 한자사전을 만들 수 있지 않을까 한다.

〈참고 문헌〉

諸橋轍次, 『大漢和辭典』 12책(修訂版), 大修館書店, 1984.

中文大辭典編纂委員會, 『中文大辭典』 10책(普及版), 中國文化大學, 1973.

漢語大詞典編纂委員會, 『漢語大詞典』 12책, 漢語大詞典出版社, 1992.

檀國大學校 東洋學硏究所, 『漢韓大辭典』 16책, 檀國大學校出版部, 2008.

檀國大學校 東洋學硏究所, 『韓國漢字語辭典』 4책, 檀國大學校出版部, 1996.

沈約, 『宋書』, 中華書局, 1975.

姜仁善, 「일본의 한어사전 『大漢和辭典』」, 『한국언어학회 2003년 여름 학술대회 발표자료집』, 2003.

金健人, 「『漢語大詞典』의 편찬과정과 내용상의 특징」, 『동아시아 한자사전과 『한한대사전』』, 단국대학교 동양학연구원, 2013.

김성룡, 「전범 학습과 중세의 문학교육」, 『문학교육학』 1, 한국문학교육학회, 1997.

단국대학교 한한대사전편찬실, 「『한한대사전』 편찬의 기본 방향과 체재」, 『漢韓大辭典 刊行記』, 단국대학교 동양학연구소, 2008.

毛遠明, 「『漢語大詞典』 書證中的幾個問題」, 『中國語文』 2000年 第1期.

朴燦圭, 「『韓國漢字語辭典』에 수용된 吏讀 · 口訣 · 借字語의 구성과 출전문헌」, 『東洋學』 52, 檀國大學校 東洋學硏究院, 2012.

愼鏞權, 「중국의 『漢語大詞典』에 대하여」, 『한국언어학회 2003년 여름 학술대회 발표자료집』, 2003.

윤승준, 「중국 우언의 수용과 재창조 - 柳宗元을 중심으로 -」, 『고전문학연구』 26, 한국고전문학회, 2004.

鄭載喆, 「『한한대사전』의 편찬 방향과 사전사적 의미」, 『동아시아 한자사전과 『한한대사전』』, 단국대학교출판부, 2013.

최태훈, 「『漢韓大辭典』의 出典例文에 나타난 誤謬 硏究」, 『中國學』 38, 大韓中國學會, 2011.

[*이 글은 단국대학교 동양학연구원 학술지 『동양학』 59집(2015.4.30.)에 수록된 것이다. 이후 동양학연구원 사전학총서 4집 간행의 취지에 부응하여 재수록하였다.]

필자 약력(원고 수록순)

1. 이준환

【主要履歷】

성균관대 국어국문학과 졸업, 성균관대 대학원 국어국문학과(문학박사), 국어학 전공

현재 창원대 국어국문학과 조교수

【主要著作】

「朝鮮光文會 편찬 『新字典』의 體裁, 漢字音, 뜻풀이」, 『語文研究』 40-2, 2012.

「兒學編 일본어 어휘의 한글 표기와 국어와 일본어의 음운론적 대응 양상」, 『한국어학』 63, 2014.

「『隨喜功德歌』(普賢十願歌 제5) 解讀」, 『口訣研究』 33, 2014.

「『牖蒙千字』에 수록된 한자와 관련 정보에 대하여」, 『口訣研究』 34, 2015.

「『訓蒙字會』 註釋에서 볼 수 있는 중세국어 한자음의 모습」, 『國語學』 75, 2015.

2. 김철웅

【主要履歷】

단국대 사학과 졸업, 고려대 대학원 한국사학과(문학박사), 한국사 전공

현재 단국대 교양학부 교육조교수

【主要著作】

「이승인의 明 使行과 『奉使錄』」, 『한국인물사연구』 20, 2013.

「고려 국왕의 南京 巡幸과 儀禮」, 『향토서울』 85, 2013.

「고려의 五天竺國圖와 世界觀」, 『동양학』 56, 2014.

「이승인의 생애 자료와 활동」, 『한국민족문화』 57, 2015.

「고려시대 국왕의 즉위의례」, 『정신문화연구』 38, 2015.

3. 이동철

【主要履歷】

고려대 철학과 졸업, 고려대 대학원 철학과(철학박사), 동아시아 고전학 전공

현재 용인대 중국학과 교수, 고전과미래 연구소 소장

【主要著作】

「서구의 『論語』 수용과 번역」, 『중국어문논역총간』 25, 2009.

「한국에서 한문번역 관련 공구서의 현황과 과제」, 『민족문화』 38, 2011.
『중국 출판문화사』(공역), 민음사, 2013.
『한국학 사전 편찬의 현황』(공저), 지식과교양, 2013.
『문사공구서개론』(역서), 한국고전번역원, 2015.

4. 정재철

【主要履歷】
단국대 한문교육과 졸업, 고려대 대학원 국문학과(문학박사), 한문학 전공
현재 단국대 한문교육과 교수, 단국대 사범대학장, 한국한문학회장

【主要著作】
「한한대사전의 편찬 방향과 사전사적 의미」, 『동양학』 46, 2009.
「이색의 국자감 유학과 문화교류사적 의미」, 『고전과 해석』 8, 2010.
「구한말 동아시아 지식인의 문화비전」, 『한국한문학연구』 47, 2011.
「동아시아 근대 한문산문의 한 국면」, 『일본학연구』 35, 2012.
『고문진보 연구』, 문예원, 2014.

5. 이건식

【主要履歷】
단국대 국어국문학과 졸업, 단국대 대학원 국어국문학과(문학박사), 국어학 전공
현재 단국대학교 국어국문학과 교수, 동양학연구원 편찬실장

【主要著作】
「한국 고유 한자 㖭의 시대별 용례와 始原的 意味」, 『국문학논집』 21, 2011.
「均如 鄕歌 請轉法輪歌의 내용 이해와 語學的 解讀」, 『구결연구』 28, 2012.
「朝鮮 時代 文獻 資料에 나타난 말의 部分 毛色 名稱 借用語의 起源에 대하여」, 『국어학』 64, 2012.
「『華嚴經傳記』 德圓傳과의 내용 비교를 통한 「新羅華嚴經寫經造成記」 語彙의 해독 재고」, 『구결연구』 29, 2012.
「『經國大典註解』의 系統과 國語 語彙에 대하여」, 『국문학논집』 22, 2013.

6. 권인한

【主要履歷】
서울대 국어국문학과 졸업, 서울대 대학원 국어국문학과(문학박사), 국어학 전공
현재 성균관대학교 국어국문학과, 동아시아학과 교수

【主要著作】
「『삼국지』·위서·동이전의 고유명사 표기자 분석」, 『구결연구』 27, 2011.
「광개토왕릉비문의 국어학적 연구 서설」, 『구결연구』 28, 2012.
「목간을 통해서 본 신라 사경소의 풍경」, 『진단학보』 119, 2013.
「동대사도서관장 화엄경의 각필로 본 신라한자음」, 『구결연구』 33, 2014.
「출토 문자자료로 본 신라의 유교경전 문화」, 『구결연구』 35, 2015.

7. 박진호

【主要履歷】
서울대 국어국문학과 졸업, 서울대 대학원 국어국문학과(문학박사), 국어학 전공
현재 서울대 국어국문학과 부교수

【主要著作】
「시제, 상, 양태」, 『국어학』 60, 2011.
「한국어에서 증거성이나 의외성의 의미성분을 포함하는 문법요소」, 『언어와 정보사회』 15, 2011.
「의미지도를 이용한 한국어 어휘요소와 문법요소의 의미 기술」, 『국어학』 63, 2012.
「보조사의 역사적 연구」, 『국어학』 73, 2015.
「언어유형론이 한국어 문법 연구에 계시하는 것들」, 『일어일문학연구』 94, 2015.

8. 윤승준

【主要履歷】
단국대 국어국문학과 졸업, 단국대 대학원 국어국문학과(문학박사), 고전문학 전공
현재 단국대 교육대학원 교육학과 교수, 단국대 교양교육대학 교양학부장

【主要著作】
「기대와 실망, 괄시와 보복의 서사」, 『한민족문화연구』 37, 2011.
「조선후기 지식인의 對淸 인식」, 『한문학보』 24, 2011.
「설화를 통해 본 이시아인의 가치관」, 『동양학』 54, 2013.
「생거진천 사거용인 설화의 유형과 의미」, 『실천민속학』 23, 2014.
「재담의 웃음 창조 방식에 관한 연구」, 『동악어문학』 64, 2015.